语文课堂 教学反思

主编◎魏本亚 步 进

副主编◎尹逊才 周 杰

华东师范大学出版社
·上海·

图书在版编目(CIP)数据

语文课堂教学反思/魏本亚,步进主编. —上海:华东师范
大学出版社,2014.11
ISBN 978 - 7 - 5675 - 2797 - 3

Ⅰ.①语…　Ⅱ.①魏…②步…　Ⅲ.①语文课—课堂教育—
教学研究—中小学　Ⅳ.①G633.302

中国版本图书馆 CIP 数据核字(2014)第 277874 号

语文课堂教学反思

主　　编　魏本亚　步　进
项目编辑　吴海红
审读编辑　崔鑫婷
责任校对　时东明
装帧设计　卢晓红

出版发行　华东师范大学出版社
社　　址　上海市中山北路 3663 号　邮编 200062
网　　址　www.ecnupress.com.cn
电　　话　021 - 60821666　行政传真 021 - 62572105
客服电话　021 - 62865537　门市(邮购)电话 021 - 62869887
地　　址　上海市中山北路 3663 号华东师范大学校内先锋路口
网　　店　http://hdsdcbs.tmall.com

印 刷 者　常熟高专印刷有限公司
开　　本　787×1092　16 开
印　　张　19.75
字　　数　278 千字
版　　次　2015 年 1 月第 1 版
印　　次　2021 年 7 月第 3 次
书　　号　ISBN 978 - 7 - 5675 - 2797 - 3/G·7755
定　　价　39.00 元

出 版 人　王 焰

目录

CONTENTS ....

绪论

众所周知,语文教学有一种奇特的现象:学生多学两节课,不见收获,少学两节课,损失也不大;学生请了一个星期甚至一个月的病假,回到学校,不用补习,语文课照样跟得上;凡是语文好的学生,大多不承认是语文老师教出来的,凡是语文不好的学生,又几乎没有语文老师敢说他能教得好。对于语文课程,有一些旁人看起来很奇怪的问题,比如:"语文的性质是什么?"、"语文课的目的是什么?"、"不要把语文课上成语法课!"、"不要把语文课教成文学课!"、"不能把语文课上成政治课!"、"要把语文课上成语文课!"、"语文课要上出语文味儿!"等等。对于语文教师,也有两种相互矛盾却各自成立的认识:一种论调是"语文教师太好当了",另一种论调则是"语文教师太难当了",从而产生了一种语文教师所特有的二律背反现象。吕叔湘先生在 1978 年就指出语文教学的"少、慢、差、费"现象,实则批评的是语文教学的低效,这种状况直到今天似乎也没有发生根本性的变化。

对这些现象,我们如何做出解释?

教学,是教师的教和学生的学相统一的活动,是教师指导下学生的学,衡量教学是否有效,唯一的标准就是学生有没有学会,有没有学好。就语文教学而言,假如学生是有学习意愿的,而且在语文学习上也投入了时间和精力,可是学习效果还是不够理想,那么,我们就必须反思,是不是我们的语文课本来就没教什么有用的东西,所以学生也没学到什么;或者说,我们的语文课教了一些不那么有用的东西,甚至不那么正确的东西,所以学生没有学到多少有用的语文知识,学生的语文能力也不见得有多大的提高;即便是有提高,也主要不是我们教师的功劳。反思语文教学的低效,我们就必须拷问,语文课上到底教了些什么? 教的这些东西对不对? 教的是语文知识吗? 教的是合适的语文知识吗?

教什么,就是教学内容;怎么教,就是教学方法。教学内容决定教学方法,而不是相反。有效教学,就是要确定合宜的教学内容,然后相应地选择与之相匹配的教学方法,并组织合理的教学环节;没有合宜的教学内容,就不可能有正确的教学方法,也谈不上什么合理的教学环节,更遑论教学的有效性了,所以,归根结底,语文教学的症结出在教学内容上。

一、什么是"语文教学内容"

教学内容是教学论领域的一个基本术语,通常理解为"学校传授给学生的知识、技能、技巧、思想、观点、信念、言语、行为和习惯的总和"。[①] 教学内容是师生共同活动的客体,是一种教育化的知识。语文教学内容是语文教学层面的概念,一般指语文课堂教学内容,它是教师基于语文课程标准,依据语文教材,根据语文教学目标,在课堂教学过程中指导学生学习和掌握的全部经验的总和。"语文教学内容",同时面对两个问题[②]:第一个问题是,针对具体情境的一个班乃至一个组、一个学生,为使学生有效达成既定的课程目标,"实际上需要教什么"。第二个问题是,为使具体情境中的这一班学生乃至这一组、这一个学生能更好地掌握既定的课程内容,"实际上最好用什么去教"。语文教学内容既包括教师在教学中对现成教材内容的沿用,也包括教师对教材内容的"重构"——处理、加工、改编乃至增减、更换;既包括对课程内容的执行,也包括课程实施中教师对课程内容的创生。

二、"语文教学内容"存在什么问题

(一) 教学内容难以确定

不知道"是什么",不知道"干什么",不知道该教什么,不知道教了什么,不知道有没有教,不知道学生学了什么,不知道学生是不是学会了……语文教师有一个郁积于心而旁人却几乎没法理解的困惑:不知道教什么!正如许多语文教师所感叹的:"语文教师太难当。"难在哪里?用一线老师的话来说,就是无抓手。无抓手,实际就是不知道教什么,小学低年级还好,因为有识字教学、写字教学,而到小学高年级、初中、高中,

---

① 顾明远.教育大词典(一)[M].上海:上海教育出版社,1990:257—258.
② 王荣生.新课标与"语文教学内容"[M].广西:广西教育出版社,2004:21.

每当面对阅读教学(现代文阅读尤甚)和作文教学,不知道教什么,就变成了常态。语文教师的专业工作似乎很无奈:备课的时候,不知道要教什么;上课之后,不知道教了什么;做了很多努力,还被人指责"教的不是语文"。

(二) 教学内容随意性大

上文还提到的另一种论调,就是"语文教师太好当了"。曾几何时,好像只要是识文断字的人,都可以来教语文,都能够来教语文(这种情况近年来有所好转),原因何在? 因为语文课似乎教什么都可以,教什么都无所谓,语文教学是个筐,什么都可以往里装,语文教学内容没有界限范围,语文教师没有专业门槛。

(三) 教学内容僵化

语文教学内容千篇一律,语文教学过程千人一面,语文教学设计千部一腔。就大多数教师而言,除了作者介绍、写作背景、字词解释、段落划分、归纳大意、把握主旨、总结写法之外,几乎无从下手。就大多数课堂教学结构来看,基本上沿袭"导入新课——初读感知——品味语言——拓展迁移"的路子。抱着一本"教参"打天下,网上的教案互相"借鉴"。教记叙文,肯定是六要素;教议论文,不外乎论点、论据、论证三要素;教说明文,只会教说明对象、说明方法、说明顺序;教散文,除了"形散神不散"就不知道该教什么了;教小说,脱不开人物、情节、环境三要素;教诗歌,就是意象、意境、借景抒情、托物言志、借古讽今;以至于从小学教到高三,除了选文发生了变化,所教的语文知识几乎没有什么更新。

(四) 教学内容浅表化

语文教学中泛滥地教了大量的浅层次知识,在语文课堂上教的是学生一望而知的内容,重复学生一望而知的内容,是学生不需要老师教自学也能比较容易学会的内容。这是非常普遍的一种情况。优秀的语文教师应该能够讲出学生感觉到又说不出来,或者以为是一望而知,其实是一无所知的东西。

"教学内容"是所有学科的立身之本;合宜的教学内容,是有效课堂的首要特质。从这个意义上讲,所有学科都会面临"教学内容"的问题。然而其他学科,本来是有教学内容的,有本学科共识的教学内容,有本学科各学段确定的教学内容,有专家和教师公认的正确的教学内容。其他学科教师所面临的,主要是教学内容的选择,是如何根据学生的学情来选择合宜的教学内容。合宜的教学内容,必须是正确的教学内容;正确的教学内容,建立在教学内容确定的基础上;而这一切的前提,是要有公认的教学内容,是必须有教学内容。语文教学呢?"语文教学内容"的问题,主要是"有没有"、"是不是"的问题:有教学内容吗? 是共识的"语文教学内容"吗? 各学段有确定的"语文教学内容"吗? 是专家和教师公认的正确教学内容吗?

三、"语文教学内容"何以成为问题

教学内容的问题为什么会成为语文教学的症结所在? 从课程与教学的角度,有以下四个原因。[①]

(一)"语文教学内容"的问题,实质是语文课程内容的问题

国家的语文课程标准,本应该合理地规划与明确地规定,语文作为一门国家课程在不同的学段应该"教什么"、"学什么"。问题是,目前的语文课程标准,包括最新出台的《义务教育语文课程标准》(2011 年版),总体上看,属于"能力标准"或者叫"素养标准",缺失"内容标准",它仅指示学生在某个学段中应该具有的语文素养或语文能力,但对"如何具有",即要使学生具有这样的语文素养或语文能力,应该"教什么"、"学什么",却没有清晰的表达。"内容标准"的缺失,就使得一线的语文教师在具体的教学现场缺少参照与指引,这是造成"语文教学内容"问题的主要原因。所以,"语文教学内容"问题的解决,归根结底要依赖于语文课程内容问题的解决,依赖于语文课程标准的改善,乃至语文教科书的改进。但是,在语文课程标准和教科书尚无改善的现实条件下,尽管处境艰难乃至严酷,语文教师终究不得不面对"语文教学内容"问题,很大程度上也只能靠语文教师自己去解决。

---

① 王荣生. 关于"语文教学内容"问题的思考[J]. 中学语文教学,2010(9).

（二）"语文材料"顶替了"语文教学内容"

一定要分清楚"语文材料"和"语文教学内容"这两个概念，"语文材料"是一堆文字所构成的篇章，"语文教学内容"是在这一堆文字、一个篇章中"教什么"、"学什么"，或者利用这一堆文字、一个篇章来"教什么"、"学什么"。这篇课文"教什么"，其实就是在"选文"或"语料"中学习什么的问题，通过"选文"或"语料"学习什么的问题。

（三）"语文活动"遮蔽住"语文教学内容"

听说读写，是语文实践。但语文实践，在语文教学中至少有两种性质：一种是"语文活动"，就是"读"了、"写"了、"说"了、"做"了；一种是"语文学习"，在"读"、"写"、"说"、"做"中教师使学生学会了什么，通过"读"、"写"、"说"、"做"学生从中学到了什么。

以写作为例。有些老师以为，让学生写了，学生写出来了，就是写作教学。"让学生写了"，指的是过程，教师布置了写作的任务，学生用课上或课外的时间去完成这写作任务。"学生写出来了"，指的是结果或活动的产品，然后由教师对产品进行评定。不能说这不算"写作教学"——完成任务中，或许有学生获得了某种启示；教师的评定中，有时也会夹杂评点，或许有学生能从那些评点受到切实的帮助。但这显然不是写作教学的全部，也不应该是写作教学的主要样式。让学生写了，学生写出来了，只是"语文活动"而已，充其量是带有自然学习性质的"语文学习"，或是模仿性的操练，或是放养式的逍遥，其成败全靠机缘，有无所获全赖学生自身的努力与悟性。

写作教学，其实是"写作过程"的教学。也就是让学生在写作活动中，学会如何去完成相应的写作活动。这就需要将任务分解，需要研究学生在写作中出现的问题和困难。针对这些问题和困难，选择和确定相应的写作知识、技能、策略，设计相匹配的写作活动。或者这样表述，设计潜藏着特定"语文教学内容"（写作知识）的，对所要培养的语文实践能力有直接促进作用的实践活动。关键不在于"写了"的活动，也不在所写的产品，而在于之所以要做这次写的活动的理据，在于通过这次写的活动教了学生什么，学生学会了一些什么。

（四）语文教师重"教学方法"轻"教学内容"

在和不少语文老师的接触中，我们发现，他们研究一节课"怎么教"的时候多，而思考"教什么"的时候少。相当多的一线教师不是认为"教什么"不重要,而是觉得"教学内容"很容易,即便思考教学内容,也多半是对既定的教学内容"教得怎么样"的思考,很少甚至根本不会对既定的教学内容"本身"的对错表示怀疑,加以审议。这是考虑问题的角度和基准问题,只是考虑"我要教这个,我要这样教",当然不会发现问题,但是从学生"实际应该学什么"、学生"真正学到了什么"角度考虑,就会发现问题多多。

四、如何破解"语文教学内容"问题

破解"语文教学内容"问题,是对语文课"教什么"、"学什么"的回答。具体来说,是要回答下面三个问题①:

总问题:在语文课程研制和教科书编撰尚无大改善的现实条件下,语文教师到何处去选择教学内容? 如何确定合宜的教学内容?

分问题一:阅读教学,在学习材料(选文)中"教什么"、"学什么"? 或者,利用学习材料(选文)"教什么"、"学什么"?

分问题二:写作、口语交际和语文综合性学习,如何设计潜藏着特定"语文教学内容"的语文实践活动? 或者,在语文实践活动中,使学生习得哪些相应的新知识、新技能、新策略?

如何来回答这三个问题?

(一)审视自己的"学科教学知识"

"学科教学知识",即教师关于具体的教学内容的知识,以及如何对特定的学生实施教学的策略、方法和评估学生学习成效的知识。"学科教学知识"是多种知识的聚合体,"学科教学知识"是教师的实践性知识,体现为"教什么"、"学什么"、"怎么教"、"怎么学"的抉择。正是这样的聚合体,决定了教师对教学内容、教学方法的选择。从这个意义上讲,改善语文课堂教学,关键是改善语文教师的"学科教学知识"。而改善的前

① 王荣生.关于"语文教学内容"问题的思考[J].中学语文教学,2010(9).

提，是要对自己的"学科教学知识"加以省察，加以审视。换言之，要对"我要教这些"、"我要这样教"，究竟在教什么、究竟是怎样教的，为什么要教这些、这么教，加以省察和审视。要对"我要教这些、我要这样教"加以省察和审视，要对"究竟在教什么、究竟是怎样教的"加以省察和审视，要对"为什么要教这些、为什么这么教"加以省察和审视。舍此，语文教学内容的改善就无机缘，获得合宜的语文教学内容就不会有希望。

（二）利用有效的教学资源

审视"学科教学知识"，需要有比照物、参照点；选择合宜的教学内容，要利用有效的课程资源。这些问题的答案，要借助于相应的学科专家，要借助于靠得住的学术论著。知道在哪些学科领域有哪些专家，有哪些靠得住的论著，知道有哪些优秀教师，上过哪些成功的课例，这是语文教师专业知识中很重要的组成部分。实践中，语文教师在备课时，花了很多时间来找"参考资料"，网上的、纸质书刊上的，问题是这些"参考资料"往往很不靠谱，结果是越"参考"越糟糕，怪味尝惯了，味觉麻木了，甚至丧失了辨别滋味的能力。一方面，是老师近距离地"参考"、"拿来"种种不靠谱的资源；一方面，对优质的资源，包括相应的学术论著，包括优秀教师的成功课例，却知之甚少。这是语文教师长期养成的备课积习，需要加以改善。

（三）依靠正确的设计理路

语文教学内容的问题，很大程度上变成这堂课要"教什么"的问题，在阅读教学占绝大多数课时的传统做法里，突出地表现为这篇课文"教什么"的问题，即这篇课文"教什么"、这堂课"教什么"。就阅读教学而言，目前来看，确定语文教学内容有两条理路：一是依据文本体式确定教学内容，二是根据学生学情选择教学内容。这是王荣生教授提出的确定语文教学内容的两个考查维度，或者说是研究"语文教学内容确定性"问题的两个分析框架，为语文教学尤其是阅读教学提供了一种崭新的观点和富有启发性的参照。实际上，"依据文本体式"和"根据学生学情"只是看待教学内容问题的两个角度而已，本质上具有内在的统一性，或者说是一个问题的两个方面。

1. 依据文本体式确定教学内容

"体式"原本是中国古代文论中的一个术语，用来指称和形容文章内容与形式相统一所形成的文本的整体特点。在文学研究中，"体式"与"文体"、"体裁"经常相等同。但是用于语文教学领域，这一概念具有了新的涵义和特定所指。为什么要提出"体式"这一概念？这里有三个讨论的前提：第一，现行的语文教参中有些教学指导建议并没有很好地抓住课文的教学价值来进行文本解读和教学设计。第二，每一篇课文都有其特质，一篇课文的特质就是这篇课文最具教学价值的地方，它对确立教学目标、确定教学内容，进行教学设计至关重要。第三，当一个新事物出现时，我们需要用一个新概念或术语来指称它；换言之，当我们习用的一个概念已经不能完全指称一个新生事物的时候，我们需要使用（创造或借用）一个新概念来替换它。"体式"是相对于语文教材中的课文而言的，不是针对一般文章或文学作品来说的。课文具有双重价值，一是阅读价值，二是教学价值，体式，指称课文的特质，而课文的特质应该是阅读价值和教学价值相统一所呈现出的整体特点，这正是在语文教学中使用"体式"概念的意图所在。

依据文本体式确定教学内容，是说教师在备课时需要依据文本的个性特征进行教学解读，从而确定合宜的教学内容。"体式"，有两个层面的内涵，第一个层面是指文本的类别，即文类，"每一文类都拥有其特殊标志，被赋予了某种足以使其相对独立的性质；这些标志试图指示出某一种文类独一无二的身份，以便让它的家族成员共享一种相似性"。① 这层内涵强调了不同类文本之间的区别及同类文本之间的相似。文本的分类只有相对的标准，而没有绝对的或单一的标准，比如文学作品，我们通常采用"三分法"——叙事文学、抒情文学和戏剧文学，或者"四分法"——诗歌、散文、小说、戏剧。再如从文章学的角度，我们将语文教材中的课文分为记叙文、议论文、说明文、应用文等。"体式"在这个层面的内涵是广为人知的，一谈到体式，我们通常首先就会想到这层意思，甚至有的时候我们就把这层内涵当作"体式"含义的全部。当然，这是不全面的。

"体式"还有第二个层面的内涵，即指单个文本的特定样式，也就是个体文本所具有的特殊的表现形态。因此"阅读是对某一特定文本进行解码和解释的具体而自愿的

---

① 南帆. 文学理论新读本[M]. 杭州：浙江文艺出版社，2002：55.

行为"。① 从构成上讲,体式是文本内容和形式的统一;从性质上讲,体式又是共性与个性的统一,既要具有某一类文本的共性特征或类的特征,又必然具有其个性的、独特的表现形态。我们说依据文本体式确定教学内容,正是指,文本的教学解读不仅要考虑某一篇课文作为类的共性特征,更要把握其个性特征,而对课文个性特征的解读,往往是确定教学内容的关键。举个例子,语文教材选文中的小说,一般说来都可以教人物、情节、环境,因为所有小说都可能具有这三方面的要素,但是在小说这一大的文类下,还有许多子文类、亚文类,即便是在同一个子文类下,每一篇小说文本的体式都不可能完全相同。比如,都是现实型小说,《七根火柴》属于革命现实主义小说,《荷花淀》则具有革命浪漫主义色彩,从体式的个性特征上讲是不一样的;作为课文,如果把教学内容不加区别地都定位在教人物、情节、环境,一定是不合适的。所以,语文教师在备课时确定教学内容的一种思路可以是化"类"为"体",即从一篇课文作为文类的共性特征层面出发,通过对文本的教学解读,探寻这篇课文作为独特的"这一个"在大的文类参照下所具有的个性特征。

依据文本体式确定教学内容,首先要面对的问题是辨识文本体式。文本体式,即文本文体的特定样式,好比一个人,既具有作为人类的共性特征,又具有自己独特的个性风采。文本体式包含体变、体性、体貌三个基本要素,辨识文本体式,需要对这三个要素加以系统的考量。了解"体变"、明确"体性"、认识"体貌"构成了辨识文本体式,进而确定教学内容的三个考查维度。②

"体变"中的"体"就是指文本的体裁,指一种文类,比如散文、小说、诗歌、戏剧。每一种文类都有其区别于其他文类的特征。体裁包含规范和变化两个方面。规范就是"体常"的概念,指同一文类所具有的共同性的特征。变化就是"体变"的概念,指同一文类中具体的作品具有不同的个性特征。具体的文本是"体常"与"体变"的统一。具体的文章体裁虽有常规,但写作手法没有定规。"体变"是每一篇具体的作品所具有的

---

① 迪克. 作为话语的新闻[M]. 曾庆香,译. 北京:华夏出版社,2003:145.
② 史玉辉,步进. 辨识文本体式,确定教学内容[J]. 语文学习,2011(12):13.

独特的个性特征。辨识文本体式,需要考量文本体常与体变两方面的因素,其中,了解体变是辨识文本体式的基本前提。

"体性"是指在具体的某一篇作品中,作者在气质、审美情趣、写作特色、语言风格、思想观念等方面的个性特征。换言之,"体性"就是指作者的个性。不仅同一体裁,甚至同一题材,不同作者写出来的作品也是不同的。任何一个具体的文本都必然呈现着作者独特的艺术个性。所谓明确"体性",其实就是明确作家的个性,"体性"的差异直接影响文本体式,是对文本体式起决定作用的内因,所以明确"体性"是辨识文本体式的有效参照。

"体貌"原指人物的形体容貌,进而引申为对事物的表现和描绘等,我们这里用"体貌"一词,意在说明,文本是一个有机生命体,是"外显之形"与"内蕴之质"的有机统一,在言、象、意构成的由表及里的文本系统结构中,"言"与"象"是文本的"外显之形","意"是文本的"内蕴之质","外显之形"蕴蓄着丰富的"内蕴之质",这种"言"、"象"、"意"相统一所构成的文本特定的言语系统,即为"体貌"。认识体貌就是把握文本"言"、"象"、"意"的关联,认识"言"、"象"、"意"相统一所形成的文本特征。体貌是文本的客观存在,它逻辑地蕴含着体变与体性,是文本体式中最重要的因素,所以认识体貌是辨识文本体式的核心问题。

2. 根据学生学情选择教学内容

学情,即在教师指导下的学生的学习情况,主要应该包括学生在进行课堂学习时的学习起点、学习状态及学习结果三大要素。根据学生学情选择教学内容,关键问题是做好学情分析,从备课层面讲,就要探测和分析学生学习一篇课文的学习起点,而学习起点我们一般认为是指学生在进行语文课堂学习时的基础、需要与准备,以此作为确定教学内容的依据以及课堂教学的起点。就阅读教学而言,任何一篇课文的教学,学生的学习起点都应该是具体的,也就是说,教师做学情分析,并不是对学生学习情况的泛泛而论,而是要针对某一篇具体的课文,去探测学生的学习经验——哪些地方读懂了,哪些地方没读懂,哪些地方能读好,哪些地方可能读不好。因此,所谓学情分析,就是教师备课时正确把握学生阅读"这一篇"课文时的阅读困难。

学生为什么会有阅读困难？一个基本事实——因为学生是"不成熟的读者"，所以需要教；而"不成熟的读者"的阅读特征是，不能采取正确的阅读取向、不能运用合理的阅读方法去解读文本，也就理解不了、感受不到"这一篇"课文的紧要处、关键点；也就是如果没有教师的指导，学生一般不能很恰切地依据文本体式去阅读一篇课文。教师应该是"成熟的读者"，应该能够依据文本体式对课文进行正确的解读。那么，教师就可以通过文本体式的解读来估量和分析学生学情，即对于"这一篇"课文，学生可能什么地方读不懂，什么地方读不好，阅读取向对不对，阅读方法有什么问题等。因此，根据学生学情选择教学内容，就是为了帮助学生解决阅读困难，教师需要教给学生"这一篇"课文应该按什么阅读方式、从文本的什么地方读出什么东西来。

总之，语文教学内容问题的解决，本质上是语文知识的除旧纳新。语文教学内容的重构，是一项长期而艰巨的工作，需要多方面力量的协同努力。总的原则应该是打持久战，而一线的语文教师最好能用自己的一个教案、一堂课、一次作业、一项活动、一点体会等等，来加入"语文教学内容"问题的讨论，来谋求语文教学循序渐进的改善。

第一章

散文教学的现状、反思与重建

通过阅读您可以获得：

1. 深入了解散文教学的现状，明确当前的散文教学所存在的问题以及面临的困难。

2. 清楚地认识到造成散文教学低效的原因是多方面的，包括散文文类特征的模糊，散文解读的理论的阙如，散文阅读教学研究的薄弱，散文选文编制技术的滞后，教师散文教学知识的陈旧等。

3. 树立散文教学的正确理念，散文教学需要点滴累进，需要打持久战，以谋求改善；同时还应该秉持散文教学的基本原则——从散文的文类特征、散文阅读的要领等引申出来的一系列原则。

散文是中小学语文教材中数量最多的一类课文，是我国语文阅读教学的主导文类，众所周知，散文也是最难教的一类课文。如此重视散文教学，是我国基础教育语文课程所特有的现象，但是散文教学的现状又非常不理想，这也是不争的事实。语文阅读教学的主导文类何以是散文？散文为什么难教？当下的散文教学存在哪些问题？面临怎样的困难？目前改善散文教学有哪些对策？我们可以做怎样的努力？这些问题都迫切需要研究，在语文课程、教材与教学目前的格局下，如果能较好地解决散文教学的问题，也就等于解决了语文教学的大部分问题或主要问题。

散文是什么？这是探讨散文教学必须首先明确的问题，但这又是个难题，因为散文长期以来就是一个文类概念，其文类的复杂性使我们到目前为止仍然不能从其内在的审美特质对它加以清晰的界定，换言之，散文迄今未能化"类"为"体"，对散文的界定也一直采用排他法或比较法。

研究中学散文教学，有必要区分文学界和语文界这两个领域对散文的不同界定，或者说，文学界和语文界都在使用"散文"这个概念，但它们的所指是不完全一致的。

按照文学界研究的通常说法，散文分为广义的散文、狭义的散文（文学性散文）、最狭义散文。广义的散文，泛指韵文和骈文之外的一切散体文章，包括种种非文学的文章。狭义的散文，首先是属于文学类作品，而把非文学的散体文章排除在外，其次将散文看作是与诗歌、小说、戏剧并列的一种文类，也就是传统的四分法的散文。必须指出，四分法的散文或曰文学性散文，还是一个"群体"概念，只不过是缩小的"群体"，而不是如小说、诗歌、戏剧那样的文体概念，名为狭义散文，实际上这个文类大家庭里的成员还有不少：报告文学、传记文学、杂文、特写、科学小品等囊括在一起，使我们还是不能清晰地阐明散文文体的本质。为了更精准地把握文学性散文的个性审美特质，为了使文学性散文朝着化"类"为"体"的方向努力，研究者又提出"最狭义散文"，这是指那种以表现情感和个性为主的抒情散文，是一种"长于袒露心态，章法自由，取材广阔，短小精悍，文情并茂又真实自然的文体"①。"最狭义散文"还有几个常见的别名：美文、小品文、纯散文、絮语散文、随笔、艺术散文。

中学语文教学领域中的"散文"，特指现当代散文。（古代散文，在中学语文教学中被称为文言文。）但是，我国语文教学界所指的"散文"，含义似乎比文学界所说的"广义的散文"窄，又比"文学性散文"宽，比"最狭义散文"更宽，大致沿用1963年语文教学大纲的界定，"包括故事、寓言、特写、传记、游记、杂文、说明文、议论文、科学小品等"。纳入"说明文"、"议论文"，主要是从文字的"生动性"着眼，指"生动的说明文"、"生动的议论文"，或者说，是"具有文学意味"的说明文、议论文，比如有些社论、报告、演讲辞等。所以，由1963年语文教学大纲正式确立并一直延续至今的"课文以散文为主"，指的就是这一类作品。它主要有两种所指②：(1)宽泛的：除去诗歌、小说、戏剧等"纯文学"和实用文章，并剔除通讯、特写、报告文学、报刊言论文章、演讲辞、科普小品、学术札记等已经独立门户的亚文类之后，剩余下来的那些作品。(2)紧缩的：在上述范围之外，进一步圈出回忆录、序言、杂文、散文诗等文体特征已比较清晰的亚文类，所剩余下来的那些作品；或者只收纳其中"文学性"较显著的一小部分，与仍"被剩余"的合并，统称为"文学性的散文"。

① 李光连. 散文技巧[M]. 北京：中国青年出版社，1992：46.
② 王荣生. 散文阅读教学设计的原理[J]. 语文教学通讯，2012(4)B.

第一节　散文教学存在的问题

目前散文教学的问题主要集中在教学内容上，一篇散文"教什么"没有正确、科学、合宜的衡量标准，教学内容的随意性很大。新课改以来，许多语文教师致力于课堂教学改革，但这种改革很大程度上是从教学方法角度的探索，即试图以一种新的方法代替旧的方法，这恐怕是走了一条歧路，"是教学目的和内容'选定'方法，而不是其相反"①。"教什么"的问题尚未解决，却一个劲儿地研究"怎么教"，是不可能从根本上解决语文教学的低效问题的。

一、文本解读层面的问题

1. 散文解读不考虑散文的文体特点

散文，是独抒性灵的一种文体，作者往往将自己的个性、情怀、思考等，以散体文字在较短篇幅中自由而又艺术地表达出来，进行多重真实主体的情思互动。许多教师对散文的这种文体特点缺乏足够的认识，往往分不清现当代散文和其他文体的区别，没有把散文当作散文来读，要么当作记叙文来读、要么当作小说来读，还有当作议论文来读，这些都是不顾散文文体特征的表现，目前，这类现象似乎已有减少的趋势。比如，本来是写人叙事散文，却总是要从文中找出记叙文的六要素，殊不知散文是一种灵活自由、不受拘束的题材样式，它可以叙事，但不必有完整的情节，也不必以塑造人物为目的。《记念刘和珍君》是记人叙事的，偏要在其中找出六要素，追求时间的起因、经过和结果，不注重散文中蕴涵的情感而去关注散文中所涉及的事物或事件，不去关注散

---

① 巴班斯基. 中学教学方法的选择[M]. 张定璋, 高文, 译. 北京: 教育科学出版社, 2001: 3.

文精美的语言而纠结于作者所描述的对象。这些都是因为没有很好地把握现当代散文的特质。

2. 散文解读不重视具体某一篇散文的个性特征

散文教学不考虑当下阅读文本的具体的个性特性，把"这一篇"散文教得像"这一类"散文，或将所有的散文教成同一类散文。突出的表现就是用"形散神不散"等散文知识去对付所有的散文，无论是叙事类散文、抒情类散文还是议论类散文，解读思路往往是惊人地一致：抓住散文的结构、选材、行文的顺序来体现散文"形散"；抓住散文的线索、文眼来体现散文的"神不散"。教师教学知识陈旧，很难让学生全面透彻地理解和掌握散文的特质，以致学生上完一堂散文教学课，往往只记住"形散神不散"等几个干瘪的名词术语，其他的包括语言美、情韵美等一概不知，教师滔滔不绝，激情澎湃；学生无动于衷，神游四海。这种现象在某种程度上挫伤了学生学习散文的积极性，损害了学生对散文的感受力和领悟力。

3. 文本解读的简单化，缺乏对语言细腻的品味

散文是一种字里行间都流露着作者个性化情感的文类，优秀的散文作品，它的每一个字、每一个词语、每一个句子都是经过推敲揣摩的，饱含着作者的个性风格。一个具体的文学作品总是渗透着作家本人的生活经历与人生经验，因此对它的解释也必然要求解释者拥有相关的生活阅历或人生经验与之呼应。所以，教师应引导学生走入文本，用心去倾听作者的叙述，让学生与文本中的人物进行精神的对话，与文本语言展开心灵碰撞。教师在教学的时候必须通过品味文中的语言带领学生体会散文中作者的情感。目前的教学现状令人堪忧的是，教师往往让学生阅读重点语句，然后直接概括、归纳、推断出某些信息要点，即明示答案，把品读的过程异化为"对答案"的过程；那更加重要的体会、品尝、探究的过程则常常被忽视和省略，而这种品读的过程恰恰正是学习散文的关键。

4. 文本解读的"泛语文化"

文本解读的"泛语文化"，是指在做散文文本解读时，过度强调语文的育人功能，而忽略了散文文字本身带来的艺术美感，使语文课成为思想政治课。无疑，中学语文教育中需要渗透道德教育和思想教育，但是如果把每篇文本都贴上政治的标签，贴上思

想的防伪标志,无疑背离了语文教学的规律。有的教师在散文教学中不尊重文本本身,只是把文本视同话题作文的材料,"话题"一旦引出,整个教学设计就抛开了文本。例如《荷塘月色》抒发的情感,非要被加上是表现大革命失败后知识分子的苦闷;《藤野先生》一定是贯穿鲁迅先生爱国情感的主线;《幽径悲剧》一定要归结到季羡林先生对"文革"、对"四人帮"的批判等等。语文学科自身是有着伦理道德力量的,它有这种功能,并非外加的。用文字本身的"力量"和"功能"来熏陶感染和教育学生,才是情感态度和价值观教育的正途。

5. 文本解读的"功利化"

《普通高中语文课程标准》(实验)强调,语文阅读教学不是学生单方面接受文本的意义的过程,而是学生通过与文本对话建构新的意义过程。在这个过程中,由于学生原有的知识经验、生活阅历、认识水平、兴趣爱好不同,因而其阅读结果是多元的,不是唯一的、标准答案式的。但是,目前存在文本解读功利化和问题答案标准化倾向。在现实的语文教学中,教师在备课时,往往不是把钻研文本作为第一要素,而是先看好参考书、找好资料,看过参考书和资料之后再进行文本解读。这样做无疑是"急功近利"、"舍本逐末"的做法。其次,学习语言,并非可以一蹴而就的,它应该是一个长期的潜移默化、熏陶感染、积累感悟的过程。我们的语文教学往往忽视这一点,反映在课堂教学上,是简单的"学了就要用",追求"立竿见影",这也是"功利化"的一种表现。另外,语文高考阅读测试有一些负面影响,就是使语文教学追求"语文答案标准化",也使教师忽视文本的多元解读,极端的例子就是上课时的文本解读完全以"解题"代替解读,上课的过程中蜕变成解题方法、解题技巧的训练。

二、课堂教学层面的问题

1. 课堂教学结构的模式化

散文教学,有两种常见的课堂教学结构,第一种,作者简介——时代背景——段落大意——主题思想——写作特点——课外拓展;第二种,导入新课——整体感知——

品读感悟——合作探究——拓展延伸。第一种是传统的文学教学法,第二种是新课改以来甚为流行的教学程序,无论哪一种教学结构,都循着一套固定的路数,似乎百试不爽、包打天下。一些教师面对不同性质和内容的散文,面对不同的学生,教学模式都是惊人地一致。无论是写人叙事的散文,还是写景抒情的散文,或是关乎哲理的散文,都是先介绍作者写这篇散文的文化背景,解决生字词,分析段落大意,归纳中心思想,评析写作特点。当概括散文主旨的时候,总会出现一个现成的公式:本文通过什么,表达了什么,反映了什么,揭示了什么,赞美了什么,抨击了什么。请用心思考一下,用一个固定的套路去教所有的散文,合适吗?

例如,学生在听完教师讲授鲁迅的《记念刘和珍君》之后,觉得这篇文章是记叙文,而且能够准确无误地挑出时间、地点、人物、事件的起因、经过、结果。留在学生脑海里的只有教师的一遍遍反复地强调通过刘和珍遇害,表达了作者的愤慨之情,反映了当时社会的黑暗,赞美了刘和珍伟大的爱国精神。教师费了很大的精力代替学生分析完了全文,学生却并不能真正和作者与文本对话,甚至觉得索然无味,认为这篇文章很假。这说明教师的散文赏析很难缩短学生与作品之间的距离。著名文学家朱自清的《荷塘月色》,是一篇脍炙人口的优美、朴素、典雅的散文,用贮满诗意的笔墨描绘出了月下荷塘的美景,读来有夏日的清凉与宁静,有穿越时空的浪漫,如梦如幻,令人如痴如醉。模式化教学通常采用“本文通过……表达了……”,讲《荷塘月色》就归结到表现了小资产阶级知识分子在大革命失败后找寻自由的彷徨、失意的情感,如此这样,将会把文本中的语言美、画面美、意境美破坏得面目全非,学生还会有兴趣鉴赏品味作品的美感吗? 不论是教鲁迅的《纪念刘和珍君》,还是教李乐薇的《我的空中楼阁》都采用一套模式,又怎么能品味到鲁迅先生语言的犀利、李乐薇语言的清新?

在过去的语文课堂教学中,我们常常看到的是教师在滔滔不绝,学生在默默接受,这种情况在新课改以来有所改变,但很多语文教师本质上仍然采用“讲读分析”法,追求“讲深讲透”。只不过方法上由满堂讲变为满堂问,总之,生怕漏下任何一个教学点,这种重讲读轻思考,重分析轻体验,重结论轻过程的教学模式,与其说是和作者的情感形成共鸣,不如说以和教师的激情形成呼应,来迎合教师的讲课风格。

2. 盲目追求所谓教学"新"模式

随着新课程标准的颁布,新课改的不断深入,各种各样新的教学模式应运而生,层出不穷。研究性学习、自主性学习、合作式学习等各种教学模式、教学方法以及新理念、新思路铺天盖地。固然,新理念、新方法是需要接受并学习的,但事实上很多教师却觉得茫然而不知所从;当然,这首先是如何看待新课程理念的问题,新课程理念有一个显著的特点,它要反对以往教学的弊端是很明确的,然而,它所倡导的是什么目前只有一个大概的价值判断和发展朝向,需要实践去尝试和创造。这样的局面就导致在教学中只是一味地追求新鲜的教学模式,不管文本内容合适与否,不管对学生来说适合与否,在课堂教学中总是或多或少的引入一种新的教学模式,认为这样才叫新课改,才是贯彻了新课标。有的教师在组织课堂教学时采用了他认为的"自主学习"模式,但却没有给出学生学习的方向,致使过度自由,放任学生,教学内容过于零散,课堂气氛过于活跃,成了"放羊式"教学;有的教师在课堂教学中,按照事先预备好的问题把全班学生分为几个兴趣小组,每个小组指定组长组织讨论,却对讨论过程缺乏有效监控,还把这样的模式称之为"合作式学习";有的教师在课堂上多提几个问题让学生思考回答,学生回答不靠谱,他便唱独角戏,说出自己固定的答案,这样盲目地追求教学形式上表面上的新,也是出于老师们的无奈和无助。事实上,每一种教学形式都有它自身的特点和规律,也都有它自身的优缺点,都有其适用的对象和范围,不是说新课改一推行,新课标一实施,以前的教学模式就可以全盘否定。我们在教学过程中,应该是坚持合理的、有效的教学模式,把那些不适合教学要求的、不适合学生实际的陈旧、老套的教学模式剔除掉。"教学有法,教无定法,教有优法",只有适合学生学情的课堂教学结构才是合理的、有效的。

3. 片面强调人文性,遮蔽对散文的"个性化的情思"的体悟

"语文课程标准"对语文课程性质的定位是"语文是最重要的交际工具,是人类文化的重要组成部分。工具性与人文性的统一,是语文课程的基本特点"。过去,我们只是一味重视语文的工具性,随着课改的深入,教师对语文课程性质变化开始有了初步认识,但是又出现新的问题,一些老师才刚跳出"工具性"的坑,却又掉进了"人文性"的

死井。针对过去把语文的工具性简单化、程式化、刻板化的弊端,新课程强调工具性与人文性的统一,大力提倡"一切为了每一个学生的发展",这无疑是正确的,也是必要的。但许多教师却没有处理好这个问题,走向了"泛人文化"的极端。高中的现当代散文是最具有人文气质、人文精神的文章,优秀的散文作品总是抒发作者对生活、对人生、对世界个性化的感悟,这些个性化的情思许多时候被老师解读文本时所忽视。许多老师在处理散文所谓人文性问题时,往往犯以下两个错误:一是夸大人文性,一切分析都以"人文性"为统帅,对作品的人文性任意拔高提升。如把《小狗包弟》上成了历史课,夸大我国特殊年代的各种影响,或者把它上成了思想政治课,借课文大谈为人之道。二是把课堂上学生即兴的随感当成一种对人性的尊重和保护,有些老师听之任之,甚至允许学生"反文本延伸",并认为这样是关注了人的发展。这种脱离散文文本的"人文性",实际上是架空了人文性,实在是对语文课程性质的误解和歪曲。

4. 滥用多媒体,脱离散文教学的实质

从根本上说,写"散文"不是简单的"作文章",而是人格、精神的展开,是生活乃至生命的展现。因此,散文教学的实质应重视作者是以怎样的表达方式和语言形式来体现这种情感流动的。多媒体教学在现代科技的催生下走进了语文课堂,给现当代散文教学开拓了广阔天地。它在对课堂气氛的渲染、对学生情感的调动、对学生兴趣的激发、对教学内容的渲染、对直观效果的延展等方面有其独到的优势。但部分教师夸大了这种"人机对话"的功能,片面地认为多媒体教学能解决现当代散文教学的一切问题,于是就有了多媒体课件的满天飞,甚至有人走进了只要插几首歌曲,编辑几幅优美的画面就是课件制作的误区,散文课堂教学就成了机械的操作和模仿课。多媒体计算机的出现,使教师在课堂教学中摆脱了"一根粉笔,一本教案,一张嘴"的传统教学媒体的束缚,使课堂教学增色不少。但是,并非所有的课堂都适合用多媒体教学。有的教师在讲授《故都的秋》这一课时,开头先播放课件《秋日私语》,试图营造意境使学生进入角色,然后插入一段名家朗诵。朗诵完了以后,教师直接给出五幅有关秋的画面,让学生进行想象。我感觉整堂课下来,学生记住的大概也就是《秋日私语》和固定的五幅画面了,学生的想象力事实上无法得到训练。《故都的秋》从写景的角度来说,是要学生深刻体味郁达夫所说的"北国的秋,却来得特别的清,特别的静,特别的悲凉"的特点,但是在这节课中,我只看到"学生瞪大眼睛看,教师忙围着电脑转"的场景,学生没有明白本堂课的重点是什么,教师则变成了画面解说员。这样教师的引导也就无从谈起,又哪里来的学生主体作用的显现、想象力和创造力的培养以及审美情趣的提高呢?当然,多媒体的滥用与对教师的教学评价指标的规限有直接关系,但这也仅限于评优课、公开课、竞赛课等公共性质的课,所以不能将此作为滥用多媒体的借口,尤其对于文质兼美的现当代散文来说,首先是引导学生细读文本,关注语言文字,在任何情况下多媒体课件只能起辅助功能,看课件挤压读课文的时间,教学非但达不到预期的效果,还会适得其反。

第二节 散文教学的反思

散文教学是中学语文教学的老大难问题,突出表现为,当老师们面对一篇散文作品的时候,备课时往往不知道教什么,上课时往往又教了一些不那么合适的东西。散文教学需要达成哪些目标,达成这些目标又应该教哪些知识,课标没有提供,教材也没有明示,而是一股脑地抛给一线教师处理,这是造成散文教学低效现状的根源,所以我们谋求散文教学的改善,从教学的层面上讲,当务之急是从教学内容的角度来考量,也就是我们面对一篇散文作品,首先需要考虑这篇课文"应该教什么、可以教什么、实际最好教什么"。

反思散文教学问题产生的原因,主要有以下三个方面。

一、散文教学面临两难困境

一方面,语文教材是文选型教材,而散文又是语文教材的主导文类,是语文阅读教学根本无法回避的问题。以人教版的课程标准初中语文教科书为例：第一册语体文24课，诗歌5课，散文19课；第二册语体文24课，诗歌3课，小说2课，散文19课；第三册语体文20课，新闻报道1课，小说2课，散文17课；第四册语体文20课，小说1课，戏剧节选1课，散文18课。前四册语体文共88课，散文73课，计83％。第五、六册，语体文共8个单元，戏剧1个单元，诗歌、小说各2个单元，散文占3个单元①。

　　另一方面，散文理论和散文批评一直是现当代文学研究中较为薄弱的一个环节，散文的理论研究不够成熟，"严格地说，严谨、完整、自觉的散文理论尚未形成，"②尤其是散文解读理论的研究相对滞后，导致语文教师可资借鉴的散文知识也极度匮乏，因此语文教师在解读作品的时候缺少理据、标准和规范，缺少方法和工具，常常依靠自己仅有的一点散文知识或完全凭借个人的喜好去评定作品，几近空白的散文知识在面对丰富多彩的散文作品时必然显得捉襟见肘，这对一线教师创设合宜的教学内容必然造成很大的困难。有专家甚至认为，受制于文学界以及语文教学界的研究现状，现在我们甚至没有资格去问"散文教什么"这样的问题；我们能体面地提问的只是"这样的散文教什么"，"这一篇散文教什么"，而且答案只能是探索性的，仅供参考。散文教学面临这样的两难困境，其教学的低效也就不足为奇了。

二、教师的散文教学知识存在偏误

　　散文教学知识，是关于散文"教什么"和"怎么教"的知识，是语文教师将散文理论尤其是散文解读理论运用到教学设计和实施过程中所应具备的知识。目前看来，教师的散文教学知识原本就比较匮乏，再加之文学界没有提供多少有用的散文知识；而在这些寥寥可数的散文教学知识中，有些所谓核心的知识在老师的认识里恐怕还存在着偏误。比如，抒情散文和叙事散文有什么区别？叙事散文中的事件和小说中的事件、

---

① 王荣生.中小学散文教学的问题及对策[J].课程·教材·教法，2011(9).
② 刘锡庆.《散文文体：理论与实践》序[M]//胡俊海.散文文体：理论与实践.长春：吉林人民出版社，1994：1.

情节有什么不同？散文的人物和小说中的人物形象有何差异？等等。

问题最大的莫过于对"形散神不散"说的认识。笔者曾在中学语文教师中间做过调查访谈，调查对象几乎都认为"形散神不散"是散文的本质特征。滞后的散文知识必然造成落后的散文教学，可以说语文教师所具有的散文知识中"形散神不散"说难逃首责，它对中学散文教学的误导是严重的，而且其遗患可能还将持续较长的一段时间。

其一，造成教师对散文的丰富样态和多种体式的忽视，尤其遮蔽了其对一篇具体散文文本个性特征的关注。

当一种理论可以用来解读所有散文作品的时候，实际上就等于说它对任何一篇作品都不可能有深入的解读。"形散神不散"，只能用来说明某一类散文的特点，即那种"用各方面的生活和感情的素材，用写人写事写画面来表现一个意向、一个哲理和一种思想的散文"①。但是，不能对所有的散文都作这样的要求。比如那种"记一人一事、写一景一物的散文，一般恐不宜以'形散神不散'来要求"②。当前，散文创作早已告别了某一种模式一统江山，进入了多元共存的时代，用"形散神不散"又怎能涵盖散文的千姿百态呢？

其二，把散文的教学重点落在对"神"的挖掘和理解上。

有相当多的教师在备课的时候，面对一篇散文作品，都会不由自主地思索：这篇散文要反映一个什么主题？想表达一种怎样的中心思想？并且希望能从作品中找到相关的语句，或用一句话明确地回答出来。长期以来，这种模式化的阅读习惯已经深入人心，成为教师对散文特殊的阅读心理结构和稳定的解读取向。所以教师在教散文的时候，也总是将教学重点放在如何讲"神"以及想方设法引导学生体会出这个"神"上。如果阅读一篇作品，不能读出明确的主题思想，对作品的意蕴说不透、理不清，常常也非要"创造"出一个自己理解的"神"（往往还是单一的、确定的）来作为解读结论，课堂

① 肖云儒."形散神不散"的当初、当年和现在[J].美文，2005(6).
② 曾绍义，肖云儒.关于"形散神不散"一文的通信[J].美文，2006(6).

上让学生都向自己这种结论靠拢。比如《藤野先生》的"神"是鲁迅的爱国主义情感，《背影》的"神"是赞美父爱的伟大等等。"形散神不散"的阅读分析框架往往既简化了作者，也愚化了学生，把作品丰富的意蕴简化、窄化、抽象化、概念化为"一言以蔽之"的"中心思想"。

近年来，随着散文界的改观，语文教学界的情况也有所好转，那种把"神"仅仅理解成主题、主旨或中心思想的现象有所减少，一些教师开始意识到"神"并非单指主题，也可以指作者的情感。"神不散"即散文中有一条情感(抒情、叙事性散文)、思想(议论性散文)的线索，或隐或现，或定或变，或深或浅，或强或弱，这种认识就比较接近散文的特点了。但是，目前的散文教学现状还不尽如人意，主要表现为教师较少自觉地认识到，散文的"神"应该是作者独特的个性化的情思。

其三，将对作者思想情感的体认与作品语言的赏析，人为地割裂为两个教学环节。

"形散神不散"的形神二元论取向很容易误导教师割裂作品的内容与形式的统一性。常常见到这样的课：教师先归纳一下作品写了哪些人、事、物、景，再总结一个主题，就算完成了教学任务。还经常有这样的课：教师在所谓"整体感知"环节，先抛出一个肤浅化、标签化的主题，然后让学生到文中散乱地去找哪些语段、词句表现了这个主题，并且认为这就是"品味语言"。散文的"形"和"神"须臾不可分离，一定的"形"传达一定的"神"，一定的"神"蕴含在一定的"形"之中。好散文的"神"，首先抒发的是作者个性化的情思，其次这种情思是通过"形散"传达出来的。因此，散文阅读的要领，是"体味精准的言语表达，体认作者个性化的情思，分享作者在日常生活中感悟的人生经验"，忽略对语言所创造出的那些丰富形象的真切而深入的审美感受，就不可能真正地读好散文。

其四，用"形散"去笼统地涵盖所有不能解释或不好解释的问题，作牵强附会的解读。

比如，《藤野先生》起始几段，没有很快"入题"——记叙藤野先生，《从百草园到三味书屋》的结尾，也没有归到所谓"神"上去——对自由快乐的童年生活的怀念以及对封建教育制度戕害童心的批判，许多教师感到大惑不解，于是一言以蔽之——"形散神不散"！

"形散神不散"并不是散文的本质特征，不能用它去包打天下。散文需要突破的理论教条还很有多，"形散神不散"是教条中的教条，至今仍是不动脑筋的人的口头禅，乃至成为不少教师解读和教学散文的法宝和救命稻草，尤需突破。

三、备课时教师缺少真实阅读，过分倚重教学参考书

在当前的语文教学实践中，教师在备课时往往不是把钻研文本作为第一要务，而主要是备教参或到网上去找教案，看过参考书和其他教案之后再进行文本解读和教学设计，对课文只作浮皮潦草的阅读，这样做无疑是舍本逐末、急功近利的做法。其次，学习语言，并非可以一蹴而就，它应该是一个长期的潜移默化、熏陶感染、积累感悟的过程，语感的培养需要真实阅读、文本细读。传统的散文教学中教师常常将参考书里对文本的理解和阐释奉为圣旨，认为只要是超出参考书的观点和看法总是有所偏颇的，不敢越雷池一步。教师把这样的想法再传授给学生，就造成了不同的语文教师教出的学生是一个模子里刻出来的，对文本解释千篇一律的现象。还有一部分教师，虽然能坚持"启发诱导"，却始终是在想方设法把学生的思维引向参考书所预设的框架中，忽略了文本所蕴含的丰富个性和复杂意蕴，这样的教学内容也只能是参考书的翻版。

四、上课时教师有意无意忽视学情，缺乏直面教学问题的意识和能力

依据学情开展教学活动，是一切有效教学的基本特征，对语文教学而言，尤其重要，对语文阅读教学中的散文教学，意义则更为重大，因为散文的教学内容相比其他文体的课文更加难以确定，重视学情分析，依据学情而教，本质上是对学生真实阅读的尊重，正如新课标所倡导的"阅读中的对话和交流，应指向每一个学生的个体阅读……充

分关注学生阅读态度的主动性、阅读需求的多样性、阅读心理的独特性",教师"不能以自己的分析讲解代替学生的独立阅读"。面对一篇散文作品,教师的解读未尽合宜,学生的阅读却是真实的,因此一旦教师提供给学生质疑讨论的机会,学生往往能够提出有语文教学价值的问题,而这些问题又往往会把教学内容引向正确的方向,关键就看教师是否能够依据学情以及如何依据学情组织教学活动。这种现象,一般只在语文教学中才会出现,在其他学科的教学中则很少见。

笔者曾做过《藤野先生》的课例综述,对教学目标做了统计,集中在以下三方面:梳理本文写了哪几件事;理解藤野先生是怎样的人;感受鲁迅对藤野先生有着怎样的感情。有一个课例,一位教师使用导学案来教学,导学案的课前案中有这样一个问题:在阅读这篇课文的过程中,你有哪些疑惑或困难?请写下来。课堂上老师落实这个问题,发现学生集中提出两个问题:(1)为什么前5段写从东京到仙台的生活?(2)"幻灯片事件"好像和藤野先生没有什么关系,为什么还要写?老师请同学们讨论,最后草草总结了一句话——"形散神不散","神"就是抒发了鲁迅对藤野先生的感激、怀念和敬仰之情。显然,这位老师的解读明显存在偏误,更为惋惜的是,没能充分意识到这一动态学情的重要价值。这篇散文主要记叙了作者青年时代留学日本的一段心路历程,揭示出自己思想情感的变化,作者对藤野先生的感激、怀念和敬仰之情,只是其中的一种情感,绝不是唯一情感,所以何来所谓的"神不散"?学生学习这篇散文,要能够体会出作者所要表达的不同情感及其变化。可以看出,学生的阅读感受是真实的,前5段写从东京到仙台的生活,没有很快入题,形散而"神"不集中;"幻灯片事件"和藤野先生基本也没有什么关系,形散而"神"又不集中,所以感到困惑。这两个本来能把教学内容引向正途的问题,是揭示学生学情的关键事件,可惜施教者未能及时抓住,因势利导,反映出施教者既缺乏直面教学问题的意识,更缺少依据学情而教的能力。这里也说明一个道理:从文本体式与学情出发固然是确定教学内容的两个基本依据,但它们之间的交集才往往是确定教学内容的核心所在。

第三节　散文教学的重建

一、散文教学的改进策略

散文教学的重建,需要从课程编制、教材编写、教学设计和实施三个层面分别用力,协同作战,并最终形成合力。综合目前的研究和实践探索,解决散文教学的问题,以下三个对策逐渐明朗。①

1. 阻截

即限制散文,逼使语文课程教材中语体散文的比例大大下降。这主要是从课程编制和教材编写的角度上讲的。在课程编制的层面,更加科学地设计散文教学的课程目标和课程内容;在教材编写的层面,减少语文课本中的散文篇目,从阅读教学的"量"上讲,是降低了散文教学的难度,但是对散文教学的"质"其实是提出更高的要求,因为这样一来散文教学势必要凸显"鉴赏"、"欣赏"的目标。阻截是以退为进,但却是解决语文教学困境的根本办法。

2. 分流

即以读法为纲,细析小类,分化散文,把已经能明确解说的文类从"文学性的散文"中剔除而专门对待。这主要是从教材编写和教学设计的角度上讲的。教材编写应该以"读法"为纲,这里的"读法"指的是不同文类的阅读方式,不是指文本阅读的具体方法,特定的文类有其特定的"读法",相应地有其特定的教法,这是对散文进行分流的依据。

"文学性的散文"自成一大类,既不混同纯文学,也不混同实用性文章,这提示我们

---

① 王荣生. 中小学散文教学的问题及对策[J]. 课程·教材·教法,2011(9).

对"文学性的散文"需要对作专门的研究,包括文本的状况、解读的方式方法乃至适合于中小学生的教学方法。大类的三分法,容易将传统上包笼在"散文"里的有些文类区分出来,而采用相对应的解读方式,比如新闻、学术性散文。凡是体裁和文体特征认识比较清楚,已形成相应读法的,皆宜从"散文"中分化出来而专门对待。比如新闻、通讯、报刊文章、传记、回忆录、科普小品、演讲辞、寓言、童话等。有些在体裁和文体特征有明确解说的,如散文诗、杂文,也宜按独立小类而专门对待。分流依然是以退为进,但却是目前最为可行的办法。对于一些小类而言,文本解读的理论研究已经提供了相应的解读方法,所以我们能够教对,也应该教对。在"文学性的散文"占课文绝大多数的既定条件下,关键是把这些我们现在能教对的和应该教对的教对。

3. 正面应对

阻截、分流之后,尚余下篇目,便需正面应对。正面应对,就是要关注"散文"文类的解读方式,强化文体意识,不同体式的散文做不同对待。目前的努力是从文类和文体两个方面着手,有如下三个关节点:

(1) 关注散文的文类特征,形成与"散文"文类相匹配的解读方式或散文解读的基本取向。为了有效应对当前中小学散文教学的主要问题,我们提出散文解读的基本取向:散文教学要从"外"回到"里",要建立学生与"这一篇"课文的链接,实质是建立学生的已有经验,与"这一篇散文"所传达的作者独特经验的链接,这里的独特经验包括语文经验和人生经验两个方面。

(2) 强化文体意识,根据文体特征,分化小类,形成可依循的相应的解读理路。关于散文的分化,如孙绍振关于"审美散文"、"审智散文"、"审丑散文"[①]及其解读范例,钱理群关于"说理的散文"、"描写的散文"、"纪实的散文"、"抒情的散文"[②]及其解读范例,在散文史和作家作品评论中所提炼的作家流派、风格等,均给我们提供了理论资源。

---

① 孙绍振. 文学创作论[M]. 福州:海峡文艺出版社,2007.
② 钱理群. 名作重读[M]. 上海:上海教育出版社,2006.

（3）细化文体研究，揭示散文文本的最要紧处，形成可操作的具体解读方法。关于散文文体的细化研究，目前只有一些个案，包括孙绍振等专家的文本解读范例，优秀语文教师的成功课例、"共同备课"等教研活动中出现的典型案例等。可操作的具体解读方法，目前只能从这些个案中寻觅、探测。

二、散文教学原则撮要

散文阅读教学的原则，可以归纳为以下五条：

1. 散文教学有两个相统一的教学目标，从学生学习的角度讲，一是体认作者在散文中所传达的独特经验，进而丰厚自己的人生经验；二是通过学习散文，提升自己阅读散文的知识与能力。

2. 散文教学设计理念，是要依据散文的体式进行教学设计，即课堂教学中不能只教散文的共性特征，还必须教出一篇散文的特质来。

3. 散文教学设计的核心问题，是依据散文的体式特征确定合宜的教学内容。

4. 散文教学实施的核心问题，是通过体味散文精准的言语表达，体认与分享作者丰富、细腻、独特的人生感受。

5. 散文教学方法是学生通过教师指导下的文本细读，增长自己的语文经验。

三、从体式角度重构各类散文教学内容的尝试

下面主要从"体式"角度探讨散文教学内容的确定，试图对散文教学内容进行重构。尽管学术界对散文的分类至今还没有一个统一的标准与依据，但是相比较而言，依据散文"抒情"、"议论"、"记叙"三种表达方式把散文分为"叙事性散文"、"抒情性散文"、"议论性散文"的"三分法"还是得到较为广泛的认可。所以，基于细化文体研究的考虑，拟分别探讨叙事性散文、抒情性散文、议论性散文的教学内容。另外，回忆性散文是叙事性散文中一种颇具特色的子类，中学课本中多有选文且文体特征典型，所以

也单独提出来讨论。

（一）叙事性散文教学内容重构

1. 叙事性散文的文体特征

叙事性散文侧重于记事写人，是寓情于事、融情于事的一类散文。叙事散文一般是记叙作者在过去的某一段时间里的所见所闻的过程，即"我"的经历，主要通过对事情经过的叙述和人物事迹的描写来反映社会生活，揭示事物的本质，而不像小说那样记叙整件事的过程。有的以写人为主，有的以写事为主，作者的主观情感流溢于字里行间形成一股内在的抒情魅力。叙事方式一般采用第一人称。"叙事性散文以人物与事件为主，叙事内容一般与创作主体有关"。[①] 叙事性散文通常在叙事的过程中已经蕴藏作者的感情，而在叙事散文中的"事"一般会采用片段式，也就是一整件事中的某个部分，不会把事情的全部展现出来。在阐述事情的时候有时也会采用议论或者抒情的表达方式，但是我们不能因此就否定了叙事性散文的本质特征，这些表达方式的参与是为了增强叙事性散文中"事"的感染力。叙事性散文跟小说、剧本不一样，它不是凭空捏造的故事情节，而是叙述有根有据的事。

根据叙事性散文内容的侧重点不同，可将它分为记事散文和写人散文。记事散文以事件发展为线索，偏重对事件的叙述。它可以是一个有头有尾的故事，如许地山的《落花生》，也可以是片断的剪辑，如鲁迅的《从百草园到三味书屋》。在叙事中融合作者真挚的感情，这是与小说叙事最显著的区别。记人散文表面上看注重人物形象的描写，实际更意在表现作者对人物的感受，所以写人散文中的人物最大的特点是真实、亲切、自然、感人，比小说中的人物更具一份情感的力量，更能打动人。其次，散文中的人物都饱含作者的深情，带有作者强烈的个人情感色彩。第三，散文塑造人物不是靠完整的情节来展开，而是靠精心选择的细节来凸显。第四，作者可以随时随地直接出面评价议论人物。如鲁迅的《藤野先生》、魏巍的《我的老师》、杨绛的《老王》等。

---

① 喻大翔. 现代中文散文十五讲[M]. 上海：同济大学出版社，2008：21.

（1）取材真实

叙事性散文取材应该来源于我们现实的生活，也就是叙事散文中所写的人和事，不可以像小说那样虚构，要求是现实生活中的真人真事，都应该是让作者产生过心灵震颤或者让作者记忆深刻的，可以稍微在具体细节上修饰和加工，但是不能失去原有的"真实性"、生活的本来面目。余光中先生曾经说过，散文是最亲切、最透明、最平实的言谈，不像小说戴上人物的假面具、事件的隐身衣，也不像诗歌破空而来，绝尘而去。

（2）情感含蓄

叙事散文对人和事的叙述和描绘比较具体、突出，同时表现作者的认识和内心的感受，带有浓厚的抒情成分，字里行间充溢着饱满的感情。叙事散文主要是从叙述的人物和事件的发展变化过程中反映事物的本质，往往包括时间、地点、人物、事件等因素，从一个角度选取题材来表现作者的真情实感。叙事性散文中，那些隐藏于文字背后的情感，越厚重越真挚，就越能打动读者，叙事性散文往往是把作者的情感隐藏在所叙述的事情背后。它不是虚情假意，一味地拔高，歌功颂德。而是"按照自己心灵的吩咐"抒发作者内心的真情实感，是一种自然的流露，而不是牵强附会的表达。有人说，好的叙事性散文应该像斯文人的谈吐，其言外之意就是说叙事性散文的情感总是细腻的，而不是张扬的。

（3）细节描写

细节是指事物的具体的细部特征，细节往往包含很多种，比如人物动作的刻画，神态的刻画，个性化语言的刻画，环境的刻画，内在心理的描摹等等。在叙事性散文中特别要注重细节的描写。因为细节的描写不仅仅是形象思维的一个展现，而且对刻画人物形象和塑造人物性格有着至关重要的作用，是在品读、鉴赏叙事性散文时候的一个关键点。

细节描写一般采取白描的手法，鲁迅先生关于"白描"曾说过这样一句话："有真意，去粉饰，少做作，勿卖弄。"在叙事性散文中，对细节进行描写的时候，实质是通过细节来表现人物的心理，间接地流露出作者的情感。一般情况下，出现在文章中的细节描写都是一些典型的细节，能够给读者留下很深的印象或者可以深深打动读者的。细节描写通常淋漓尽致,感人至深,是刻画人物强有力的武器,从细节上刻画人物,能够让人物个性鲜明,性格清晰可见。同时将作者的情感在不经意间流露出来。这就是细节描写的魅力,看似在描写一个细节,实质是将作者内心情感外在地体现出来了。

(4) 结构灵活

将叙事性散文又分为记事散文和写人散文,是为了从整体把握文章,能够抓住文章的主脉络,从而能够理清文章结构。虽然可以再次分类为记事散文和写人散文,但是它们之间在结构上还是相通的,叙事性散文的结构可以归纳为三类①,一是平铺直叙结构,二是参差错落结构,三是高山平湖结构。

平铺直叙的结构在散文的结构方式中是出现比较频繁的。这种结构是指在表达一件事情的时候,能够从头到尾地直白叙述。虽然在表述的过程中直白、平铺,但却在直白、朴实的言语表达中将作者的感情流露出来。应该说这样的结构方式让读者有一种轻松、自在的感觉。

参差错落的结构是对人们内心产生巨大冲击与宣泄的一种结构方式。这种结构通常将叙事性散文中"事"的情节构建得跌宕起伏,文中的每一个描写段落都是将"事"的情节推向起伏点。通常都是平淡的叙事和高潮间歇性地出现,此起彼伏、连绵不断。前后段落之间有着扯不清的关系。这种结构给读者留下了遐想的空间。当然,叙事性散文应该讲究疏密相间,张弛结合。这种结构也被称作"波浪式结构"。

高山平湖的结构是一种先抑后扬或先贬后褒,运用反差的艺术效果。在叙事性散文中表现为,在文章的前面部分重笔浓墨地描写一种扣人心弦的情节,当达到一定程度的时候再愉快轻松地将事情直白地全部表达出来。在这整个过程中读者从沉重、纠结的心情过渡到欢快轻松的感觉,通常情况下作者在文章的前面部分会采用许多材料作为铺垫。

---

① 耿明霞.叙事散文的情愫及架构[J].邢台学院学报,2008(9).

2. 叙事性散文的教学设计——《藤野先生》

教材简析与教学概况

鲁迅先生的《藤野先生》是初中语文教材中的传统名篇，是鲁迅叙事性散文的代表作品。在这篇散文中鲁迅回忆了自己青年时代留学日本的一段难忘的经历，抒写了自己早年的一段心灵轨迹，其中主要通过自己与藤野先生的交往记叙了藤野先生对自己的深刻影响。在鲁迅心中，藤野先生始终是一位治学严谨、没有民族偏见的知识分子，在作者当年无法摆脱困境的绝望情况下，他不经意间的关怀给作者那时孤寂的心灵带来巨大的慰藉，引发作者崇高的敬意，而且这种敬意一直持续到多年以后。所以，这篇散文的主要特点是鲁迅通过藤野先生在自己精神成长中的作用来表现他对这位老师永远的敬意。这篇散文在写法上有一个突出特点，用了两种叙述语调：在写自己的生存境遇时，用的是调侃的语调；而在写藤野先生时，用笔就严正起来。两种叙述语调的交替使用，就形成了这篇散文审美趣味上的丰富性。

课例综述显示，目前这篇课文的教学目标有以下三个方面：(1)认识藤野先生正直热情、治学严谨、没有民族偏见的高尚品质，感受鲁迅先生强烈的爱国主义思想。(2)学习作者抓住人物特征和典型事例来表现人物思想品质的写法。(3)品析文中含义深刻的语句，理解反语的运用，学习鲁迅散文的语言特色。

思考与研讨

下面的问题供老师们在确立教学目标、确定教学内容、安排教学流程时参考：

(1) 常听一线的语文老师说，传统名篇是最难教的。你觉得《藤野先生》难教吗？为什么难教？在你的教学生涯中，教过几次？有没有难忘的教学经历或深刻的教学体会？

(2) 这是一篇叙事性散文，叙事性散文有怎样的文体特征？这篇作品又有哪些独特之处？你在文本解读时遇到什么困难了吗，或者产生哪些困惑？你有没有将自己的这些阅读体验与学生分享？

(3) 这篇散文主要是刻画藤野先生这个人物，还是叙写作者对藤野先生的感受，还是回忆自己早年留学日本的一段心路历程？

(4) 这篇散文题目是《藤野先生》，为什么开始 5 段没有直接写藤野先生，而是写作者从东京到仙台的生活？文中写到几件事情，哪几件事是写作者和藤野先生的交往？"看幻灯片"事件重要吗？和藤野先生有直接关系吗？

(5) 作为散文，文中多处用到反语，极富调侃意味，颇具鲁迅杂文嬉笑怒骂的文风，请找出来仔细品味，想一想：为什么是在这些地方？又传达出怎样的意味？

教学内容设计建议

(1) 了解本文作为叙事性散文的体式特征。作者回忆自己早年留学日本的生活不是写作目的，描写藤野先生也不是作品意蕴的全部。所以，如果将教学内容聚焦在认识藤野先生这个人，着力分析他正直热情、没有民族偏见等优秀品质，一定是不合适的。如果将教学内容定位于体会鲁迅的爱国主义思想，也一定是偏颇的。

(2) 依据叙事性散文的体式进行文本教学解读。《藤野先生》的主要内容是以时间为线索叙述鲁迅留学日本时期对他以后的人生道路产生重要影响的事件和人物，藤野先生作为深刻影响了鲁迅人生选择的人而被写入作品之中，鲁迅从到仙台就学期间得到藤野先生的知遇之恩的角度出发，剖析了自己作为一名弱国子民在他乡得到尊重爱护而感恩的心路历程。所以这篇课文不能当作一篇纪念人物的文章来读。

(3) 教学目标和内容的设计要考虑鲁迅散文的语言风格。本文两种叙述语调交替使用，产生精妙的艺术效果：一种是冷静的、严正的叙述语调，另一种是嘲讽的、调侃的叙述语调。凡是写到与藤野先生的交往以及表达对藤野先生的怀念时，用的是冷静的、严正的、庄重的语调；凡是写到自己在日本的生存境遇的时候，用的是一种嘲讽的、调侃的语调。教学中，要引导学生品味感受两种叙述语调所产生的情韵和意味。

(二) 抒情性散文教学内容重构

1. 抒情性散文的文体特征

抒情性散文就是以抒情为目的的散文，具体生动地抒发作者自己的主观感受和情感。一般情况下抒情性散文是作者通过采用抒情、记叙、描写、议论的表达方式来营造作者想要渲染的氛围，其中以抒情的表达方式为主，其他的方式辅之。抒情性散文，以人境与情场为主，而人境又以创作主体为轴心，抒我之亲情、朋友情、地缘情与事物情等。在抒情方式上可以是直接的抒发,也可以是间接的抒发,比如托物言志、寓情于景、寓情于理等。作者将自己的情感蕴藏在景中、物中、理中。虽然作者将自己的感情暗藏于事、景、理中,但是这并不影响抒情散文的本质特征,不因为叙述事情而变为叙事性散文。抒情性散文中作者流露出来的感情与作者现实生活中的情感存在很大的关系,一般情况下抒情性散文文笔细腻,感情真切,内容生活化。需要强调的是,学习抒情性散文重点是抓住作者的情感变化,体会作者内心的独白。

（1）抒情方式

抒情性散文这类散文,抒情方式灵活多样,可以直抒胸臆,可以因事缘情,可以借景抒情,可以托物言志等等。但不管采取什么抒情方式,其情必"真",其感必"实","言为心声",忌讳假情、矫情、无病呻吟。在具体的抒情散文篇目中有的侧重于记人叙事,有的侧重于写景状物,有的侧重于直抒胸臆……其意图都是抒写作者对人、事、物、景的一种强烈的情感。如果抒情散文侧重于记人叙事,则要准确传神。写人就要以人物为中心,叙述和描写是为人物而展开,议论和抒情是为人物而泼墨。写人就要准确传神地写出人物的性格特征,就是所谓的"人不走样,话不走音"。这就要求作者要善于描写人物外形、神态和语言等方面的特点,善于抓住人物立身行事的三两个典型细节,突出人物的个性。如果抒情性散文侧重于写景状物,则要形象蕴深。写景首先要定角度,确定立脚点,依次描写,一笔不乱。写景状物一定要清晰,而且要抓住景物的"个性",因为景物不同,其特征也是不一样的。同时,写景状物,还应该有所含蕴,作者通过对景物的描写寄托自己的真实情感。

（2）情感表达

抒情性散文以抒发作者的主观情感为出发点,着力点在于通过准确的对其他事物的描写来精确传神地表达出作者的感情。大多数情况下是借助意象、写景来抒发主观情感,作者会用大量的笔墨对意象进行描写,因为这些意象是作者抒情的载体。这些意象都是具有一定的象征意义,而不是随便地描写一处景物,所描写景物的象征意义与作者想要表达的感情是一致的。一般情况下,在抒情性散文中作者就是选用典型的意象,然后采用比兴、象征、拟人等艺术手法,或者采用情景交融、托物咏志达到抒情的目的。

（3）文章结构

文章有其一定的结构，结构包括文章的思路和文章的线索，思路是思想或思维的轨迹，是材料排列的顺序，是文章逻辑的核心。线索是作者组织材料的脉络，或描写、记叙的脉络。思路和线索的过程中蕴含严密的逻辑性。

文章思路其实是一种思维结构，具体表现为逻辑关系或者说是逻辑力量。文章思路包括全文的思路和局部的结构。思路具有潜隐性，是潜在的、隐性的，是一种思维的东西，需要通过言语、事理、情感将其外显出来，看清文章的轨迹。抒情性散文的基本思路是由形象到抽象，由象及理。透过表面的现象抓住文章的本质，也就是文章的思路，把外在的形象与内在的思路紧密地结合起来，这样可以使文章成为一个有机的整体，同时这样也巧妙地将外在与内在、现象与本质、整体与部分联系起来。抒情性散文思路的逻辑性是为文章的主旨服务的，它的存在起到了深化主旨的作用。所以，要特别注意在文章中由象及理时的过渡句，还有文章结尾的点睛之笔。对抒情性散文局部思路的分析是必要的，这样可以更深入地理解其具体形象，同时把握得也更准确，更有利于理解文章寓含的主旨。

线索是所有材料共有的某一特征，是材料的连缀物，它是作者选择材料的准绳，是作者选择材料的脉络。文章结构的脉络实际上就是散文的线索，将文章结构的脉络弄清楚，也就是抓住了文章的线索，这样一来作者的写作意图就很容易把握。如果将线索按照一定的原则进行截断，就可以划出文章的层次。抒情性散文线索的分类可以分为以事物的形象为线索、以感情的变化为线索、以时间顺序为线索、以空间顺序为线索、以作品中的"我"为线索，复杂的时候线索不止一条。不管作品用什么来作为线索，有一点是不用质疑的，就是作品都存在一定的逻辑结构，也就是我们平常所说的内在的逻辑性。如果作品以事物作为线索就该遵循事物发展的规律，如果作品以时间为线索就该遵循时间的规律，总而言之，以什么作为线索就应该以其自身的规律作为线索。线索往往蕴含在文章的字里行间，找出抒情性散文线索的内在逻辑性可以更清晰地把握文章的脉络。

2. 抒情性散文的教学设计——《幽径悲剧》

《幽径悲剧》教学设计及课例简析①

【导入】从"外在的言说对象",转向文本之内,即作者"个人化的言说对象"。

◎"鲁殿灵光"是什么意思?

◎什么叫悲剧呀?

◎我们今天学习的这篇课文写到的"被毁灭"的"有价值的东西"是什么?

◎这篇课文写到的这个被毁灭了的藤萝,其"价值"在哪儿呢?它有什么"价值"呢?

【环节一】从文内的描述对象,转向作者所抒之情,即作者"独特的情感认知"。

1. 关于第8段

◎课文中集中描写藤萝的是哪一段?

◎你们喜欢"这一棵"藤萝吗?

◎那你们看作者喜欢吗?

◎你从哪里看出来作者也是喜欢的?

◎你从哪里可以看出作者很快乐?

◎那么,同学们还可以从哪里感受到这种快乐呢?

◎"大有直上青云之概","颇有万绿丛中一点红的意味",你们从这里可以看出作者的心情吗?

◎现在的问题是:为什么引用了古诗句,就表达了作者的快乐、开心呢?

2. 关于第11段

◎其中直接写藤萝的"被毁灭"的是哪一段?

◎我们今天读他的文章,我们能理解他的痛苦吗?我们能理解他心中的情感吗?

【环节二】从作者的直接抒发,转向"个性化的言语表达",体会情感的细腻处。

◎那么,我们怎么样理解作者之心呢?

---

① 根据李海林执教的《幽径悲剧》整理.李海林《幽径悲剧》教学实录[J].中学语文教学,2011(2).

1. 找作者直接的陈述

◎你们看课文 11 段到 16 段,把有"我"的句子找出来。请同学们把这 28 句中有心理动词的句子划出来。

2. 要看它的话外之音,言外之意

◎你们来读一下课文的第 15 段,你们看看这一段是什么样的语气语调,你觉得这个语气语调有什么特点,你从这样的语气语调中感受到作者怎样的思想感情。

◎同学们把自己的感觉填到表上:语气语调给你的整体感觉。你从这种语气语调体会到作者的情感。

◎你觉得这是一种什么样的语气语调?

◎其实,这篇课文后半部分,有好几个地方都有点无奈的味道。你们看看,还有哪里?

(三)议论性散文教学内容重构

1. 议论性散文的文体特征

议论性散文,也被称为哲理散文,是一种以某个观点为中心或者蕴含某种哲理的散文,在论证作者自己观点或者哲理的过程中采用散文的笔法。议论性散文,由具体的事物或者现象而引发的情感,围绕这种情感放开笔墨,纵横议论,形成融情于理、情理交融的境界,或者采取形象化的手法,借助可以感触的人、事、景、物的叙写来进行议论,这一类的散文主要是以议论的表达方式为主。

（1）体式特征

议论性散文主要的特点是蕴藏着丰富的哲理,在作品中通常将作者的感情、蕴藏的哲理、清晰的形象融合起来,呈现在作者眼前的是理性的形象,流露出的是朴实的情感。由此可见,议论性散文具有哲理性、抒情性、形象性这三个特点。我们在研究议论性散文特点的时候,应该主要从情感中领悟哲理,在哲理中体会感情,细细品味情理交融的艺术特点。

一般情况下议论性散文中具有与议论文一样的论点、论据、论证,但是与议论文不同的是,议论性散文是以人境和意境为主的,运用一系列的修辞技巧等,使抽象观点形象化和艺术化。如果只是直白的说理，或者观点分明的论证，那就是一般意义上的议论文了。议论散文可以写景含理、叙事蕴理、抒情融理；也可以是景理互含、事理兼在、情理双佳、富于理性，但这并不改变放开笔墨、纵横议论、以理服人的主要目标。用绘画语言的"写意画"类比，是一种典型的写意文学或写意散文。

（2）语体风格

议论性散文与一般意义的议论文语体风格不同。议论文是政论语体，议论性散文是文学语体。政论语体的特点是具有较强的理性，以抽象性的语言为主并且这些语言呈现线状结构。而文学语体的特点是将自己的情感流露融合在表达作品观点的过程中，以形象性的语言为主并且呈现片状结构。另外，虽然议论性散文与叙事性散文、抒情性散文一样属于散文，有一定的共性，但是它们之间也有不同之处，比如议论性散文的思想内涵是理，是对关于社会、人生等问题的独特思考，其目的在于启发人、教育人，散文只是它的写作笔法。

（3）论证结构

就结构而言，一般意义的议论文要求有严密的论证过程，也就是论证结构，一般都是层层展开、不断推理或者正反论证这样的结构。在议论文中选取的论据必须具有针对性、典型性、权威性，而且必须观点明确、符合规范。概言之，一般意义上的议论文行文脉络是先说事实，再进行分析，最后总结作者的观点。而议论性散文整篇文章不同于议论文，在议论性散文中语言的表达倾向于理性，具有理性和严密性，并且行文中蕴藏着作者的真实情感。

议论性散文没有严格的论证结构，侧重感性，其结构的架构比较灵活自由，不像一般意义上的议论文从提出问题、分析问题、解决问题这几个方面来行文，也不是按照固定的逻辑性推理来组织。不要求以严密的逻辑论证自己的观点，而是重在展示在某个问题上独特的见解和思考的过程。一般情况下议论性散文具有议论层次，以作者的情感变化为线索，呈现片状结构的行文，从这个方面看议论性散文的议论层次没有一般意义的议论文严格。在议论性散文中作者注重对意象以及细节的描写，并且将作者的情感巧妙地融合在意象与细节之中，读者只需要借助这些意象与细节便可以领悟作者的观点。

2. 议论性散文的教学设计——《胡同文化》

从体式特征上讲,《胡同文化》作为一篇议论性散文具有以下特点:

(1)本文是汪曾祺散文的代表作,不仅反映了他对老北京风俗文化的透彻理解,而且还凸显了他观察事物不偏不倚的客观态度。(2)这篇散文作者无意褒贬,作为摄影集的序言,确实有介绍的成分在里面,主要写作特色是客观地呈现与刻画。(3)教学目标不能放在对胡同的特点、对胡同文化的内涵的理解上,不能定位于筛选信息,最要紧的地方是汪曾祺的语言,要把品味语言而不是把情感本身放在教学的首要位置。(4)了解汪曾祺"京味语言"的特点是指汪曾祺善于从北京方言,尤其是日常口语中寻找资源,加以化用融合,没有斧凿痕迹,自成一体,从而形成一种独特的语言风格。

依据文本体式,确定如下教学设计要点:

第一,体会文中汪曾祺是如何把胡同文化的特色展现出来的,进而理解这篇散文"客观地呈现与刻画"的写作特点。途径就是品味其语言表达,体会通过意合方式呈现的那种不连贯的、流水句式的、很多没有主语或动词的、关联词很少的、句子很短的、非欧化的等等语言形式,是汪曾祺延留了中国化韵味的那种语言传统,所以教学目标之一是学生能够从这篇散文中看出语言运用更多的精彩之处。

其次,了解汪曾祺散文的语言风格。汪曾祺散文的语言风格特点表现为雅洁与含蓄,"雅洁"分为"雅"和"洁"两个方面,"雅"为优美、雅致,"洁"为简洁;含蓄则指其散文语言含而不露,意味深长。在语音手段上,汪曾祺运用音步的配合形成气韵生动的节奏,通过长短句的运用形成语言节奏的参差变化美;在词汇手段上,文言词的广泛运用使得行文简洁,语言体现出古典韵味,通过精当的单音节词语选用表达出丰富的含义。在句式手段上,短小精悍的短句广泛运用,多运用省略主语句使文章语言呈现出简明流畅的特点,文言句式的运用使作品语言风格呈现出精练、典雅的特点,四字格句式的广泛运用使其散文语言雅致;在修辞手段上,恰当运用精妙形象的比喻等修辞方式,且表达出含蓄蕴藉的丰富意境;在标点符号手段运用上,括号、注释的运用使得行文醒目流畅,同时又表达出丰富的语义。破折号的使用使语言指向明确。

教学设计思路图①:

《胡同文化》教学设计

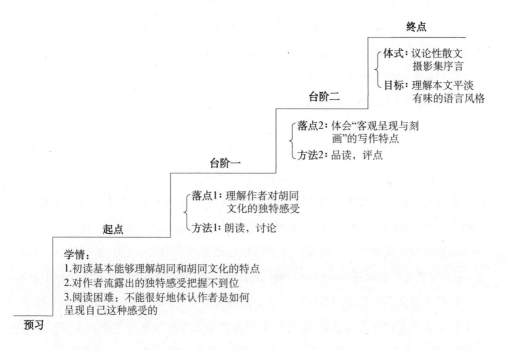

上面是一个教学设计思路图,它是在总结我国中学阅读教学优秀课例的基础上提炼出来的,在"国培计划"等语文教学培训中受到参训老师的普遍好评。其设计思路是:依体式,定终点;缘学情,明起点;中间搭 2—3 个台阶。操作步骤如下:

1. 依据文本体式确定教学目标,即教学的终点。

2. 然后根据学生学情,明确教学起点。

3. 中间设计 2—3 个教学环节,主要环节 15—20 分钟;教学环节就是组织学生较充分的"学的活动",即每个环节的大部分时间是"学的活动"。

———————————————

① 王荣生,宋冬生. 学科知识与教学能力(高中)[M].北京:高等教育出版社,2011:127.

4. 还要考虑与教学相一致的课前预习以及相关后续活动的设计。即课前预习，与课堂教学直接相关；课后作业，是课堂教学的延续。

教案中用"台阶"表示，意在说明教学流程是逐层递进、逐步深入的。换言之，教学环节是有梯度的，从学生学习的角度讲，学生的学习经验逐渐丰厚。一个台阶就是一项"学的活动"，每项"学的活动"都围绕一个落点（即子目标）展开，需要选择和运用与教学内容相匹配的教学策略和方法。

（四）回忆性散文教学内容重构

1. 回忆性散文的文体特征

回忆性散文是文学性散文中一种独具特色的文类，也是中学语文教材中的一种重要而特殊的课文。回忆性散文属于叙事性散文中的一种类别，也具有很强的抒情性，回忆通过其真实性更增加了散文的价值，回忆通过历史的再现，通过作者某一瞬间生命状态的展示，让我们看到了回忆性散文中一种无法代替的情感经历，看到了来自生命本体最本质的生命之光。通过对过去印象比较深刻的事件、人物、景物的回忆和描述，传达作者真挚的情感。从初中开始，我们就开始接触到回忆性散文，一直到高中，很多回忆性散文在我们脑海中留下了深刻的印象，一个个形象鲜明的人物跃然纸上。让作者泪流满面的父亲的背影，让我们深深体会到父母的不易和辛酸，深深理解那句话"树欲静而风不止，子欲养而亲不待"。有着悲惨命运的车夫老王，让我们不由得感觉到下层人民生活的艰辛，我们应该学会去帮助他们。回忆性散文，印刻着时代的气息，一篇回忆性散文可能就是一个时代的缩影，通过一件小事反映了那个时代社会背景。回忆性散文，按照历史的轨迹，描写的是过去的事，但是文章中有着作者现在的情感体验，以现在看过去。回忆性散文，彰显着作者的个性，通过作者对事物独到见解和看法，表现作者与众不同的人生体验。总之，回忆性散文一定流露着真挚的感情，而具有真实情感的文章才能打动人，才能吸引人。

回忆性散文有以下几个鲜明的文体特征：

（1）表达作者主观情感

通过回忆真实的人物和事情，表达最真挚的感情。作者通过对自己亲身的经历的回想,回头看来时的路,会不会有不一样的感觉? 作者通过独特的体验方式,从回忆的事情描述中我们能够看到作者是如何一步步走来的,他的心路历程是如何发展变化的。文体并不单是指一种独特的语言表达方式或叙述结构,更主要的是作者对自己的情感记忆有了一种独特的把握。这时文体就承担起双重的内涵:既要清晰地确定和重溯过去,又要丰富地呈现作家的自我情感。如在《朝花夕拾》集中,鲁迅通过对所写的人物和事情真情实感,真知灼见的描写,在貌似平淡无奇的笔墨间蕴藏着深邃的思想感情。在《从百草园到三味书屋》这篇散文中,鲁迅通过对百草园景物的描写,不仅流露出对童年的怀念和憧憬,还能表现出作者温柔深情的一面,使两者产生真挚情感的共鸣。所以阅读回忆性散文,我们一定要抓住作者想要表达的主观情感,领悟作者的内在精神。

(2)"自我"个性鲜明

散文是一种张扬个性的文体,作者自由地表现自己独到的生活见解,所以我们欣赏的角度也应该多元化,不应该局限于特定的思路。这就要求读者能够冲破束缚,多元化解读,进行多重对话。"自我"就是回忆性散文的个性,"自我"就是回忆性散文的生命。每个人都有自己独到的观察世界的眼光,每个人都有独特的表达感情的方式。作者对生活的见解是多种多样的,对题材的选择也是丰富多彩的,因此回忆性散文才不会千篇一律,人云亦云,回忆性散文才有其独特个性。

(3)两重叙述视角

回忆性散文中有两个"我",一个是"过去的我",一个"现在的我",这两个"我"是交叉存在的,但这两个视角之间的转换是自然衔接的,而不是相互分离的。这虽然是回忆性散文理解的难点,但绝对是理解回忆性散文不容忽视的重点,过去的经历与感受在今天的"我"的眼中心中又是怎样的? 这是阅读欣赏回忆性散文不可回避的问题。回忆性散文中涉及两个"我",而作者又强调自我主观感情,所以文中的情感是有所变化的。比如朱自清的《背影》中,身为人父八年的朱自清充分体会到父亲的不易和艰辛,这时候再回顾父亲当年的背影,一个平常不过的背影在作者心中重千斤的感觉就不难理解了。现在作者去审视当时那个不成熟的"我"时,重读那份深重的父爱时,自然多了份追悔和愧疚，对父爱有了更加深刻的理解。在鲁迅先生的《朝花夕拾》中，很多作品都是双重性的叙述视角。有些作品是以鲁迅少年生活为线索，但都离不开作者的现实想法。"他立足于现实而回忆过去，时而叙述，时而描写，时而说明，时而议论。他着重回忆过去，但又不时联系到'近时的话'即时事，还往往援古证今，旁征博采。"① 比如《范爱农》中，鲁迅先回忆范爱农的老师徐锡麟被杀害后，范爱农却在举办同乡会时反对鲁迅等人发电回国的想法。"我非常愤怒了，觉得他简直不是人，自己的先生被杀了，连打一个电报还害怕"，鲁迅用自己的笔墨将范爱农那种冷漠表现得淋漓尽致，这是文章中"过去的我"。后来鲁迅通过"我疑心他是自杀。因为他是凫水的好手，不容易淹死"，"我至今不明白他究竟是失足还是自杀"，又表现出鲁迅对范爱农的亲切友善，对他去世的一种同情，一种责任感。这又是一个"现在的我"。过去的"我"和现在的"我"有可能感情是一样的，但在很多情况下，从过去的感情到现在的感情是不断变化的，所以我们必须区分这两个"我"的情感经历，过去"我"的情感是表象，现在"我"的情感才是作者真正想要表达的，我们一定要区别，并且要能够透过现象看本质，这样才能抓住作者真正要传达的情感本质和思想内涵。

（4）追求自我同一性

在回忆性散文中，作者的精神内涵与所描写的人物内心品质具有一致性，即作者的情志与他所写的回忆性散文中的人物形象的精神实质是统一的。回忆性散文背后的精神特征是"一种自我认同的努力"，"回忆性散文对鲁迅的生命状态是双重的：一是使他的自我认同的努力找到了一种真实的内涵，二是回忆使他重新拥有了自我"②。作者通过对作品中人物的描述，也是一个自我审视的过程。比如《藤野先生》一文，鲁迅表达了对藤野先生对自己在生活、学习上特殊关怀和精心培育的感激之情，同时藤野先生没有民族偏见的正直品德、严肃认真的科学态度和一丝不苟的工作作风，给鲁迅带来无穷无尽的精神资源。所以我们可以这样说，鲁迅在写《藤野先生》这篇文章

---

① 纪念鲁迅诞辰 100 周年论文集[C]. 上海：复旦大学出版社，1981：203.
② 郑家建. 中国文学现代性的起源语境[M]. 上海：上海三联书店，2002：252，255.

时,他与藤野先生的精神实质是契合的。又如《范爱农》,鲁迅在赴南京任职的途中回忆范爱农身世时,也从他身上看到了自己的影子:青年时留学日本,背负着同样的救国信念;辛亥革命前,都在乡下教书;绍兴光复后,同在师范学校共事;直到报馆案风波后,一个偶然的机遇让两个人的命运有了天壤之别,鲁迅受蔡元培的邀请去了南京教育部就职,而范爱农却失去了工作,陷于穷困潦倒之中,在一次醉酒之后,失足溺死于河中。辛亥革命的失败造成了范爱农的悲剧,抹杀了有志之士爱国救国的理想信念,最后只能用一死来反击这个残酷的社会现实。从"我疑心他是自杀。因为他是凫水的好手,不容易淹死的",可以看出鲁迅根据自己以及范爱农的人生经历,更加愿意相信他是自杀的,因为在那个黑暗的时代,饱受摧残的正直之士独自面对这个绝望的世界时,大多时候只能用这种自杀的方式来反抗吧。鲁迅本人也深有这种体验,不过他对这个社会还是抱着某种希望的,他更愿意去对抗这个黑暗的社会,尽管有时是绝望地战斗。鲁迅正是通过回忆人物的人生经历,把人物当作一面镜子,来审视自己,反思自己走过的路,重新拥有了自我。

2. 回忆性散文的教学设计——《老王》

回忆性散文比一般的叙事散文解读难度要大,因为双重视角的特点,容易导致学生理解的困难,这是由回忆性散文的特质决定的。因为双重叙述视角,回忆性散文中有两个"我",一个是显性的,即过去的我;一个是隐性的,即现在的我;回忆性散文中作者的思想情感经常出现矛盾,就是因为这两个"我"的冲突。比如《背影》,二十年前的我还处于叛逆期,心里总觉得他说话不大漂亮,非自己插嘴不可;而现在的我早已是多个孩子的父亲了,深深体会到作为父亲的艰辛以及对孩子的爱,于是觉得那时真是聪明过分,这两个"我"在文章交叉的出现,透露出"现在的我"对"过去的我"的批判。老师在作品的教学中往往只关注"过去的我",经常漠视隐性的"现在的我",未能从字里行间中体会出另一层含义,未能理解作者为什么一会这样想、一会那样想,思想经常发生矛盾冲突。又如《阿长与山海经》中,作者通过几个典型事例来写自己对长妈妈的讨厌,如厌恶长妈妈限制"我"的行动、厌恶长妈妈睡觉占地,这是"我"以幼时的心态去回忆长妈妈,表现了小时的"我"对长妈妈的真实感受。而"不许我走动"透露出长妈妈对我的关心和负责,"在床中间摆成一个大字"则体现了长妈妈的勤劳,这又是现在的"我"的眼光去审视长妈妈的,这两个"我"在文中一显一隐地出现,需要老师在教学过程中透过作品语言的表面去发现,去理解并教会学生怎么去分析,必要的时候,需要引导学生怎样去分辨哪个是"过去的我",哪个是"现在的我",以及深入体会这两个"我"所产生的情感交织、纠结、矛盾乃至对立等。

基于此,我们依据回忆性散文的文体特点,总结其教学设计要点如下:

(1) 文本细读,带领学生感受语言美

回忆性散文是作者对往日人事的回忆,里面充满了对人生的感悟。一篇回忆性散文,就是作者用自己的人生经历酿成的一杯美酒,我们正是要带领学生细细地品尝这杯美酒,品尝出人生的酸甜苦辣。在课堂教学中,首先引导学生从回忆性散文中截取人物或生活片段作为分析欣赏的重点,从中感知作品的形象特征。其次联系作者的时代背景,把握好文章的动情点,串联起文章的感悟线,立足文章的总体感悟作者的情感。比如教学《老王》,通过对作者所写的与老王交往的几个片段的细心揣摩和分析,联系作者当时所处的环境(文革期间受迫害,在干校劳动改造等),结合作者的友善言行和愧疚的心理活动,就不难理解文本传达出的"如何对待弱者与不幸者"这样一种深刻的追问和思考。回忆性散文的阅读教学,我们更需要带领学生赏析作品的语言,通过揣摩咀嚼作者刻意经营的言语表达,让学生发掘出作品字里行间所蕴含的意味。

(2) 发挥学生的想象,学会换位思考

在课堂教学中,由于受应试教育的束缚,老师往往是将文章的考试要点滔滔不绝地直接灌输给学生,这样势必夺去了学生自主阅读、主动思考、用心去感悟的机会。因此,我认为应该在课堂上留出一段时间让学生发挥自己的想象,通过朗读用心去感悟,在不知不觉的换位思考后得到情感上的共鸣。比如朱自清的《背影》,通过描写父亲送儿子北上谋生的几个场面,尤其是父亲穿着黑布大马褂、深青布棉袍,步履艰难,蹒跚地爬过铁道为作者买橘子,作者眼泪夺眶而出这个动人场景。"事非经历不知难,情非感受不知味。"若只是冷眼旁观,漠然置之,又何以能唤起我们的审美愉悦。我们只有让学生发挥自己的想象,换位思考,将自己融入到父亲送子远行那种依依不舍,带着万千牵挂的情形中,才能真正体味出作品中作者那种自责和内疚等微妙的感情。

(3) 进行多重对话

比较其他类型的散文,回忆性散文蕴藏了作者更加丰富复杂的情感,"情以物迁,辞以情发","语文课程标准"中明确指出:"阅读教学是学生、教师、教科书编者、文本之间的多重对话,是思想碰撞和心灵交流的动态过程。阅读中的对话和交流应指向每一个学生的个体阅读。"我们要充分发挥老师、学生、文本三者间情感的交流。首先,老师和文本的对话。要让学生了解文本的情感,首先老师要充分地解读文本,读出文本中的情思,读出作者言语表达的功力,读出语言的滋味和文本的意蕴。其次,老师与学生的情感对话。在教学过程中,老师切不可单方面地灌输,忽略了学生的存在。因为现在的学生情感丰富,个性鲜明,老师完全可以通过提出问题,循循善诱地引导学生积极互动,共同探讨,对于学生的错误回答,微笑面对,耐心解答,营造一个轻松活跃的课堂环境。第三,学生和文本的对话。阅读是学生和文本情感交流的最佳途径。因此我们要引导学生在课外去接触文本,阅读文本,让学生对文本产生兴趣,从阅读中认识作者,发现作者隐藏在文本背后的思想感情,并形成自己的独特见解,这样学生才有话和老师交流,对话式的教学设计才有可能实现。

课例举隅 《老王》教学设计

【教学目标】

1. 能体会出文中有两个"我"的情感在交织,了解回忆性散文的基本特点。

2. 品味语言,能感受到杨绛散文简淡的风格。

【教学过程】(第一课时)

一、揭示文体——回忆性散文

二、体会过去的"我"

（一）阅读课文 8—16 段，思考以下问题。

1. 读了第 8 段，同学们觉得作者把老王写得怎么样？是不是觉得老王很恐怖？

2. 第 11 段，"我强笑说"，"强笑"这个词说明了什么？

3. 第 16 段，"我"为什么没有请老王坐一坐？为什么没有请他喝口茶水？

4. 分析了 8—16 段，总结一下"吃惊"、"强笑"、"害怕"这三个词的作用？

5. 分角色朗读 8—16 段中的对话，体会作者当时的感受。

（二）总结：8—16 段，作者在回忆当时文革中与老王交往的"我"时，文字以描写为主，用肖像描写、细节描写、对话描写来突出生动的现场感，这是真实地反映作者当时的情感。

三、体会现在的"我"

1. 细读课文第 3 段，思考：作者在叙述老王眼疾这件事时，在段末说"他也许是从小营养不良而瞎了一只眼，也许是得了恶病，反正同是不幸，而后者该是更深的不幸？"为什么后者"该是更深的不幸"？

2. 细读课文最后一段，思考："那是一个幸运的人对一个不幸者的愧怍。"你对这句话如何理解？如果把其中的"幸运的人"换成我，"不幸者"换成老王，即"那是我对老王的愧怍"，好不好？

总结：从 1—7 段我们可以看出，现在的"我"，用叙述的方式回忆了文革期间与老王交往的几件事，而在叙述这几件事时，现在的"我"随时都可以跳出来，表达自己的感受。这里又出现了一个现在的"我"。

四、认识回忆性散文的特点

总结：这篇课文就像是由现在的"我"在回忆着当时的"我"写成的。这样的散文就是回忆性散文。回忆性散文最重要的一个特点就是文中有两个"我"——当时的"我"和现在的"我",有两种类型的情感在交织——当时的"我"的感受和现在的"我"回忆往事产生的感受,或者说,是现在的"我"对当时的"我"的感受的再感受。

五、布置作业

课后阅读鲁迅的《从百草园到三味书屋》《藤野先生》,朱自清的《背影》,从回忆性散文的文体特征角度,写一点自己的阅读感受。

【板书设计】

老王 杨绛

回忆性散文

愧怍
真实
感受
当时的"我"——当时的"我"的感觉
现在的"我"——现在的"我"回忆往事时产生的感觉
交织

思考与分享

1. 散文教学目前存在哪些问题,面临哪些困难?

2. 散文阅读教学有哪些基本原则?

3. 散文有哪些基本的文类特点? 你是怎样认识"形散神不散"的?

4. 不同类型的散文各具有哪些个性的体式特征? 这些特征对确定散文教学内容有怎样的启示?

第二章

小说教学的现状、反思与重建

通过阅读您可以获得：

1. 了解小说教学真实的现状。

2. 了解小说教学低效的原因。

3. 了解提高小说教学效率的策略。

《普通高中语文课程标准（实验）》（以下简称课程标准）里对小说教学提出了基本要求，譬如：从优秀的小说作品中吸取思想、感情和艺术的营养，丰富、深化对历史、社会和人生的认识，提高文学素养；形成良好的文化心态，学会尊重、理解和容纳作品所体现的不同时代、不同民族、不同流派风格的文化，理解作品表现出来的价值判断和审美取向，做出恰当的评价；注意从不同的角度和层面解读小说、戏剧作品，提高阅读能力和鉴赏水平，等等。这些基本要求为有效的外国小说教学指明了方向。然而，目前中学外国小说教学的现状却不容乐观，其独特的文化意味并未在教学中凸显出来。基于此，我们希冀借助调查全面客观地呈现外国小说教学现状，挖掘教学现状背后的根由，进而提出外国小说教学改革的构想和建议。

一、小说教学现状调查

把握高中语文外国小说的教学现状并反思存在的问题，是使外国小说教学走向有效的前提和基础。笔者在调查外国小说在各版本必修教材分布的基础上，重点调查了其中几篇小说的教学设计和课堂实录中的教学内容的情况，以期全面地呈现外国小说教学的全貌以及存在的问题。

（一）教材调查

1. 小说在大陆现行五套教材中的分布

在现行的高中语文教材中，外国小说的阅读教学也是一个很重要的部分。在人教版的五册教材中，总计有两篇，必修三第一单元第三篇课文，海明威的《老人与海》（节选);必修五第一单元第二篇课文契诃夫的《装在套子里的人》。语文版的五册教材中,第一册第三单元(成长如蜕)的第十一课,奥台尔的《黑珍珠》;第三册(熟悉的陌生人)第十二课马尔克斯的《巨翅老人》。

在人教版和语文版教材中,仅有《装在套子里的人》一篇是重点篇目,其余三篇都是打了星号的自读课文。

在苏教版的教材中,总计有三篇课文,集中在必修二的第一、二两个专题。第一个专题:珍爱生命/美国欧·亨利的《最后的常春藤叶》。第二专题:和平的祈祷/苏联肖洛霍夫的《一个人的遭遇(节选)》、德国海因里希·伯尔的《流浪人,你若到斯巴……》。

在鲁教版的五册教材中,第二册第三单元:透视人间百相/欧·亨利的《警察和赞美诗》、卡夫卡《梦》。第四册第三单元:洞察世道沧桑/巴尔扎克的《高老头》。

在粤教版的五册教材中,只有第三册的小说单元有两篇外国小说,其中小说(1)的课文是法国短篇小说巨匠莫泊桑的《项链》。小说(2)的课文是卡夫卡的《变形记(节选)》。

总的来说,调查的五套必修教材中,苏教版的外国小说选入比例最大,其次是鲁教版。

2. 小说在台湾现行五套教材中的分布

在台湾的五套现行教材中,其中三民和翰林2007年版教材六册选文中,没有外国小说选入,其他的三套教材分别都有一篇外国小说录入。康轩版选入的是奥地利作家斯蒂芬·茨威格《看不见的珍藏》,龙腾版选入的是亚米契斯的小说《爸爸的看护者》,南一版选入的是欧·亨利的《最后一叶》(即《最后的常春藤叶》)。

(二)课堂教学调查:教学设计中教学目标及内容的设置

王荣生教授在《语文教学内容重构》一书中提到,教师决定自己在课堂上的内容并不是随心所欲的。首先必须遵循课程标准的要求,其次还有作者的意图,编者的意图,甚至还有学生的情况,都是我们在决定教学内容时所必须考虑的。

探讨教学内容的问题,涉及到很多方面,比如课程标准、教材、学情、课时,等等。每一个方面都会影响到教学内容的问题。课程标准决定要教什么,学生应该掌握什么，它直接决定着教学目标的制定，以及教学内容的详细确定。教学目标是教学内容的中心，教学内容应该是围绕着教学目标而展开的。教材是教学内容的载体，它是教学内容的具体表现，承载着教学内容的形式。学情和课时都是在制定每一篇文本的教学目标时必须认真考虑的，这些都是重要的参考，也是重要的依据。基于此，笔者拟重点探讨教学目标与教学内容的问题，譬如：教学目标对教学内容的影响以及教学内容自身的诸多问题。

莫泊桑《项链》教学设计调查

执教者	教学目标	教学内容
湖南岳阳市十一中学彭俊海	一、体会小说精心的构思和巧妙的布局 二、理解细腻、深刻的心理描写对刻画人物的作用 三、分析玛蒂尔德的形象及其意义 四、培养学生的辩证思维、发散思维能力	1. 简介作者，概述故事情节 2. 通读全文，理清结构（口述故事梗概，列出情节结构） 3. 分析玛蒂尔德形象（"丢项链"对玛蒂尔德的影响；分析玛蒂尔德悲剧的成因；评析玛蒂尔德形象的意义）
广西南宁市马山县金伦中学黄秀德	一、知识目标： 1. 了解作家、作品 2. 理解作者的创作动机，认识人物形象 二、能力目标： 1. 组织学生课堂讨论，训练口头表达能力 2. 引导学生从人性论的角度重新审视玛蒂尔德，培养学生对人物形象的评价能力 三、感情目标： 1. 认识爱慕虚荣、追求享乐的思想对人的毒害 2. 肯定主人公面对不幸表现出的诚实品德和奋斗精神	第一课时： 1. 导入新课设计 2. 题解 3. 整体感知，理清思路 4. 探究性阅读 第二课时 1. 探究性阅读：分析评价玛蒂尔德 2. 探究小说主题 3. 课文总结 （1）学生自由总结：让学生从作品的艺术特色和主题等方面，用一两句话来总结全文 （2）教师点评

执教者	教学目标	教学内容
湖南省岳阳市岳化一中李亚权	教学目标： 一、分析路瓦栽夫人的形象,了解造成其悲剧的根源。透过小说描绘的环境来了解人物的活动背景 二、理解曲折的情节、巧妙的布局对表现主题的作用。通过情节分析来透视人物的思想及品质 三、分析小说对人物的描写,尤其是深刻细腻的心理描写,来评价人物的性格特征,进而发掘人物复杂的精神世界 四、整体阅读小说,对主人公玛蒂尔德做出自己客观公正的评价,进而准确把握作品的深刻内涵	1. 初读,疏理情节脉络,找到高潮部分 2. 品读,在情节中透视人物心理、性格发展过程 3. 赏读,评价鉴赏玛蒂尔德;欣赏精巧的结构
青岛经济技术开发区第一中学王小鸽	一、学习对小说情节进行分析说明,学习小说中通过心理描写反映人物性格、表现主题的方法 二、了解女主人公玛蒂尔德悲剧产生的原因,并说明这一艺术形象在今天仍然具有的认识价值	1. 导入课文 由法国总统希拉克访华引出知识竞赛话题:法国 19 世纪后期最著名的短篇小说家是谁？对他还有哪些评价? 2. 理清情节线索,讲析"点线串联的表现手法";分析玛蒂尔德悲剧产生的原因,讲析虚实错落的表现手法;分析作者的态度,讲析明暗相间的表现手法

欧·亨利《最后的常春藤叶》教学设计调查

执教者	教学目标	教学内容
沭阳县中英文学校程善峰	一、理解小说曲折生动的情节对人物塑造和主题表达的作用。体味欧·亨利式结尾的妙处 二、能认识建立精神的支点对人生的重要性。学习主人公"牺牲自我,成全他人"的精神	1. 导入 2. 速读课文,思考问题 3. 文本研习 (1) 从分析人物形象入手(琼珊、贝尔曼、苏艾) (2) 从探讨题目的含义入手(叶子) (3) 从结尾情节的逆转入手(三个问题)

续　表

执教者	教学目标	教学内容
阜宁县东沟中学路国乔	一、知识与能力：1.品味小说语言，感受其思想、艺术魅力，发展想象能力和审美能力；2.能认识建立精神的支点对人生的重要性；3.体味欧·亨利式的结尾的妙处 二、过程与方法：4.反复阅读重点段落，掌握小说刻画人物的手法，分析小说的人物形象 三、情感、态度、价值观：5.学习主人公贝尔曼先生"牺牲自我，成全他人"的精神；6.培养学生珍爱生命的意识和面临逆境勇于自救的精神	1. 导语设计 2. 补充资料：作家、作品简介 3. 整体感知 4. 文本研读 5. 文本引申 6. 品味"欧·亨利式的语言"
江苏省海州高级中学张传明	一、理解小说曲折生动的情节对人物塑造和主题表达的作用，学习主人公"牺牲自己，成全他人"的精神 二、结合欧·亨利其他作品，体味探讨"欧·亨利式结尾"的妙处 三、懂得欧·亨利小说含蓄而深刻的批判主题对精心建构美好人性的重要性	1. 播放韦唯演唱的《爱的奉献》，伴随着音乐导入 2. 六名学生登台表演 3. 文本研习 4. 课外延伸 5. 题目探讨 6. 作家之路
陈海军	一、品味小说语言，感受其思想、艺术魅力，发展想象能力和审美能力 二、能认识建立精神的支点对人生的重要性 三、反复阅读重点段落，掌握小说刻画人物的手法，分析小说的人物形象 四、培养学生珍爱生命的意识和面临逆境勇于自救的精神	1. 导入史铁生有篇小说叫《命若琴弦》 2. 概括故事情节，落实小说三要素 3. 分析人物形象，探讨文本内涵

（三）调查初步结论

　　外国小说在各版本的教材中都有涉及且所占比例很高，外国小说的教学在文学类教学中所占的比重很大，应该引起教师的高度重视。通过对教学课堂实录、教学设计的调查研究，我们不难发现，外国小说教学整体是好的，教师普遍关注外国小说教学的基本规律。不过,外国小说教学也存在着不少的问题,比如教学目标的制定不能够体现语文的特点,不能够紧扣课程标准的要求,教学内容泛化、窄化等等。

二、外国小说教学的反思

从选编的篇目来看,外国小说占有相当大的比例,外国小说教学的重要性不言而喻。但调查显示,外国小说的教学并不尽如人意,存在着各种各样的问题。笔者针对主要问题,拟从教学目标的设定、教学内容的确定以及学情等方面进行反思,以期找到解决问题的有效路径。

(一) 教学目标的问题

1. 教学目标的游离。教学目标的游离多种多样。比如在调查中发现江苏省某中学一堂公开课教案中的情感目标:(1)正确认识精神支柱的作用。(2)认识贝尔曼的高尚精神。(3)珍惜生命、自己和别人,学会关心他人。这就是一种目标的游离,它已经完全脱离了语文课的内容与教学范围。

2. 教学目标多而杂。有的教师在设计教学目标时,没有抓住重点,眉毛胡子一把抓,所有认为该教的或者学生该学的,都要放上去。特别是很多教师喜欢制定三维目标,而且要把三维都补齐了,一个教学目标,一页纸就用去了大半。

3. 教学目标的宽泛。有的教师喜欢用一些放之四海而皆准的教学目标,像"鉴赏人物形象及其描写方法,分析主旨,启迪进一步认识人生"等等,这样的教学目标放在哪一篇文本中都是可以的。

(二) 教学内容的泛化及窄化

1. 教材内在的价值得不到凸显。很多教师在上课的时候,忽视了教材的作用,忽视了学生对于文本的理解,过多过早地补充内容,甚至偏离文本,使学生的学习离开了教材而失去依靠点。

2. 语文课变成其他课。有的教师在介绍作者的时候,用了很长的时间来介绍其经历、背景和作品等等。在笔者看来,作者介绍是必要的,但在介绍之前,执教者必须要考虑作者介绍的目的是什么。否则,为了介绍作者而介绍,语文课容易演化成文学史、历史课或政治课。语文课就是语文课,语文课有它独有的性质和功能,过多地承载其他学科教学的功能,语文课可能就变味了。譬如,一位老师对《装在套子里的人》这篇小说进行了如下的教学设计:第一,学习课文,探讨"套子"的现实意义;第二,不被高考的"套子"套住,摆脱应试教育的束缚,立志成为一名既遵纪守法,又解放思想、勇于开拓创新的青年。不难发现,这个教学目标似乎游离到了思想政治教育上去了,"语文"味道很淡。首先是"套子"的现实意义,其次是高考的"套子",看似很有新意,其实却是偏离了语文课程的整体目标。

3. 教学内容的窄化。窄化,顾名思义,就是指人们在认识事物时紧紧针对某一点,而不能关注到周围相关的东西,尽管它可能也很重要。也就是人们所说的钻进死胡同。在窄化的时候,正常人的感知能力和敏感程度会增加,不管是情感还是思维都会朝着一个方向集中。外国小说教学内容"窄化"即是指教师缺乏反思精神,仅依据教参设定教学内容,僵化地按照教参的要求、全搬教材进行教学,教学内容单一、贫乏。比如有的教师在讲莫泊桑的《项链》时,一味强调主人公的爱慕虚荣,然后就是资本主义国家的拜金主义!

(三) 过于强调教学方法价值,忽略了对教学内容的关注

基础教育改革的推进,大部分教师都在关注"教学理念"的层面,并认为理念的落实必须借助于教学方法的改革和创新。于是,在语文教学实践中,一线的教师特别强调教学方法的价值,譬如:主张与学生的平等对话,探究学习方法等等。语文教师的课堂教学研究,也从教学方法上着力,研究各种各样的教学模式,他们倾心研究的是"先怎么教、再怎么教、后怎么教"的问题。建构主义的引进,使我们从教师的"教"逐渐转移到了学生的"学",这是一个非常大的进步。但在实际的执行操作过程中,很大程度上又将课堂教学的成败归因于教师的教学方法上。

教学方法是重要的,这是毋庸置疑的,体现先进的教学理念的教学方法应该得到大力的弘扬。需要指出的是,教学方法始终还是为了更好地实现教学内容。一堂课,首先要落实的就是"教什么",而不是"怎么教"的问题。教学内容与教学方法是课堂教

学的两个方面。在目前的情况下，对语文课堂教学来说，教学内容对有效教学的实现可能更为重要，更为关键。

三、外国小说教学的重建

（一）根据文本体式确定教学内容

教学设计和文本体式密切关联。阅读诗歌、戏剧、小说，有不同的方法。阅读古典小说、现代小说、外国小说也有不同的方法。即是说，每次阅读都要运用适合于这种文本体式的阅读方法；同样，我们研究不同文本的教学内容时，文本体式也是我们必须要认真考虑的。小说教学就要符合小说这个体式的要求。这里以欧·亨利的一篇小说《警察和赞美诗》来讨论这个问题。这篇小说选入到鲁教版第二册第三单元"透视人间百相"主题下，编者的意图是很明显的。从某种意义上说，我们文本教学内容的问题，往往根源于教师对文本的解读。换言之，我们教师在文本解读的时候，出现了一些问题，出现了一些偏差。正是这样的问题和偏差，导致了教学内容的失误甚至错误。从文本的角度也就是要求我们要以阅读小说的方式来设计教学内容。

我们究竟应该如何依据体式来确定文本的教学内容呢？我们先来看贺老师的教学设计：

《警察和赞美诗》是美国著名短篇小说家欧·亨利的一篇小说，引导学生理解、鉴赏作者是如何独具匠心地运用幽默讽刺手法来揭露 19 世纪的美国社会现实，是本文的重难点。为突破此重难点，我对《警察和赞美诗》的教学是这样设计的：

一、新课导入。请学生在自读前做一道特殊的数学题。

已知条件：

① 背景：19 世纪的美国社会

② 警察：维护生活秩序和社会安定的国家机器

③ 赞美诗:宗教音乐,能净化人的心灵,升华人的精神境界

问:警察＋赞美诗?

讨论明确:一个国家在生活方面拥有维护正常秩序和社会安定的警察队伍而在精神方面拥有净化人的灵魂的宗教音乐,从逻辑上讲,应该是很完美的,甚至应该是"人间天堂"。

二、学生快速阅读课文。思考:上述逻辑上的结论与当时美国社会的实际情况是否相符合?

讨论明确:不相符合,现实中的美国社会不是"人间天堂"。

三、学生精读课文。事实胜于雄辩,学生通过精读课文,深入了解 19 世纪美国社会的真实状况。

1. 小说的主要内容是什么? 根据小说内容能得出关于美国社会的什么结论?

讨论明确:小说写了流浪汉苏比六次故意犯罪,想进监狱度过冬天而未能如愿,而当他在赞美诗的感召之下想做一个堂堂正正的人时,却被警察送进了大牢。这个情节充分说明美国社会是非不分,黑白颠倒。

2. 小说六次写苏比故意犯罪的经历,是不是太繁冗? 如果写了二三次后就写结局,不也同样可以得出相同的结论吗?

讨论明确:不繁冗。小说对苏比的遭遇写了六次,有两方面的含义:其一,反讽现实生存环境的恶劣程度更甚于监狱。监狱本是人们避之惟恐不及的不祥之地,而在苏比眼里却成了一座可与任何旅游胜地媲美的安乐窝,这种目标的荒唐与追求的执着是一种对现实的带血的嘲讽;其二,意在从不同的角度展示美国社会恶劣的生存环境,支撑"美国社会是非不分,黑白颠倒"的结论。如果只写二三次,既削弱了苏比执着追求荒唐目标的力度,也不能对美国社会的黑暗与腐朽作全景式地展现,对美国社会作出"是非不分,黑白颠倒"的结论就缺少强有力的感性材料,从而削弱小说揭示主题的讽刺性和深刻性。

3. 文本从不同的角度表现了 19 世纪美国的社会风尚,其中三次描写了警察

玩忽职守,这是为什么?

讨论明确:这是"繁笔"的精彩运用,是作者的特意强调。警察处理事务应该深入调查,弄清事实真相,秉公执法,既不冤枉一个好人,也不放走一个坏人,可小说中的警察仅仅是凭感觉办事。作者不厌其烦地展示警察的这种作风,尤其是在小说的结尾仍这样安排,意在强调缺乏职业道德在美国是一个普遍现象,警察是维护生活秩序和社会安定的国家机器,代表的是国家的法令制度,警察的玩忽职守就意味着其所代表的国家制度的腐朽。所以这里"繁笔"的精彩运用从深层次上阐释了美国社会人情冷落、色情泛滥、世风日下的原因。同时,也正是由于警察所代表的国家制度的腐朽,那能净化心灵的宗教音乐也只能是一纸空文,徒有其名罢了。

4. 小说对警察玩忽职守的三次描述在揭示内涵方面处于同一层次吗?

讨论明确:不处于同一层次,C是A和B的必然结果,作为小说的高潮,它揭示了一个颠倒混乱时代的本质特点:是亦非时非亦是,恶成善来善成恶。

5. 这样看来,警察+赞美诗=?

讨论明确:人间地狱。

四、学生整体感知课文。思考:作者意在描写一个真实的"人间地狱",却用了一个蕴涵着"人间天堂"寓意的标题,为什么?

讨论明确:这正是作者幽默讽刺手法的高超运用,作者通过这种精巧的艺术构思,对揭示小说的主题有着一种强烈的讽刺效果,从而给读者留下深刻的印象。

五、联系旧知,总结全文,促使学生形成对重难点的深层理解。思考:本文与《装在套子里的人》在幽默讽刺手法运用方面的主要差别是什么?

讨论明确:本文侧重于描述美国社会逻辑上的"人间天堂"就是事实上的"人间地狱"这一违情悖理的情节,而《装在套子里的人》则是侧重于塑造漫画式的人物形象。

我们从文本体式来研究这篇设计里哪些内容是符合文本体式的,哪些是需要

改进的部分。在这篇设计里,开头引入就是:

一、新课导入。请学生在自读前做一道特殊的数学题

已知条件:

① 背景:19 世纪的美国社会

② 警察:维护生活秩序和社会安定的国家机器

③ 赞美诗:宗教音乐,能净化人的心灵,升华人的精神境界

问:警察＋赞美诗＝?"

在这个引入里,我们可以看出教师引导学生的是什么?"背景"、"警察"、"赞美诗",并给出特殊的数学题。显然,这堂课的主要任务就是教师带领学生学习小说的内容,对于这些,我认为对于高二的学生来说应该是很容易的,不需要老师的直接引导,这些点到即可! 在小说的主要内容之后,教师得出结论:"一个国家在生活方面拥有维护正常秩序和社会安定的警察队伍,在精神方面拥有净化人的灵魂的宗教音乐,从逻辑上讲,应该是很完美的,甚至应该是'人间天堂'。"

二、学生快速阅读课文。思考:上述逻辑上的结论与当时美国社会的实际情况是否相符合?

讨论明确:不相符合,现实中的美国社会不是"人间天堂"。这个结论和问题都超出了我们语文课堂的范围,应该是教学内容的泛化。当然这个泛化一直持续在整堂课中,教师接下来的六次讨论明确有三次都会提到"这个情节充分说明美国社会是非不分,黑白颠倒","意在从不同的角度展示美国社会恶劣的生存环境,支撑'美国社会是非不分,黑白颠倒'的结论","人间地狱"这些都是教学内容的转移、泛化。

教学设计没有抓住学生应该学什么,既没有依据文本设计出应该教的内容,也没有参考学情,很多内容都是书中显而易见的,比如小说的内容,几次写苏比犯罪,这都是学生自己读课文能够明白的,教师不应该在课堂上重复。还有就是教学内容的泛化,这几乎是我们的语文教师的通病,似乎一讲到外国小说就是"资本主义的腐朽、黑暗"、"人间地狱"、"是非不分,黑白颠倒"等等。外国小说教学,教师理应引导学生去学习小说的独特的风格、幽默的语言、巧妙的情节安排、细致缜密的心理描写等等,而不

是带领学生批判西方资本主义的黑暗罪恶的，那是政治课的内容，不属于语文课。

郑桂华老师在《探究性学习教学示例》一书中提出："语文教学不仅在于课文中'学什么'，还在于'怎样学'，即通过教学活动让学生弄懂一点课文，熟悉一点批评与鉴赏方法，养成思考与探究的习惯。"①陈国林老师在谈到小说的教学设计与展开时提到：一篇小说教学内容的确定有一个基本的原则，那就是择其一端，不解其余。所谓"择其一端，不解其余"，即是指要突出小说中最最主要的东西。一篇小说涉及我们所说的三要素"人物、情节、环境"，而人物当中又包括人物的特点、塑造人物的方法等等。如果我们想在一堂课当中能把这些问题全部解决掉，这是不现实的，也是不可能的。所以，最好的办法就是选择其中的某一点来解决。

综合如上内容，结合欧·亨利小说的特点，我们对上述的教学设计进行了修改。教学设计如下：

学习目标：1.培养学生自学和鉴赏小说的能力；2.分析欧·亨利小说在语言和结构上的特点。

设计思想：《警察和赞美诗》是欧·亨利的一篇著名的短篇小说。语言幽默，以一种轻松的语调但却包含深刻意义的讽刺，它不同于一般的俏皮话，而是为内容服务的，它表现了作者对人物的情感倾向和事件的态度。小说中通过夸张、比喻、拟人、反语等修辞手法，来使语言达到幽默的艺术效果。有些幽默语言看似轻松，实则沉重。例如："多年来，好客的布莱克威岛监狱一直是他冬季的寓所。"这里用反语"好客"、"冬季寓所"，说得幽默轻松，实际上蕴含着无家可归的流浪汉的无限辛酸。有些幽默的语言直接讽刺社会现实，看似风趣，实则辛辣尖利。如"每天晚上，这里汇集着葡萄、蚕丝与原生质的最佳制品"。作者不直接说出人物的身份，而是反语和借代的修辞手法，让读者去自己体会。结构上，在情节安排上最大的特点是既出人意料，又合乎情理。这些都需要老师指出，由学生自己寻找，

---

① 郑桂华.探究性学习教学示例[M].浙江教育出版社,2004:55.

体会。

过程设计：

一、检查预习

1. 警察(维护生活秩序和社会安定的国家机器)

2. 赞美诗(宗教音乐,能净化人的心灵,升华人的精神境界)

问:警察＋赞美诗＝?

括号里内容由学生自己回答,再用几句话说说小说讲了一个什么故事,谈谈你对这篇小说的理解(包括对文章的、语言的、结构的以及作者的)。班级交流、讨论。

(预习作业是一个梳理故事情节的过程,概括内容是训练概括能力的重要途径,因为本课的学习目标不在情节上,所以概括内容要求简练,用几句话来概括。谈谈对文章的理解时,就提到文章的、语言的、结构的、作者的都是为了帮助学生理解课文,完成学习目标 2 而设计的,这篇小说可研究的地方很多,这里选择语言和欧·亨利式的结尾作为研究对象)

二、讨论小说的语言

1. 简单介绍欧·亨利的生活经历,出身于一个医师家庭,一生富有传奇色彩,当过药房学徒工、牧牛人、会计员、办事员、新闻记者、银行出纳。丰富的生活经历,使他的作品构思新颖,语言诙谐幽默,结局常常出人意料,富有生活情趣,被誉为"美国生活的百科全书"。这里我们就先来研究文章中语言幽默诙谐的地方。

先由同学寻找文中诙谐幽默的语言,并对它们进行修辞的分析,比如夸张,比喻,反语,借代等。

例如:"苏比明白,为了抵御寒冬,由他亲自出马组织一个单人财务委员会的时候到了。""亲自出马组织一个单人财务委员会",意为"靠自己解决个人生计问题",这里夸大其辞,强调事情"迫在眉睫"。反过来也说明过冬问题在苏比眼里何等棘手严重。庄重严肃的语句中饱含着辛酸。

再例如:"杰克弗洛斯特(frost 霜冻)对麦迪生广场的老住户很客气,每年光临之前,总要先打个招呼。"霜冻是自然现象,没有感情的,欧·亨利说成"很客气";西北风到来之后霜冻就要来了,欧·亨利说的是对穷人的"警告",这里却说成"打招呼"。反语强调了在即将到来的严冬时刻,流浪汉苏比的处境的凄惨。

当然文中这样的例子很多,不再一一列举。

三、讨论欧·亨利式的结尾

所谓"欧·亨利式结尾",常常指短篇小说家们通常在文章结尾处突然让人物的心理情况发生出人意料的转变,或者让主人公命运突然逆转,出现意料之外的结果,但又符合情理之中,符合生活实际,从而造成独有的艺术魅力。这样的结尾艺术,在欧·亨利的作品中有充分的体现。

《警察与赞美诗》,是典型的"欧·亨利式结尾"。综观全文,苏比曾几次故意惹是生非,想尽办法希望能进监狱里安心过冬,可警察们却好像有意与他作对似的,就是不抓他。可是当苏比在教堂门口受到赞美诗的感化,欲去找个工作,好好做人时,警察却以"莫须有"的罪名将他投入了监狱。在所有人都认为苏比将要平安度过一生之时警察出现了,并将他带上了法庭。就像看见黎明的人又跌入黑暗一般,让读者的心一揪,回味无穷,发人深省。

苏比听了教堂的音乐之后,强烈的新生愿望激励着他,想要改变自己,"时间还不晚,他还年轻,他要把自己拔出泥沼,他要重振当年的雄心壮志,他要做个烜赫一时的人,他要……当这首充满豪情壮志的"咏叹调"还没唱完的时候,一只手按在他的胳膊上……戏剧性的一幕出现了!

小说的结局,欧·亨利笔锋一转,苏比的命运就转了一个大圈,达到了他最初的愿望,苏比进了监狱!好像很意外,其实又在大家的意料之中。

欧·亨利就是这样,往往在我们看得津津有味的时候来一个急转弯,安排了一个出乎所有人意料的结尾,在我们惊奇地张大了嘴巴、屏住了呼吸,还没来得及反应过来的时候就结束了,使我们不由得要静下心来仔细地回味一番,最后才发出一声长长的叹息。

可怜的苏比他最后怎样了呢?

(这是本课的又一个重点部分,语言和结尾是欧·亨利小说的独特魅力,引导学生掌握规则,学到的不仅仅是某一篇,而是读欧·亨利小说的一个方法,也是读类似的其他三大小说巨匠创作的小说的作品的方法。若时间充裕,可以简单地提一下三大小说巨匠的语言和结尾的特色)

四、布置作业

1. 课外自己学习文中的心里描写,找出来,并作简单的分析;

2. 体会欧·亨利式的结尾。

(二) 根据作者和文本主旨确定教学的内容

作者是创作作品的人,因此,作者的思想、风格、语言特点、生活背景等都会在文中有所体现。文本本身的内容也是决定教学内容的一个方面,虽然仁者见仁、智者见智,每一个读者不会有相同的理解,但文本的内容依然是具体而明确的,所以作者和文本都是我们在确定教学内容时不可忽略的。这里以莫泊桑的《项链》为例,探讨作者和文本主旨对确定小说教学内容的直接影响。

先来看一下作者的背景。莫泊桑(1850—1893)是法国 19 世纪后半期著名的批判现实主义作家。他出生于法国诺曼底一个没落的贵族家庭。中学毕业后,普法战争爆发了,他应征入伍,两年的兵营生活使他认识了战争的残酷,祖国的危难启发了他的爱国思想。战争结束后,他到了巴黎,先后在海军部和教育部任小职员,同时开始了文学创作。1880 年完成了《羊脂球》的创作,轰动了法国文坛。之后离职从事专门的文学创作,并拜福楼拜为师。十年间他写了 300 多个短篇和 6 个长篇,其中许多作品流传甚广,尤其是短篇小说,使他成为一代短篇小说巨匠。长篇小说有《她的一生》、《漂亮朋友》(《俊友》)等;中短篇小说有《菲菲小姐》、《项链》、《我的叔叔于勒》等。

莫泊桑是法国文学史上短篇小说创作数量最大、成就最高的作家,359 篇中短篇小说的巨大创作量在 19 世纪文学中是绝无仅有的;他的小说所描绘的生活场景极为广泛,实际上是构成了 19 世纪下半期法国社会一幅全面的风俗画卷;更为重要的是,他把现实主义中短篇小说的艺术成就提高到了一个新的水平,他在文学史上的地位主要就是由他中短篇小说的成绩所奠定的。莫泊桑短篇小说的题材是丰富多彩的,在他的作品里,形形色色的人和事,如战争的溃败、上流社会的喜怒忧乐、有钱人沙龙里的聚会、政府机构里的例行公事、小资产阶级家庭的日常生活、外省小镇上的情景、农民的劳动与生活、宗教的仪式与典礼、酒馆妓院里的喧闹,等等,都有非常形象细致的描绘;社会各阶级各阶层的人物,从上层的贵族、官僚、企业家到中间阶层的公务员、自由职业者、小业主,到下层的工人、农民、流浪汉以至乞丐、妓女,都得到了鲜明的勾画;在这一片广阔的天地里,从巴黎的闹市到外省的城镇以及偏远乡村及蛮荒山野的风土人情,也都有生动的写照。在广阔的艺术视野下,在广阔的取材面上,莫泊桑的短篇小说成就很明显已经超过了过去的梅里美与同时代的都德,而在他广泛的描写中,又有着三个非常突出的重点,那就是普法战争、巴黎的小公务员生活与诺曼底地区乡镇的风光与轶事。

《我的叔叔于勒》《项链》都是对小资产阶级公务员、小职员的生活描写,细致而全面地记录了他们的生存条件、生活状况、精神世界、感情生活。莫泊桑本人曾经是这个阶层的人物,他长期生活在这个环境中,熟悉这个世界里的一切,创作了大量这方面的作品,包括一系列的中短篇小说。在当时的法国文学界,莫泊桑是其中的代表。

在莫泊桑的作品中,叙述故事情节、展现图画、刻画性格都是很丰富的,但缺少对生活深度的思考,很少有通过作品中的形象来表达深刻的社会思想性。最重要的是,莫泊桑不是一个以思想性见长的作家。他的作品中没有深刻隽永的哲理,没有深藏的社会深意。在莫泊桑的实际生活中,他只是一个普通的小公务员,对现实的生活没有什么深刻的认识,所以他作品中没有社会深意也就不稀奇了。再来看《项链》自身的特点,在情节上,在这篇小说的前半段,用的是矛盾的"层层递进"法,玛蒂尔德经过一次次的"努力",终于买到漂亮的裙子,借到满意的项链,在舞会上出尽风头,可是笔锋一转,项链丢了,她为了赔偿项链而多年悲苦,最后又在发现项链是假的时戛然而止,情节跌宕起伏,引人深思。文中莫泊桑在很多地方都用了细节描写,语言平白但精练、准确,"一语说"在这里得到了很好的体现。

关于这篇文章的主题,在查阅了大量的资料后发现,至少有六种代表性的观点:

观点一:莫泊桑在他的作品中,塑造了很多年轻女性的形象,这里还有一个恒定不变的东西延续了下来,一种与女性青春有关的哀叹! 小说的开头以大量的篇幅描写了玛蒂尔德的幻想:接待室、大客厅、精美的家具、小客厅、男佣、丰盛精美的筵席、光辉灿烂的银器皿,通常在大家的眼里,都把这当作是资产阶级的虚荣心而忽略了她背后的年龄和社会背景,没有来得及享受青春就早早结婚嫁人了,没多少钱,但日子还过得下去,有大把的时间却偏偏没有什么玩的。所以上面那些看似荒唐却合乎情理的想法,其实就是那个年龄的年轻女子对未来的憧憬,是每一个女孩在青春期的最单纯的生命特质,经历过那个年龄段的女子基本上都是这么过来的,涉世未深的姑娘对现实不满,却又无可奈何,只好把一切的美好寄托在自己的梦想里,那个与现实无法重合的梦想里。与其说这是玛蒂尔德的虚荣,不如说它是处于那个年龄段的少男少女们共同的虚荣。如果我们对于年轻时的可爱可笑,甚至荒诞愚蠢的想法,以一个成年人的经验来批判,以伦理道德来施压,拿"虚荣"的大帽子扣上,就不仅仅是不公平,甚至可以说是残酷的,毕竟又有谁没有年轻过,又有谁不是从那个年龄走过来的呢? 玛蒂尔德用"项链"圈住了自己的过去,收起了那个遥远不真实的梦,毅然走进现实。"她一下子显出了英雄气概,毅然决然地打定了主意,她要偿还这笔可怕的债务。"

债务还完了,她也成了一个最普通的贫苦人家的强健粗硬而且吃苦耐劳的妇人,偶尔"她独自坐在窗前,就回想当年的那个舞会来,那个晚上,她当时是多么美丽,多么令人倾倒",在这里我们就能感受到全文的基调,没有嘲讽,没有批判,更多的则是感伤,是一个成年人对已逝的青春的感叹。

"倘若当时没有失掉那件首饰,她现在会走到什么样的境界? 谁知道呢? 人生是多么奇怪,多么变化无常啊。极小的一件事可以败坏你,也可以成全你。"与其说这是对自己当年行为的追悔,不如说是对已消失的青春的挽留。

"在过早领略现实的残酷以及过早失去原来就不该存在的美丽的时刻,她的人生恰好就在这一突如其来中转变"①与"人生在失去中得到前所未有的充实、沉淀与升华。这种大起大落的经历是一次令人心碎的过程,可它又是一笔难得的经历。告别那些浮躁、矫饰、焦虑,本来就要付出代价,而美丽的外表只是其中的一件副产品,她得到的也许是比那美丽重要很多的东西。因为经历的总是难忘的"②。

观点二:"初读《项链》的时候,惊叹于文末的那一个'假'字。多年以后,再读时,很庆幸玛蒂尔德在这十年之后,找到了一种真,一种人格的本真。"③

"从我们大力批判玛蒂尔德的'虚荣',到我们说这是命运对小人物的残酷。实在不是我们认可了她的虚荣,是因为我们发现:这对于人而言,实在是一个极为普通的弱点。而很多时候,我们甚至不能说这是弱点。"④

观点三:"莫泊桑最后是这样描写玛蒂尔德的:'于是她带着天真的得意的神情笑了。'对玛蒂尔德之'真',作者的赞美之情溢于言表。"⑤

"如果我们抛弃成见,仔细品味,会发现一个截然不同的玛蒂尔德,她是一个真性情的女子:真诚、单纯、自然;不伪饰,不做作;纯然一颗稚子之心,未受纤尘污染。正是因为玛蒂尔德之'真',或许她不知道项链会有赝品;或许她知道有赝品,但不屑于用几百,最多花一千法郎去订做一挂一模一样的假项链还(赔)给自己的好朋友。欺骗朋友的事,玛蒂尔德做不出;做假的事,玛蒂尔德更做不出来。爱好虚荣者,人们唾弃之;爱出风头者,人们鄙薄之;乐极生悲者,人们欢乐之。我们读《项链》,我们对玛蒂尔德,断然生不出那样的心思,而是感到她的'可爱',这可爱就源于玛蒂尔德的真性情,源于玛蒂尔德的'清水出芙蓉,天然去雕饰'的真面目。"

观点四:"这个故事向我们展示了玛蒂尔德、路瓦栽和佛来思节夫人诚实守信的优良品质,张扬了人性之美。玛蒂尔德丢掉借来的项链,尽管既没借据又没旁证,她却从

① 谭美玉. 虚荣心背后的人性美——《项链》主题再评价[J]. 经济技术协作信息,2009(26).
② 刘工昌. 和青春相关的忧伤——《项链》主题漫议[J]. 名作欣赏,2002(6).
③ 黄定兴. 本真的回归——重读莫泊桑的《项链》[J]. 名作欣赏,2002(6).
④ 袁学均. 清水出芙蓉,天然去雕饰——试论《项链》中玛蒂尔德的真性情[J]. 雅安职业技术学院学报,2010(2).
⑤ 徐胜斌.《项链》的人性美[J]. 名作欣赏,2002(6).

来没想到过赖账，丈夫提出'该想法赔偿这条项链了'，她没有经过斟酌考虑。他们拿出了仅有的一万八千法郎遗产，接着向高利贷借了一万八千法郎，买了一挂几乎完全相同的钻石项链如期归还给佛来思节夫人。"①

"在信用与破产危险之间，玛蒂尔德选择了信用，没有以假充真，也没有以次充好。信用是做人之本。孔子说过：'言而无信，不知其可也。'玛蒂尔德视恪守信用高于一切，这不正是体现了人性之美吗？"②

"玛蒂尔德不是英雄，她所做的，正是千千万万劳动妇女每天都在做的；玛蒂尔德是英雄，因为她告别了梦幻世界，成了生活的创造者之一。玛蒂尔德的转变昭示我们，信用高于享乐，信用重于苦难。"③

"小说最后一节意味深长，集中表现了玛蒂尔德、路瓦栽以及佛来思节夫人的诚实与善良，集中表现了人性的美。《项链》向读者展示了诚实守信、勇担责任、宽容大度等人性的光辉，是市场经济发展所必需的人格特征。重新解读《项链》，认识它所表现的人性美，对于重建信用是很有益处的。"④

观点五：在我们之前的观念中，《项链》塑造的是一个小资产阶级的女人形象，她贪慕虚荣，为了虚荣不惜花大价钱做漂亮的衣服，并向朋友借来昂贵的项链，结果项链丢失，她为此付出了十年的青春代价，小说讽刺了虚荣和追求享乐的思想，揭露了金钱至上的资本主义社会的罪恶。

观点六：《项链》这篇小说有对虚荣心的讽刺，也有对资本主义社会的揭露，还有对资本主义上流社会的虚伪的讽刺。但这里也有莫泊桑对生命、青春、人生的意义的思考。人生、青春在命运的面前是如此脆弱无力。

综合上面的六种观点，结合文中作者语言文字中流露出的感情色彩，我们认为作者对于玛蒂尔德是怜爱的，同情的，甚至在某些词语里有着宠溺的成分，比如"于是她

① 徐胜斌.《项链》的人性美[J]. 名作欣赏，2002(6).
② 徐胜斌.《项链》的人性美[J]. 名作欣赏，2002(6).
③ 徐胜斌.《项链》的人性美[J]. 名作欣赏，2002(6).
④ 毕晓阳. 寻美，于诗词园林[J]. 现代语文(理论研究版)，2005(6).

带着天真的得意的神情笑了"。所以我认为批判什么的并不存在,就算玛蒂尔德一开始的憧憬,在作者看来也应该是一个任性的姑娘幼稚的幻想罢了。

因此,笔者比较赞成观点四,无论是从作者出发,还是从作品本身,我们都应该从更积极的意义出发,引导学生品读鉴赏这篇享誉世界的名作!玛蒂尔德是一个单纯可爱的女子,她单纯、诚实,且能够大胆面对自己的失误,勇于承担责任,我觉得这是一种美德,很难得的美德。丢失的假项链没有使玛蒂尔德丢掉她的做人的准则,这是极其可贵的。假项链在一定的程度上成全了玛蒂尔德,当她能够坦然面对昔日故友,并很自豪地说出自己这十年的艰辛,说明她已经不再是过去那个整日沉浸在幻想中的少女了,她已经懂得生活的艰辛,并能够坦然面对,所以说假项链成全了玛蒂尔德。同时,在小说中的其他一些人物也是有其闪光点的,比如佛来思节夫人,一开始是痛快地借给玛蒂尔德项链,后来知道了项链的事情,马上脱口而出:"可我那一串是假的啊,最多值五百法郎!"没有犹豫,没有算计,直接把真相告诉了分别十年的友,其品质高贵跃然纸上。

这里引用郑桂华老师的教学设计,来详细探讨《项链》教学内容的确定及有效教学的情况。

学习目标:1. 研读文章,独立发现小说的主题;2. 学习有依据地运用多元视角解读小说主题;3. 鉴赏小说叙事中的留白艺术。

设计思想:如何培养学生在网络环境中的自觉学习状态,是这个世纪给我们教师的一项挑战。这个设计试图培养学生上网搜集资料,筛选信息的能力,并且借助网络中的主题论坛,给更多的学生提供表达自己意见的机会。

过程设计:

一、阅读小说,熟悉内容

任务:速读文章,概述情节。

目的:学会运用简洁的语言概括内容。

主要内容:借项链——丢项链——赔项链——假项链

（阅读小说，初步感知是探究文本的起点，由于第二阶段的学习是多元指向的，所以第一阶段的学习不必有明确的指向，关键是熟悉文本。另外，速读能力是现代社会所必需的基本素质）

二、独立发展，探究小说的主题或者小说叙事的特点

任务：研究文本，提出自己的发现。

目的：推进学习的深度。

学生的发现应该是不拘一格的，关于主题，可能会有以下观点：(1)小说讽刺了小资产阶级的虚荣心。(2)小说慨叹命运之手对人的掌控。(3)小说表现了女人从怀着青涩的梦到成熟的成长历程。

小说在情节演绎上的特色主要是：这篇小说前半段，采用矛盾的"层递"法，玛蒂尔德经过一次次的努力，买到裙衣，借得项链，出尽风头。高潮时突地一转，引出她为赔偿项链而多年苦悲。到发现项链是赝品时又戛然收尾，使读者追悔其过去，更揣想其未来。情节跌宕起伏，引人入胜。

铺垫、伏笔与小说创作中的留白艺术都值得推敲、研究。

（《项链》的主题历来有争议，而这篇小说的叙事艺术也历来为大家所称道，选择什么样的学习目标可以由学生决定。这可以给学生提供一个开放的空间，有利于激发学生的兴趣，开掘学生学习的潜能）

三、进一步阅读文本，并在网上搜索有关意见和依据

任务：进一步阅读文本，为自己的观点寻找依据；上网搜索相关信息，作为支持自己的依据。

目的：培养学生持之有据的习惯，也是引导学生深入研究文本；寻找别人的观点与依据，引导学生关注更多的"声音"。

（初步提出观点以后，再研究文本，带着目的阅读，会提高效率。网络资源是现代科技的一大奉献，它极大地开阔了我们的视野，为教与学提供了更多的可能与更大的变化。教师要积极主动地运用网络这个工具）

四、网上交流，发帖子互相评论

任务:在班级论坛上发表自己的观点,并主动提供主要依据;选择3—5个同学的帖子,发表自己对他们的发现的评论。

目的:用语言组织自己的观点,使之清晰化明确化;相互评论是为了促进思维的碰撞。

(网上发帖子,可以给每一位同学提供表达的机会,这个学习平台是真正意义上的平等交流,人人有机会;这个平台也会使得每一个人都会成为学习者,因为他需要发表观点与评论。教师要及时提醒动作慢的同学,引导快的同学将思考"进行到底")

五、网上继续交流

任务:继续与其他同学交换意见,将自己搜集到的资料上传到班级网页上。

目的:充分利用网络的优势,拓展学习的时间与空间,增强学习的互动性。

(建设班级网页需要持之以恒的努力,学习语文也是一个动态的过程,课内学习的时间与空间都是有限的,只有将其外延扩大,才能收获更丰硕的成果)①

根据作者和文本的内容和主题,郑桂华老师进行了有效的设计。整篇教学设计在两节课内完成。教学中,郑老师并没有像大部分老师那样对文章进行作者、背景的讲解,而是让学生主动学习。不仅如此,郑老师没有直接讲出自己对文本的理解或者说教参的观点,而是让学生自己发现主题。在郑老师看来,"第二阶段的学习是多元指向的"、"学生的发现是不拘一格的",并将学生有可能的观点都列举出来。郑老师对学生的观点没有进行点评,没有批评指正,而是要求学生要做到有理有据。另外,虽然是师生共同学习、共同研讨,但对于《项链》的艺术特点等学生不容易发现的地方,郑老师给予了直接及时的提导。显然,郑老师有效教学的实现不仅在于学习方法和教学方法的革新,更在于郑老师对作者及文本内容和主题的深层理解和把握。

---

① 郑桂华.探究性学习教学示例:语文[M].浙江教育出版社,2004:121.

（三）根据作品的社会文化背景确定教学内容

任何一部文学作品都渗透着时代的精神和文化的特质，外国小说也不例外。在对外国小说进行设计与教学之前，了解和理解作品的社会文化背景至关重要。从某种意义上说，作品的社会文化背景是确定适切的教学内容、进行有效教学的关键。让我们来看一篇有代表意义的文章，看看社会文化背景对教学内容确定的影响。

短篇小说巨匠契诃夫的作品——《装在套子里的人》描写了一个"外在、言论以及生活方式、思维方式，无不是'套子'式的人。他是沙皇专制下的产物，白色笼罩的恐怖时代特色在他的言行上有着明显而深刻的具体表现：他小心翼翼，战战兢兢，甚至要将周围的一切都放在'套子'里"①。作为一个高中生，文章应该都看得懂，但如果没有充分的背景以及创作年代作者的详细资料，理解起来还是有一定的难度的。现在我们就来看一下文章的创作背景以及作者的经历和作品在当时的意义。

其一，社会文化背景。这篇小说反映了 19 世纪末沙皇俄国的黑暗现实。1881年，沙皇亚历山大二世遇刺身亡，接替他的沙皇亚历山大三世，加大了专制下的统治力度。当时担任宗教院检察总长的波贝多诺诺斯采夫给沙皇的奏章上说："在目前这个艰苦的时候，政府最重要的任务就是……平息那些头脑混乱、接近疯狂的社会舆论；一定要禁止那种乱说的街谈巷议，以达到减少流言蜚语……"②在此之前，"由于欧洲进步文明思潮的影响，俄国也兴起改革之风，特别是在进步的知识分子与贵族之间，要求民主自由，改变专制制度的呼声日益强烈，并付诸行动"③。此时正是无产阶级革命的前夜，工人运动逐渐展开，马克思主义已在全国传播，工人阶级的政党正在形成，一场革命风暴即将到来。"面对扑面而来的变革浪潮，沙皇政府动用所有暴力手段进行镇压，逮捕流放要求进步者，查抄进步刊物，封堵人们的思想言行。全国遍插警探，告密者横行，所有反动势力联合起来，对抗进步的思潮，竭力维护腐朽衰落的沙皇统治。"④

① 陈蕾. 高中语文教材助读系统之图像和提示语研究[D]. 金华：浙江师范大学，2005.
② 丁兆利. 中外文学作品中的"紧箍咒"现象[D]. 天津：天津师范大学，2008.
③ 丁兆利. 中外文学作品中的"紧箍咒"现象[D]. 天津：天津师范大学，2008.
④ 丁兆利. 中外文学作品中的"紧箍咒"现象[D]. 天津：天津师范大学，2008.

沙皇政府面临着日益高涨的革命运动形势,极力加大反动统治,疯狂镇压革命者,在全国造成了阴沉低压的气氛。这种专制统治剥夺控制了人们的自由,而且到处都有耳目,老百姓稍有"越轨",就会遭到无情的迫害。沙皇政府的卫道者们,都在极力维护沙皇的高压统治政策。他们抱着旧的已有阵地,仇视并反对一切新生的事物。当时,民主和自由已越来越成为人们的普遍要求。在白色恐怖包围下,沙皇政府的忠实卫道士,也极力维护沙皇的反动统治,惧怕一切新鲜事物,惧怕、仇视和反对一切社会变革,这种人不但出现在官场,而且也出现在知识界。小说发表于1898年,作者写这篇小说就是为了揭露和讽刺这种人丑恶的本质。

其二,作者背景。契诃夫于1860年1月29日(当时俄国仍使用儒略历,为1月17日)诞生于俄国罗斯托夫州亚速海边的塔甘罗格。他是19世纪俄国伟大的批判现实主义作家,与法国莫泊桑,美国欧·亨利并称为"世界三大短篇小说巨匠"。1867年,他进入当地的一所希腊小学读书。1876年,契诃夫的父亲的商店破产,举家逃往莫斯科避债,并在那里谋生。契诃夫因学习法语未能成行,靠担任家庭教师、变卖家里的物品和在仓库工作等方式来维持生计,于1879年完成高中学业,前往莫斯科和家人团聚。在这里他获得了奖学金得以进入莫斯科大学医学系。由于家境困难,1880年,契诃夫开始以文学记者的身份为一些幽默刊物写些短小的幽默作品,借以维持生活,他就这样开始了文学生涯。这些搞笑作品艺术价值不是很高,但可读性很强,而且也能见容于当时的书刊检察机关。他逐渐拥有了一批读者。渐渐地,他的名声开始传播。不过,他早期的幽默作品中也有一些针砭时弊、讽刺社会不良现象和世态人心的佳作。1880年3月,他将短篇小说《给博学的邻居的一封信》发表在《蜻蜓》杂志上,这既是他的处女作,也是他的成名作。1884年契诃夫大学毕业,获得医学学士学位和行医执照。这一年,他又发表了一些短篇小说名篇:《文官考试》、《戴假面具的人》、《变色龙》、《外科手术》。他在《变色龙》中将其讽刺手法使用得淋漓尽致。他的创作开始转向劳动者的困苦生活,艺术性也不断提高。这一年,他出版了第一本书:《墨尔波墨涅的故事》,里面收集了六个在幽默刊物发表过的短篇小说。该书的出版坚定了他文学创作的决心。此前他在大学毕业时曾给自己这样定位:"医生是我的职业,写作只是我的业余爱好。"

　　他一生创作了七八百篇短篇小说,还写了一些中篇小说和剧本。作品大都取材于中产阶层"小人物"的日常生活,揭露了反动阶级政策的残暴,抨击了沙皇的独断专行。代表作品是短篇小说《变色龙》(收录在中学课本内)、《胖子和瘦子》、《凡卡》(收录在小学和中学教材内,如沪教六年级第一学期第三课)、《套中人》、《小公务员之死》等等。

　　"高尔基曾说过:'这是一位独特的巨大天才,是许多在文学史与在社会发展中构成时代的作家里优秀的一个。'列夫·托尔斯泰也曾给契诃夫以很高的荣誉,称他是'无与伦比的艺术家',而且还说:'我撇掉一切虚假的客套很中肯地说,从技巧上讲,他,契诃夫,远比我更为高明!'"①在他的众多小说中,《变色龙》入选上海教育出版社语文八年级第一学期第八单元的第二十八课和人民教育出版社语文九年级第二学期第二单元的第七课,其中关于契诃夫的生平也做了详细的介绍。《凡卡》入选人民教育出版社语文六年级第二学期第四单元的第二课,北京师范大学出版社语文五年级第二学期第五单元的第一课,江苏教育出版社第四单元第十九课,沪教版六年级第一学期第一单元第三课。小说反映了在沙俄时期统治下,社会的黑暗和生活的悲惨。《套中人》入选人民教育出版社语文高中必修5第一单元第二课。

　　"契诃夫创造了一种新的抒发情理的小说,它风格独特、短小精悍、艺术精湛。他善于抓住日常的平凡生活中点滴,凭借精致的艺术描写对生活中人物作真实描绘与刻画,从而展示所要表现的社会内容。这样的小说抒情气味浓郁,表达他对现实的强烈不满和对美好未来的憧憬,把赞扬和贬低、欢乐和痛苦之情融化于作品的形象之中。"②他认为"天才的姊妹是简练","写作的本领就是能把写得不如意的地方删掉的本领"。契诃夫提倡"客观地"叙述,说"越是客观给读者留下的印象就越深刻"。他相信读者的想象力和理解力,主张读者要从自己的形象体系中寻找作品的涵义。

---

① 孟娜,等.《宝贝儿》主人公奥莲卡言语行为新解——弗洛伊德精神分析理论解读《宝贝儿》主人公奥莲卡[J].科技信息(学术研究),2008(21).
② 李明远,等.浅谈契诃夫的主要作品及其风格[J].现代交际,2010(10).

"契诃夫戏剧作品的题材、方向和风格和他的抒情心理小说很相似。他不刻意地创造离奇的故事情节,他大多写日常生活中的事和人物,从而揭示生活中的重要方面。在契诃夫的作品中有大量的潜台词和浓厚的抒情味;具有现实主义的鼓舞力量和深远的象征意义,都是他特有的艺术特色。"①

　　在语言方面,契诃夫以语言精练、准确见长,善于透过生活的表层进行探索,将人物隐蔽的动机揭露得淋漓尽致。他的优秀剧本和短篇小说没有复杂的情节和清晰的解答,集中讲述一些貌似平凡琐碎的故事,创造出一种特别的,有时可以称之为令人难忘的或是抒情意味极浓的艺术氛围。他采取简洁的写作技巧以避免炫耀文学手段,被认为是19世纪末俄国现实主义文学的杰出代表,被称为"世界三大短篇小说之王"之一。他一生创作了大量作品,这些作品对世界文学的发展影响很大。

　　理解作品背后的社会文化以及作者的背景,是制定有效的教学目标及确定适切教学内容的前提。基于这种认识,依据对本篇目社会文化及作者背景的深层把握、高中语文课程标准以及高中学生的学习能力,我们制定了两个教学目标:首先,通过"鞋子"、"脸色"、"乱子"的具体描写,深入分析别里科夫的形象;其次,分析契诃夫小说的语言特点。教学目标制定出来,教学内容有也就有了落脚点。在笔者看来,如果没有深入了解当时特殊的社会文化以及作者的背景,学生理解套子的含义都是困难的,更不用说能对作品有深层的理解。另外,契诃夫的作品的特色以及其语言的特点都是本文重点要学习的内容。高中语文的小说学习,不仅仅是读懂一篇小说,还要会分析作品作者的创作特点、角色的意义、语言的独到之处,这都是我们语文教学的任务,也是语文教学的重要内容。

　　需要指出的是,教学的设计是一项非常复杂的工作。外国小说文本教学设计涉及到诸多方面,譬如:编者意图、课程标准、教材、作者的生活经历、写作特点、学生的认知水平、接受能力、学习态度,等等。这些都是我们在设计教学过程时必须考虑的。这就需要我们能以审慎的态度对待每一篇作品,引领学生真正地走进外国小说,进而提高

---

① 李明远,等.浅谈契诃夫的主要作品及其风格[J].现代交际,2010(10).

外国小说教学的效率。

课例举隅　董旭午《最后的常春藤叶》教学片段

师：我们接着欣赏贝尔曼这个人物。同学们对贝尔曼的最初印象都不怎么样，后来却发现他是一个乐于助人、善良仗义、愿意为他人牺牲自己的好人。这叫什么写法呢？

生：先抑后扬。

师：对。那么，这样写贝尔曼有什么好处呢？请同学们思考。

生：这样写，读者会有一种贝尔曼这个人物越来越可爱的感觉。

生：这样写显得贝尔曼这个人物更真实，离我们大家都很近。

生：这样写，能够比较全面地揭示贝尔曼这个人物的性格。

师：同学们回答得都很好。先抑后扬的写法，在文学作品里常被作家运用到。雨果在刻画《巴黎圣母院》中的卡西莫多这个人物形象时，也运用了这样的手法。先丑后美，外丑内美。在唾骂和嘲笑中长大，但内心却充满了善良和正义感。其实，任何人都不可能十全十美，这样写贝尔曼恰恰把他写得真实可爱了，写得离我们很近了。同学们想想，生活中的很多人不都是这样的吗？活得普普通通，甚至还有一些缺点，但本质不坏，关键时刻其美好的人性就闪光发亮，造福社会和他人。贝尔曼这个人物真实地来自生活，作者就真实地把他再现给了我们，这不但不影响贝尔曼那颗金子般的心灵，反而让我们感到这个人物形象更可亲、可近、可信。希望我们大家都能够全面、辩证地看待人和事物，也都能这样对待自己，让自己也活得更阳光，更智慧，更洒脱一些，也做一个更可亲、可近、可信、可爱的人。如果大家都这样去做了，我们的生活，我们的世界也就和谐美好了。

生：（静听。赞同）

师：下面就请同学们把这种写法的好处整理出来。

生：（整理笔记）

（笔记要点展示：1.人物越来越可爱。2.更真实，离读者更近。3.更全面地揭示主人公的性格）

师：很好。不过，小说也描写了贝尔曼和苏艾、琼珊等人居住的地方。那是个什么地方？

生：社会下层艺术家聚居的小区。

师：环境怎么样？

生：街道错综复杂，居住空间狭窄，艺术气息浓厚，苔藓遍地，阴暗湿冷，破旧穷苦，肺炎肆虐。

师：这样的居住环境确实不怎么样。贝尔曼这个"艺术家"就住在这样恶劣的环境里，潦倒得靠给青年艺术家做模特挣几个小钱儿来维持生计。但是，他却还想着有朝一日能画一幅杰作，带着琼珊和苏艾到更好的地方去。真是个热心肠，真够仗义的，难怪会豁出命也要把那枚最后的常春藤叶画好呢。患难见真情啊！同学们，请想想，这样的环境描写对刻画贝尔曼这个人有什么作用啊？

生：衬托作用。

师：衬托什么呢？

生：更能衬托出贝尔曼的同情心，更能突出他的善良和仗义。

师：看来，这样的居住环境的描写，不仅是为了交代琼珊患肺炎的原因，也不仅为了突出小说中人物居住环境的恶劣，更是为了衬托人物的心灵美，衬托美好的人性在这样恶劣环境中是如何相拥取暖的，更突出美好人性的坚忍不拔。写法高妙啊！（示意学生做做笔记）同学们，小说中的环境描写都是有生命的，都是有象征意义的，以后读小说时一定要特别留心注意，一定要用心去思考，去发现。

生：（静听）

师：还有一个问题需要和同学们探讨一下。就是贝尔曼出场时形象和行为都不怎么样，以至于大家对他的最初的印象都不好，而最需要展示他美好心灵的画藤叶的场景却没有写出来，或许有人认为作者这样做也太不公道了。请同学们讨论，到底公道不公道？

生：我认为，确实不够公道。如果把贝尔曼寒夜雨中画藤叶的动作、表情、心理活动，尤其是挨冻的情景写出来，读者更会受到心灵的震撼的，也更能突出贝尔曼的美好心灵。

生：我不这么认为，我认为更好。小说最后，苏艾说："贝尔曼先生今天在医院去世了……他的鞋子和衣服都湿透了，冰凉冰凉的……那是贝尔曼的杰作——那晚最后的一片叶子落地时，他画在墙上的。"苏艾讲到，"贝尔曼的鞋子和衣服都湿透了，冰凉冰凉的"，人们"找到了一个还燃着的灯笼，一把从原来的地方挪动过的梯子，还有几只散落的画笔，一块调色板，上面剩有绿色和黄色的颜料"，这些贝尔曼的遗物，更能勾起人们的想象，更令在场所有的人伤心，也更能激起读者的想象，更让读者伤心。所以，我认为，这样写更能突出贝尔曼舍己为人的品格和精神。

师：两位同学讲得都有道理。我的态度是，×同学讲得更有道理，还是不让贝尔曼在关键时刻出场更有艺术魅力，更能激发读者想象和联想，更能人读者的心。"贝尔曼的衣服和鞋子都湿透了，冰凉冰凉的"，这说明了什么？

生：（齐答）雨大。

师：仅仅是雨大吗？

生：（齐答）风大。

师：为什么呢？

生：风大，把贝尔曼的雨衣都刮得飞起来了，不能遮体了，所以雨会把衣服都浇透。

师:仅仅是雨大风大吗?

生:(沉默,思考)

师:想一想,衣服和鞋子都被雨浇透了,贝尔曼只画一会儿能这样吗?

生:(齐)时间长。

师:还有,贝尔曼到底怎么想的? 又到底怎么把藤叶画上去的? 他在寒冷的风雨之夜究竟吃了怎样的苦头? 这一切还真就得靠我们读者用大脑去填充了。给同学们点时间,把你心中的那个动人的画面再现出来。之后,我们再比比看谁写得好。

生:(写画面)

师:(投影展示两位同学的描写)

生1:贝尔曼从楼上下来,心里就一直在犯嘀咕。"唉,可怜的琼珊,真是鬼迷心窍,愿上帝保佑这个傻姑娘。看来,我必须得为她做点什么了。对,都怪那可恶的常春藤叶!"他嘟嘟囔囔回到自己家中。夜里,风雨来得正猛烈,他提着灯笼来到了那棵常春藤树边,拿来了梯子和画笔,构思着自己的"杰作"。随后,他爬上梯子,那最后一片叶子再也经不起风雨的打击了,最后脱落了。老贝尔曼专注地在墙上画出最后一片叶子,他眯着眼睛,仔细地端详着他的杰作,高兴地说:"这下子,琼珊小姐该有救了!"

生2:……

师:×同学(第一位)注意描写贝尔曼要救人的心理活动,这很好。但是,寒雨中的动作、表情、心理等方面的描写还不够,还缺乏打动人心的力量。最后"他眯着眼睛,仔细地端详着他的杰作,高兴地说"等细节不够凝重,有过于轻松之嫌。×同学(第二位)把贝尔曼雨中艰难作画的情景写得很丰满,也很凝重感人,但心理刻画不够,尤其是贝尔曼最初选择救人时的心理描写得不够。希望两位同学都能修改得更好一些,而后抄写到周记本上,也请其他同学把这份作业做到周记本上。

生:(静听。领会)

师:同学们心里都有自己的画面,这就是欧·亨利这样处理的艺术魅力。主人公不出场,由其他人间接介绍,这叫间接描写或侧面描写。同学们都该有过这样的体验——做好事不留名的人更受人尊敬;自己说好不算好,别人说你好才算真好。这样的体验就是间接描写或侧面描写的智慧之源,欧·亨利在刻画贝尔曼这个人物时就运用了这样的智慧。这是欧·亨利塑造贝尔曼这个人物用的第三招,也是最重要的一招。请同学回顾并总结一下,欧·亨利塑造贝尔曼这个人物用了哪三招?

生:1.先抑后扬。2.环境衬托。3.侧面描写。(教师板书)

思考与分享

1. 确定外国小说教学内容的理据是什么?
2. 设计外国小说教学活动的策略是什么?

第三章

古典诗歌教学的现状、反思与重建

通过阅读您可以获得：

1. 了解当下古典诗歌教学的现状。

2. 了解当下古典诗歌教学问题症结所在。

3. 获得提高古典诗歌教学效率的策略。

　　古典诗歌是我国古典文学的艺术之冠。它所创造的丰富的、独特的言语表达手法，以及所承载的中华民族对于自然、社会和人生的体验感悟，为其他的文学样式源源不断地供给滋养，"可谓太山遍雨，河润千里者也"（《文心雕龙·宗经第三》）。能够真正欣赏古典诗歌，才能对其他古典文学样式有确切的了解，"如果对于诗没有兴趣，对于小说戏剧散文等等的佳妙处也终不免有些隔膜。不爱好诗而爱好小说戏剧的人们大半在小说和戏剧中只能见到最粗浅的一部分，就是故事。所以他们看小说和戏剧，不问它们的艺术技巧，只求它们里面有有趣的故事"。[①] 因而作为中学生，应该背诵或积累一定量的古典诗歌，掌握鉴赏古典诗歌必要的欣赏手法。中学生古典诗歌的学习，课堂教学无疑是最重要的途径，它很有可能决定一个中学生今后对古典诗歌学习的兴趣及鉴赏水平。那么，当下中学古典诗歌的教学能否达到这种要求呢？针对此，我们进行了相关的调查：

一、古典诗歌教学现状的调查

　　2001 年实施课程改革之后，"课标"版语文教材有很多种，高中通行的有五种，初中有十余种，加之高中各个版本的选修教材，所选诗歌数量十分庞大，因而不可能展开全面的调查。在这里我们将调查范围限于高中阶段出现频率最高的几首诗词，这样既能够反映出不同编辑共同的编辑取向，又能够反映不同教师对同一诗篇处理的异同。

---

① 朱光潜.谈读诗与趣味的培养[M]//朱光潜.朱光潜美学文集(第二卷).上海：上海文艺出版社,1982:489.

经统计,五种版本教材都选中的篇目是《蜀道难》、《锦瑟》、《念奴娇·赤壁怀古》、《永遇乐·京口北固亭怀古》、《离骚》、《琵琶行》、《登高》等七首诗词。也就是说,这七首诗词是五种版本教材编辑都共同认可的,高中生应该学习的诗词。

在这里,我们再次缩小范围,选择前四首诗词作为诗歌课堂教学继续调查的对象。针对这四首诗词,我们多方搜集了一些教师的教学设计及教学实录,并从课程论、教学论等层面进行了有针对性的分析。

(一)《蜀道难》课堂教学调查

以下是随机选取的全国各地的 6 位教师的《蜀道难》教学设计:

表 1　教师《蜀道难》教学设计汇总表

序号	教学目标	教学内容
1	1. 通过感知、理解,体会本诗的意境及李白飘逸豪放的艺术风格。 2. 掌握一定的诗歌鉴赏技巧。	1. 教师示范朗诵。 2. 学生找出第一段最精彩的一句并赏析。 3. 学生朗读。 4. 赏析"悲鸟"与"子规"。 5. 学生找出意象。 6. 分析本诗主旨。
2	1. 名句默写。 2. 回顾思路,增强学生在文章中搜集、概括能力。 3. 体会艺术特色。	1. 学生朗读课文。 2. 名句默写。 3. 分析诗歌内容。 4. 鉴赏诗歌艺术手法。 5. 探究主旨。
3	1. 基础知识目标:深入了解李白其人,理解诗歌的艺术手法,如章法、意境、声韵等。 2. 能力培养目标:通过诵读品评赏鉴,体会想象、夸张的艺术特色。 3. 情感培养目标:让学生体会激情、浪漫、诗性和放达。	1. 学生朗读,教师纠错并示范。 2. 将本诗与乐府旧题诗进行比较分析。 3. 探究主旨。

续　表

序号	教学目标	教学内容
1	1. 领会诗歌中语句的含义；背诵诗歌。 2. 了解诗人李白的生平和创作。 3. 理清课文思路，理解诗歌表达的思想感情。 4. 体会想象夸张的艺术特色。 5. 感受诗歌的意境美和声韵美。	1. 简介作者生平、思想。 2. 疏通诗意，翻译诗句。 3. 分析内容。 4. 分析表现手法。 5. 概括主题与寓意。
2	1. 通过感知、理解，体会本诗的意境及李白飘逸豪放的艺术风格。 2. 掌握一定的诗歌鉴赏技巧。	1. 教师范读。 2. 分析表现手法。 3. 分析思想感情。 4. 分析艺术特色。
3	1. 了解本诗基本内容及其寓意。 2. 感悟并品味诗人热烈奔放的感情和豪放飘逸的艺术风格。 3. 背诵这首诗。	1. 教师范读，学生自读。 2. 分析基本内容。 3. 探究本诗寓意。 4. 简要分析艺术特色。 5. 对最喜欢的句子做简要赏析。 6. 研究性学习。

由表1可见，6位教师对《蜀道难》一首诗歌确定的7个教学目标从高到低分别为：李白的艺术风格，6位；本诗的意境，5位；积累背诵，3位；了解诗歌的基本内容或所表达情感，3位；诗歌鉴赏技巧，2位；搜集和概括能力，1位；了解李白的生平和创作经历，1位。

表2　六位教师确定的教学目标排序一览表

目标	李白的艺术风格	意境	积累背诵整首诗或名句	基本内容或所表达情感	鉴赏技巧	搜集和概括能力	李白的生平和创作经历
人数	6	5	3	3	2	1	1

由以上统计可见，就《蜀道难》一首诗歌，教师们确定的教学目标时存在比较大的差异，从数量上看，最多的确定了5个目标，最少的确定了2个目标；从内容上看，除了

较为一致的"艺术风格"和"意境"外,还有背诵、内容、鉴赏技巧、作者生平,甚至搜集信息和概括能力。这充分说明了对于同一首歌,哪怕是非常经典的诗歌,教师在教学目标的选择上,也会出现较大的差异,这充分说明诗歌教学的实际情况不容乐观。此外,从教师确定的目标上来看,目标表述不够细致谨严,指向比较宽泛,在实际操作中,不容易把握;重点主要集中在李白的艺术特点及《蜀道难》的情感内容上,对于这首诗歌独特的艺术技巧关注不多。为了深入了解这一点,我们选取了其中一位教师教学实录的三个片段:

片段一:

师:好。友人的白帆消失了,李白还在远望。一腔友情,随一片白帆远去;无限神往,与一江春水合流。真可谓含不尽之意,见于言外。今天,离别的钟声又敲响了,诗仙又要送别友人,这次目的地是四川,太白作《蜀道难》送之,意欲何为?

片段二:

师:阵阵的子规悲啼,空旷孤寂的情绪缠绕在你的灵魂之中,离别之恨,飘零之感渗透在骨髓中。古人曾评论"又闻子规啼夜月愁空山,并无有人迹。空山古木间,日之所见者,但是悲鸟雌雄威群而飞;夜之所闻,但是子规月下啼血最苦"。无非烘托环境荒凉、凄清,充满了无限的哀怨与愁苦,使人闻而失色,诗仙发出了人生第二感慨——

生(齐答):蜀道之难,难于上青天。

师:渗透了哪些情感?

生(部分):忧愁,担心。

片段三:

师:你判断得很对。这一段诗反映了初唐以来,蜀地因所守非亲,屡次引起吐蕃、南蛮的入侵,导致生灵涂炭的战争,使三秦震动。政治环境相当恶劣,类似现在的伊拉克,恐怖横行,炸弹乱轰。随时葬身虎口蛇腹之虞。从战祸之烈,写出安居之难。所以李白又感叹——

　　生(齐答):蜀道之难,难于上青天,侧身西望长咨嗟。

　　师:包含着哪种感叹?

　　生(部分):恐惧。

　　生(部分):悔恨,后悔来到四川。

　　师:由此看来,诗仙三次感慨蜀道难,难于上青天,蕴涵着不同的心理体验。第一次,由隔绝之久,惊呼开辟之难;第二次由山势之危,忧惧度越之难;第三次由战祸之烈,悔恨安居之难。"蜀道之难,难于上青天"一句,前、中、后出现三次,反复咏叹,内容逐次加深,产生了回肠荡气的艺术效果。反反复复为哪般? 谁来说一说?

　　从上面三个教学实录片段可见,这位教师在讲授《蜀道难》时着重分析的是作者的情感与写作目的,对于本诗独特的艺术手法及如何鉴赏的方法策略等不做重点研讨。

(二)《锦瑟》课堂教学调查

以下是随机选取的全国各地的 6 位教师的《锦瑟》教学设计:

表 3　教师《锦瑟》教学设计汇总表

序号	教学目标	教学内容
1	1. 了解李商隐及其诗歌创作。 2. 了解此诗的艺术表现手法,品味诗歌的意境。 3. 结合这首诗的多向旨意,学习开放性诗歌鉴赏的方法。 4. 背诵这首诗。	1. 简介作者。 2. 学生朗读,教师纠错、范读。 3. 翻译全诗。 4. 分析内容。 5. 分析艺术特色。 6. 解析情感。 7. 指导开放性诗歌鉴赏中综合评价类题型的答题策略。

序号	教学目标	教学内容
2	1. 知识与技能:品味诗歌的形象,理解内部结构。 2. 过程与方法:理解诗歌写意的几种常用方法,掌握诗歌的基本的鉴赏方法。 3. 情感态度与价值观:理解李商隐诗歌的多种解法,品味命运多舛的晚唐才子的情感脉搏。	1. 名句对接。 2. 学生诵读,教师纠错。 3. 字面译诗,理解内容。 4. 探究多向主旨。 5. 简要分析诗的语言特点与艺术特色。
3	1. 知识目标:了解李商隐及其诗歌。 2. 能力目标:鉴赏这首诗,品味诗歌意境,从而领会诗歌美质。 3. 情感目标与价值观目标:学习各诗不同的艺术表现手法,了解诗人的不同艺术风格。	1. 简介作者及其艺术成就。 2. 翻译全诗。 3. 品味典故。 4. 分析结构与主题。 5. 鉴赏构思与朦胧美。
4	1. 了解李商隐的有关生平和创作特色。 2. 领会这首诗的意境、情感、主旨和艺术技巧。	1. 简介作者与《锦瑟》。 2. 理解典故。 3. 翻译诗歌,分析内容。 4. 分析多向主旨与情感。 5. 简要分析表现手法。
5	1. 理解诗歌写意的几种常用方法。 2. 理解内部结构。 3. 理解李商隐诗歌的多种解法。	1. 作者简介与题解。 2. 分析本诗的多向理解。 3. 分析全诗内容。 4. 简要分析艺术特色。
6	1. 知识与技能:掌握文中重点词语的意义。 2. 过程与方法:展开想象,体会诗歌表现的心绪与意境。 3. 情感、态度与价值观:加深对历史典故和诗歌画面的理解,深入把握诗人的思想感情。	1. 复习李商隐名句。 2. 简介李商隐及其诗作。 3. 学生朗读。 4. 探究诗歌主旨与情感。 5. 简要分析艺术个性。

由表3可见,6位教师对《锦瑟》一首诗歌确定的7个教学目标从高到低分别为:本诗的意境,4位;了解李商隐及其诗歌创作,3位;了解诗歌的基本内容或所表达情感,3

位;李商隐诗歌的多种解法或开放性读法,3位;理解内部结构,2位;掌握诗歌中重点词语的意义,1位;积累背诵,1位。

表4 六位教师确定的教学目标排序一览表

目标	意境	了解作者及 其诗歌创作	基本内容或 所表达情感	李商隐诗歌的多种解 法或开放性读法	理解内 部结构	掌握诗歌中重点 词语的意义	积累
人数	4	3	3	3	2	1	1

由以上统计可见,《锦瑟》一首诗歌,教师们确定的教学目标也存在较大的差异。不过与《蜀道难》不同,《锦瑟》的目标重点较为分散,并且教师们比较关注鉴赏本诗的方法。这种情况,当然与李商隐的诗歌特点有很密切的关系,李商隐很多诗歌都写得晦涩难懂,从阅读角度来看,有多种解读性,因而教师在这里比较关注本诗歌的阅读方法。总体而论,与《蜀道难》一课相同,《锦瑟》一课教师们也缺乏对本首诗歌独特艺术技巧的关注。为了深入了解这一点,我们选取了其中一位教师教学实录的两个片段:

片段一:

师:那么接下来就请同学们结合书中注释,再读这首诗歌,畅谈这首诗中你认为哪句写得美。(默读思考,教师巡视)

生:我觉得是首联。锦瑟无端五十弦,一弦一柱思华年。追忆那逝去的时光,一弦一弦就像他的年华一样,都随着岁月老去了。我觉得很寂寥,一种感伤的美。

生:我喜欢庄生晓梦迷蝴蝶这句。梦、蝴蝶,这些是美好的事物,本来很美的,在诗文中说是晓梦,又是短暂的,美好的情境是转瞬即逝的,犹如庄子"梦蝶",不知哪种状态是真实的自我了。

片段二:

师:那么诗人到底要向我们传达怎样的一种情感呢?接下来让我们再次走进诗中,探究本诗的主题。鉴赏诗歌,一定要知人论世,那请同学们结合课前老师发放的李商隐的背景资料,以本诗为主体,进行分析。

生:我认为这是一首悼亡自己妻子的诗歌。诗人是在孤独凄凉中思念亡妻。一弦一柱思华年,思念的都是自己和妻子在一起的朝朝暮暮。

……

师:我们刚刚对主题进行了解读和探究,借助联想和想象,你想对李商隐说些什么?①

上面的教学实录让我们非常明确地看到,这位教师在选择教学内容时以诗歌的内容和情感为主,让学生赏析语言时,学生也多只是从浅层的意义层面来理解诗句,而后教师又让学生讨论诗歌的多向主旨,忽视了诗歌的语言特色、意境等其他重要因素。

(三)《念奴娇·赤壁怀古》课堂教学调查

以下是随机选取的全国各地的4位教师的《念奴娇·赤壁怀古》教学设计:

表5　教师《念奴娇·赤壁怀古》教学设计汇总表

序号	教学目标	教学内容
1	1. 了解苏词的艺术风格。 2. 理解词人复杂的心情,丰富学生的情感世界。 3. 掌握比较法、朗读法、讨论法等常用的诗歌鉴赏方法。	1. 学生朗读。 2. 找出意象,分析意境与情感。
2	1. 知识目标:了解苏轼的生平和思想,了解词的写作背景。 2. 能力目标:诵读吟咏,感受诗词恢宏开阔的意境。学习品析,感受词人壮志难酬的心怀。 3. 情意目标:理解词人复杂的心情,丰富学生的情感世界。	1. 简介苏轼及写作背景。 2. 教师范读、学生齐读。 3. 分析思想内容。

---

① http://www.skqkw.cn/wz/jxsl/yw/2010-06-29/13653.html.

续　表

序号	教学目标	教学内容
3	1. 巩固作者苏轼的有关知识。 2. 把握怀古咏史诗的概念和特点。 3. 品味诗歌语言，领会作者感情。 4. 感受苏词的豪放风格。	1. 解题。 2. 学生朗读，教师纠错。 3. 分析思想内容。 4. 分析意境。
4	1. 感受苏词的豪放风格。 2. 理解《赤壁怀古》一词中写景、咏史、抒情相结合的写法。 3. 了解作者渴望为国效力的思想与壮志未酬的苦闷，正确理解"人生如梦"的思想情绪。 4. 诵读、背诵。	1. 朗读全词。 2. 分析词语。 3. 分析人物形象。 4. 探究主旨。

由表 5 可见，4 位教师对《念奴娇·赤壁怀古》一首词确定的 6 个教学目标从高到低分别为：理解词人复杂的心情，4 位；感受苏词的豪放风格，3 位；把握怀古咏史诗的概念和特点，2 位；了解苏轼的生平和思想，了解词的写作背景，2 位；掌握比较法、朗读法、讨论法等常用的诗歌鉴赏方法，1 位；积累背诵，1 位。

表 6　4 位教师确定的教学目标排序一览表

目标	理解作者复杂的心情	感受苏词的豪放风格	把握怀古咏史诗的概念和特点	了解苏轼的生平和思想，了解词的写作背景	掌握比较法、朗读法、讨论法等常用的诗歌鉴赏方法	积累背诵
人数	4	3	2	2	1	1

由以上统计可见，《念奴娇·赤壁怀古》一首词，教师们确定的教学目标主要集中在作者复杂心情的理解和苏轼词豪放风格上，而对于如何鉴赏诗词的方法和策略上，则稍有涉及，即使有涉及，也是通识性的方法和策略，对于这首诗歌的特殊艺术手法的鉴赏策略则相对缺乏。为了深入了解这一点，我们选取了其中一位教师的教学实录：

师:(指定一个声音最宏亮的同学)你能把苏轼的情况简单介绍一下吗?

······

师:同学们,听别人朗读得那么富有感情,我们也来体会一下这种激昂高壮的情感。下面请同学们集体朗读一遍。(学生朗读,约两分钟后)

······

生:老师,这里的"风流人物"与"浪花淘尽英雄"中的"英雄人物"相同吗?

······

师:你们俩的理解真透彻。没错,"雄姿英发,羽扇纶巾"说的是周瑜文武双全,而"小乔初嫁了"则是写他的柔情了。同学们认为是这样吗?

生:(对老师的说法不同意,大胆质疑)老师,在初中,我们学过毛泽东的《沁园春·雪》,里面有"数风流人物,还看今朝"。这里的"风流"也是说毛主席"柔情满怀"吗?

师:(略作沉思后微笑着说)这是一种可贵的质疑精神,请大家想想,毛泽东词里的"风流人物"能不能这样理解?

······

师:大家都知道最后几句,是词人感情抒发最强烈的地方,下面老师朗读一遍,同学们感受一下,并认真思考一下词人抒发的是怎样的情感,应抓住那些词句来理解。(老师有感情地朗读)

生:(齐声)好!

生:老师,听了你的朗读,我觉得要理解词人的感情,对"神游者"和"多情者"的理解很重要,那么,"神游者"和"多情者"应怎样理解呢?

师:(很高兴的样子)哎,这个问题提得很好,同学们不妨认真思考一下,思考好了,自由发表一下自己的见解,好吗?

在本堂课中,教师的主要精力都放在了内容的解析上,对"风流人物"与"英雄人物","神游者"与"多情者"两组词投入了过多的时间,忽视了其他角度的教学内容。

（四）《永遇乐·京口北固亭怀古》课堂教学调查

以下是随机选取的全国各地的 6 位教师的《永遇乐·京口北固亭怀古》教学设计：

表 7 教师《永遇乐·京口北固亭怀古》教学设计汇总表

序号	教学目标	教学内容
1	1. 学习本文用典的方法，理解文中用典的含义。 2. 体会辛弃疾忧国忧民的爱国情怀。 3. 进一步学习反思历史，借鉴历史经验提高认识社会的能力。 4. 联系课内外，沟通文本和经验，对接历史与文化，结合本文的学习，结合南京特有的历史文化，体验一次怀古之旅。	1. 教师范读。 2. 解释字词、句子。 3. 分析内容。 4. 分析用典。
2	感受词人爱国主义情怀，体味辛弃疾豪放派的词风。	1. 学生朗诵。 2. 简介作者及写作背景。 3. 分析用典。 4. 分析作者情感。
3	1. 通过文本研习，使学生理解文中用典的含义和表达上的作用。 2. 进行诵读，体味作者借古事抒发抗金救国、收复中原的热切愿望、壮志难酬的苦闷，以及对统治者屈辱求和、昏聩无能的愤慨。 3. 通过苏辛豪放词风的差异比较，使学生进一步了解豪放词的特点。	1. 解释词语。 2. 简介作者及写作背景。 3. 教师范读。 4. 分析用典。 5. 分析作者情感。
4	进行诵读，体味作者借古事抒发抗金救国、收复中原的热切愿望、壮志难酬的苦闷，以及对统治者屈辱求和、昏聩无能的愤慨。	1. 分析内容。 2. 分析典故引出写作背景。 3. 朗诵全词。 4. 分析情感。 5. 开展辩论。

序号	教学目标	教学内容
5	1. 品读语言,把握用典深意。 2. 体会词人爱国忧时的博大胸怀。	1. 教师范读,学生自读。 2. 分析用典。 3. 分析情感。
6	1. 理解本词运用典故、借古喻今的写作特点。 2. 了解辛弃疾抗敌救国的雄图壮志和为国效劳的爱国热情。 3. 提高赏析能力,了解豪放派宋词的风格特点。	1. 简介作者及写作背景。 2. 学生朗读。 3. 分析标题。 4. 分析用典。 5. 疏通文意。 6. 分析词作特色。

　　由表7可见,6位教师对《永遇乐·京口北固亭怀古》一首词确定的4个教学目标从高到低分别为:体会辛弃疾忧国忧民的爱国情怀,6位;学习本文用典的方法,理解文中用典的含义,4位;体味辛弃疾豪放派的词风,3位;借鉴历史经验提高认识社会的能力,1位。

表8　6位教师确定的教学目标排序一览表

目标	体会辛弃疾忧国忧民的爱国情怀	学习本文用典的方法,理解文中用典的含义	体味辛弃疾豪放派的词风	借鉴历史经验提高认识社会的能力
人数	6	4	3	1

　　由以上统计可见,《永遇乐·京口北固亭怀古》一首词,教师们确定的教学目标比较集中,基本都为体会作者情感、本文用典的手法以及辛弃疾豪放派的词风。同样,这些目标依旧是笼统的宽泛的目标,比如用典,看似是本词的独特手法,但是古典诗歌用典可以说是普遍的现象;并且,这些目标依旧多集中于诗词的内容方面,对于诗词的形式方面,则没有涉及。为了深入了解这一点,我们选取了其中一位教师的教学实录:

　　师:今天上课我就有一个问题想请教大家,谁能给我解释一下什么是"典故"?

......

师:很好,再加上刚才同学的意见,我们就能明确典故在诗文中会启迪大家一些人生道理和做人方式! 典故总是蕴涵着很深沉的文化内容,它的背后,常常牵涉着一股深沉的底蕴——深情的,或者哀惋的,或者壮烈的,或者凄惨的故事。使用典故必然地将唤起读词人与典故蕴涵相应的感情的共鸣,从而更能增加作品的艺术魅力和感人效果。今天我们就来学习南宋词人辛弃疾的作品《永遇乐·京口北固亭怀古》,在这首词中就用了很多典故,大家在学习的时候就要想一想,作者运用这些典故表现了怎样的思想情感!(板书题目、作者)

......

师:很好,他注意到了文章下面的注释内容。能在对文章内容的理解上断句,这很好! 所以大家在今后的预习中应该多注意作品的内容。提到了内容,同学们在预习的时候,朗读的时候,也许大家已经注意到了词中用了很多典故。现在,请大家再一次阅读这首词,看一看,这首词中用了几个典故?

......

师:通过刚才同学们的回答,我们比较好地掌握了这首词的五个典故……那我们再回过头来看大家刚才概括的典故,有几个典故是在京口发生的?

......

师:好,刚才我们一起把作品的典故串了一下,把作品中的地点也串联了一下。哪位同学能大胆地用你的语言把这首词的内容陈述一下。

......

师:下面我们看"凭谁问:廉颇老矣,尚能饭否?"这个结尾所蕴含的是一种什么样的情怀?

......

很明显,这堂课,教师确定的教学内容主要是"典故",师生将大量时间耗费于串联本词所涉及的典故,说到底,本堂课主要是为了理解词的内容。

那么,古典诗歌课堂教学为什么会出现这样的问题呢? 我们必须要对当下的古典诗歌课堂教学进行全面的反思。

二、古典诗歌课堂教学的反思

在这里,我们主要从课程的编制、教学设计以及教学实践三个角度,对当下的古典诗歌课堂教学进行全面的、客观的反思。

(一) 从课程编制角度的反思

高中语文课程标准是由我国最高教育行政部门制订并颁布实施的、具有法规性质的纲领性文件,是高中语文教学的根本依据。教师课堂教学出现问题时,首先应对课程标准进行反思。

通常来讲,课程标准应该是对教育底线的规定,也就是说它是指导教育"合格"而非"优秀"的文件。这样的一份课程标准,通常应该是内容充实详细、通俗易懂,并且具有较强操作性的。《普通高中语文课程标准(实验)》虽在构思、理念、设计上不无创新之处,但其含混、笼统也是不争的事实,难以付诸实践。

就古典诗歌教学而言,高中语文课程标准不仅涉及少,而且含混笼统,我们先看高中语文必修课程是如何规定古典诗歌的学习的:

阅读与鉴赏

1. 在阅读鉴赏中,了解诗歌、散文、小说、戏剧等文学体裁的基本特征及主要表现手法。了解作品所涉及的有关背景材料,用于分析和理解作品。

2. 学习中国古代优秀文学作品,体会其中蕴含的中华民族精神,为形成一定的传统文化底蕴奠定基础。学习从历史发展的角度理解古代作品的内容价值,从中汲取民族智慧;用现代观念审视作品,评价其积极意义与历史局限。[1]

---

[1] 中华人民共和国教育部. 普通高中语文课程标准(实验)[S]. 人民教育出版社,2003.8.

　　在这里,课标将古典的诗歌同其他文体一起进行述说,且语句笼统概括,实难指导具体操作。

　　那么,选修课程又是如何规定的呢? 选修课程的规定相对于必修课程来说较为详细:

　　　　1. 培养鉴赏诗歌和散文作品的浓厚兴趣,丰富自己的情感世界,养成健康高尚的审美情趣,提高文学修养。

　　　　2. 阅读古今中外优秀的诗歌、散文作品,理解作品的思想内涵,探索作品的丰富意蕴,领悟作品的艺术魅力。用历史的眼光和现代观念审视古代诗文的思想内容,并给予恰当的评价。[①]

　　总体来看,选修课程的课程目标将诗歌与散文归为一类。这其实存在很大的问题,众所周知诗歌和散文两类文学体裁有很大的区别,不仅如此,诗歌和散文本身内部的细类也有很大的区别,因而选修课的目标本身就存在很大问题。具体来看,"丰富情感世界,养成审美情趣,提高文学修养"、"理解作品思想内涵,探索作品丰富意蕴,领悟作品的艺术魅力"可以指向任何文学作品。也就是说,选修课关于诗歌的目标规定,是所有文学作品共性的而非诗歌个性的。再如,"历史的眼光"、"现代观念"到底是指什么,如何用"历史的眼光和现代观念"来审视古代诗文,太含混笼统,无法真正实施。

(二) 从高中语文教材角度的反思

　　语文教材是连接语文课程与语文教学的纽带,课程内容虽然对教学内容有着决定性的依据作用,但要具体地转化课堂教学内容,进入到课堂之中,还必须靠语文教材这个载体。可以说,语文教材内容是课程内容的形式化表现,是课程内容转化为教学

---

① 中华人民共和国教育部. 普通高中语文课程标准(实验)[S]. 人民教育出版社,2003. 10.

内容的一个凭借，一个手段。当课堂教学实践出现问题时，我们还要对教材进行反思。

1. 教材选编淡化文体意识造成古典诗歌言语形式的忽略

苏教版教材以专题统领选文，每个专题为一个主题，不同的文学体裁可以选入同一专题中，如必修二第三个专题"历史的回声"，分别选入了《六国论》、《阿房宫赋》、《念奴娇·赤壁怀古》、《永遇乐·京口北固亭怀古》、《落日》及《勃兰特下跪赎罪受到称赞》，前两篇是古代散文，中间两篇是宋词，而最后两篇是新闻报道。鲁人版也跟苏教版一样，以话题组织单元。这样的编制方式虽然"新颖"，"有利于陶冶学生的精神世界，提升学生的人文素养"，但也不可否认存在忽视文体特点的问题。这在一定程度上促使教师在教学实践中更加关注选文的"人文内涵"，古典诗歌的言语形式则相应地被忽视了。

2. 古典诗歌编排顺序过于突出诗歌史忽视学生学习心理

人教版教材与粤教版教材的古典诗歌编选严格按照朝代的先后顺序。人教版按照我国古典诗歌"诗经——楚辞——汉乐府——魏晋诗——唐诗——宋词"的发展顺序编排，同朝代的作品亦按时间先后编排，如唐诗按"盛唐——中唐——晚唐"的顺序编排，宋词按"北宋——南宋"的顺序编排。粤教版也基本是按照我国朝代的发展顺序编排。这样的编选方式，通常来说有利于学生整体、全面地了解我国古典诗歌的发展脉络，从历史发展的角度认识古代文学作品的价值。但古典诗歌的语言艺术是十分复杂的，跟历史的发展顺序不一定是一一对应的关系。因而这种编排方式从难易度上来看，不一定适应高中学生学习心理发展顺序。

（三）从教学设计角度的反思

好的开始是成功的一半，科学有依据的教学设计才能成为教师教学实践最有力的基础。在整个教学设计的阶段中，教学目标的设计至关重要。在这里，我们结合第一节中教学设计及教学实录的调查分析，着重反思古典诗歌教学目标的确定问题。

1. 语文课堂教学目标越位成语文课程目标

"为了保证每一教育阶段都能进行恰当评价，按照谁定、谁用可以把教育目标分为教育目的、课程目标、教学目标三个层级。"①"教育目的由国家或政府制定,是国家对教育的基本要求,是教育完成特定的社会要求的基本原则。课程目标,是社会对学校教育的宏观计划,尽管它比教育宗旨具体但仍然没有明确的教师需要完成的具体任务,或学生应该达到怎样的学业水平。而教学目标是本堂课教学活动的预期结果,是在本堂课结束之时学生在理想状态下所能达到的最终水平"。② 语文教师平时上课时所设计的教学目标,就是这三个层级中的最下面一层。但有些教师设计的教学目标却往往混淆了这三个层级的概念。有的把需要长期努力的教育目的当作教学目标,有的则把课程标准中关于积累整合、感受鉴赏、思考领悟、应用拓展及发现创新这五方面的课程目标作为一堂课的教学目标,这都是不符合实际情况不合理的。如前面调查的四首诗词中,教师都设计了"了解诗(词)人的艺术风格"这样一个教学目标。艺术风格则是对作者一生创作突出特色的总结和概括,很难在短短一节课或两节课内完成,譬如李商隐,一生创作了大量的诗歌,很多都有自己独特的艺术表现手法,仅凭一堂课就想了解诗人的风格,无疑是天方夜谭;此外,即使同一位诗人或词人,前后的艺术风格也不一定相同,譬如苏轼,除了豪放派的杰出篇章,其婉约词也毫不逊色,像《江城子》、《蝶恋花》等,感情纯正细腻、格调高远,也都是脍炙人口的千古名作。

2. 教学目标忽视文体特点概念化

教学目标是针对本堂课本篇课文设计的,设计教学目标的一个重要依据就是语文教材,具体说来就是语文教材中本堂课要教的本篇课文。每篇文章都有自己明显的文体特征,文体类型不同,目标取向就不同。③ 即使是同一种文体的课文,除了存在共性的特点外,还存在各具特色的个性。同为宋词,又同是辛弃疾的作品,《青玉案》和《永遇乐·京口北固亭怀古》就有截然不同的风格,必然要设计截然不同的教学目标。没有根据文本的文体特点,忽视文章体裁特征所设计出来的教学目标,必然是不具针对

---

① 钟启泉,崔允漷. 新课程的理念与创新——师范生读本(第2版)[M]. 高等教育出版社,2008:73.

② 薛晓嫘. 语文课程目标概论[J]. 当代教育科学,2006(12).

③ 荣维东. 课堂教学目标的确定与陈述[J]. 语文建设,2007(2).

性的、不科学的,而教师根据这样的教学目标所确定的教学内容,也不一定是学生本来对于这篇课文所应该学到的教学内容了。我们可以看到,《蜀道难》的第二个教学目标是"了解本诗基本内容及寓意",这样的目标一眼看去似乎很有道理,学习古典诗歌,了解诗歌的内容和寓意是最基本的,但是如果把"本诗"换作其他文体试试,本词、本小说、本寓言、本散文等几乎都是可以成立的,这样的教学目标,放在其他课文里都能说得通,如果事先没有告知这是李白《蜀道难》的教学目标,恐怕没有人会看得出来,这条教学目标所属哪篇课文,这样的教学目标就是忽视了文体的特点,忽视了"这一首"诗歌独具的特色,缺乏针对性。

除了上述提到的问题,我们还可以看到:从教学目标的定位上看,教师主要还是以传授教材内容为主,很少考虑到中学生学习诗词的独特需求或心理需求;从课程开发的意识上看,教师很少将古典诗歌的教学与其他的文体的教学关联起来,古典诗歌的教学是相对独立的板块;从教学目标的指向来看,教师指向的主要是诗词的内容方面或者作家的创作经历风格方面,而对于诗词的形式方面则很少涉及或涉及不到位;从教学目标的关联来看,教师制定的目标基本是重复的,无论什么样的诗词,基本都为两大目标,理解作者的情感,了解作者的创作风格,缺乏层级性。

(三) 从教学实践角度的反思

最能清晰又详尽地看出目前高中语文古典诗歌教学问题所在的,可以说是课堂实践,一个个课堂实录,是高中语文课堂最真实的文字记录,直接反映出目前教师们在讲授古典诗歌时确定了什么样的教学内容,这些教学内容又存在什么样的问题。

1. 教学内容严重僵化

从第一章对四首诗歌教学实录的调查我们就可以很清楚地看到这一点。四首不同的诗词,不同的教师都不约而同地确定了诵读、分析主要内容,分析主旨与作者情感、请同学赏析自己喜欢的句子这样一些教学内容,而分析诗歌的艺术特色、表现手法通常都包含在"赏析喜欢的句子"这一项内容里,而教学内容的重点则是放到了分析主要内容、分析主旨与作者情感这两个方面。许多教师只是理所当然地认为古典诗歌的教学,不外乎就是学那么几个东西,自己也不知道为什么要确定这样的教学内容,确定这些教学内容的依据是什么。

2. 教学内容自由随意化

除了教学内容的僵化,教学内容的随意化也是古典诗歌教学内容确定的一个问题。教师们在讲授古典诗歌时,不从教材、文本、学生出发,而是根据自己的理解确定教学内容,一首诗(词)包含的内容很多,思想内容,情感主旨、意境内蕴、艺术特色等等,教师在上课时不可能面面俱到,只能或者只应该选择在本首诗(词)中最值得研究的部分,有些教师,随意地确定自己的教学内容,希望把每个知识点都讲到,最终的结果就是学生对每个知识点都一知半解。有的语文教师,还会顺着学生在课堂上生成的内容或突然想到的问题,把它作为教学内容继续讲授或讨论,但学生的理解水平是有限的,他们抓住文本重点内容的水平也是有限的,他们想到的东西,有时候并不应该是本节课授课的重点,甚至偏离了课文的主题,这样随意确定出来的教学内容,不是学生本应学习的东西,而本应学习的内容却因课堂时间被占用而被迫删减了。如《念奴娇·赤壁怀古》课堂实录中,由于学生的一个提问,讨论集中到了"风流人物"与"英雄人物"的指意上,随后又延展到苏词中的"风流人物"与毛词中的"风流人物"是否能一样理解的讨论上,到最后讨论又转向对"神游者"和"多情者"的理解上,飘来移去,教师最后总结一下作者情感,而其他方面几乎没有涉及。

3. 重诗歌内容轻诗歌形式

重诗歌内容轻诗歌形式,可以说是古典诗歌教学内容确定的一个非常普遍的问题,也是最大的问题。语文教材中的选文都是言语作品,诗歌更可以称为有高度艺术成就的经典的言语作品。再广泛一点说,其他学科的教材也都属于言语作品。言语作品是言语内容和言语形式的统一。言语形式是言语作品外部的方面,表现为有形的线性结构,直接诉诸人们的感觉、知觉;而言语内容则是一个言语作品内部的方面,是人们的认识和情感,本身无形无色无臭无声,只能存在于一定的言语形式之中。① 从其他学科来说,教师要教的,学生要学的,就是言语内容,而语文区别于其他学科最根本

① 王尚文.语言·言语·言语形式——试论语文学科的教学内容[J].浙江师大学报(社会科学版),1996(1).

的特征,就是它的教学内容是言语形式,是教会学生如何使用祖国语言文字。在语文教材的言语作品中,言语内容涉及许多方面,如果教师把言语内容作为语文课堂的教学内容,语文课就可以被上成政治课、社会课、自然课、地理课等等,所以,教师应该关注的是这些内容是依附于什么样的形式之中,关注的不应该是选文"说了什么",而是"怎么说的"。古典诗歌是语言艺术的典范。袁行霈说过:"各种文学体裁都离不开语言。但小说,戏曲还有故事和人物,诗歌(抒情诗)连故事、人物也没有,它唯一给予读者的就是语言。一首五绝给了读者什么? 不就是四五二十个字所组成的几句话吗? 不管怎样分析,都必须从这二十个字入手。所以诗歌的艺术分析第一步就是语言分析。"[①]而语文教师在确定古典诗歌的教学内容时,却把诗歌的思想内容、主旨情感确定为最主要的甚至是唯一的教学内容,这无疑是本末倒置的。如果思想内容、情感主旨是教学内容的重点,任何一种文体都可以表达相同的思想内容,为什么独独要学习诗词。教师们在讲解诗歌时,往往把它们肢解得支离破碎进行解读,完全破坏了诗词原本具有的意境、韵味和美感。

4. 教学内容忽视学生学情

所谓学情,就是指来自学习者自身的,影响其学习效果的一切因素的总和。它包括学生的知识经验、心理特点、成长规律、行为方式、思维特点、生活习惯、兴趣爱好、困难疑惑、情感渴盼等诸多方面。[②] 学情评估是有效课堂教学的一个重要依据,把握学情是教学取得实效的可靠保证,只有在对学生学情进行研究的基础上进行教学,才能有的放矢,提高教学实效。不是在分析学情的基础上确定的教学内容,是不科学的,不符合实际情况的,这样所设计出来的教学内容,很有可能不是学生目前阶段所需要的。如《锦瑟》课例中,有的教师在课上提出了这样一个问题:"有人说,本诗歌具有朦胧美,你认为体现哪些方面?"多年来,李商隐《锦瑟》一诗的朦胧美多义性一直是学界争论的一个问题,他的无题诗"超常的特质,导致了长期以来人们对他的诗理解、评价的不一

---

① 袁行霈. 中国诗歌艺术研究[M]. 北京大学出版社,1987:2.
② 张小皖. 把握学情　调整教学策略[J]. 现代教学,2011(1—2).

致,乃至相矛盾、相对立,形成了古典文学中少有的'李商隐现象'"①。这样一个让许多专家学者都感到无从解答的问题,却要让高中生去回答它的"朦胧美体现在哪些方面",很明显教师在确定这样一个教学内容时并没有从高中学生的角度出发。确定古典诗歌教学内容时不以学生的学情为依据,必将导致教学内容与学生、与语文课堂的脱节,学生学不到真正需要的古典诗歌知识,课堂效率低下也似乎是可以预见的问题了。

三、古典诗歌课堂教学的重建

上面两节我们分别对高中古典诗歌教学的现状进行了调查和反思,找出了关键问题所在,下面我们就来谈谈如何对古典诗歌课堂教学进行建设。

(一) 回诗以固本

"诗是一种文艺体裁,它除借形象集中地反映社会生活外,还要有饱满的情感和鲜明的节奏。"②它具有高度的凝练美、含蓄美、音乐美和意境美,明显地区别于其他文体。也就是说,欣赏其他文学体裁的方法和规律,很难适用于古典诗歌;此外,前面我们在调查和反思中已经提到,围绕诗歌的外围进行赏析,永远不能够触及诗歌本身。因而古典诗歌的教学首先要回归到古典诗歌本身,发现其独特的审美和文学价值,最终真正培养学生赏析古典诗歌的能力。

"作品形成的要素,不外乎内容和形式两个方面。"③诗歌也不例外,对诗歌进行教学,也要紧紧抓住这两个方面。下面就从这两个方面分别进行论述。

1. 抓古典诗歌的内容

古典诗歌的内容,可分为字面上显示的内容以及字面外潜藏的内容。

---

① 韩凝.《锦瑟》诗朦胧意象的模糊策略[J]. 现代语文(语言研究版),2008(8).
② 徐有富. 诗学原理[M]. 北京:北京大学出版社,2007:1.
③ 黄永武. 中国诗学·鉴赏篇[M]. 北京:新世界出版社,2012:43.

（1）显示的内容

显现的内容可从时空变化、时空交感、情景分写、情景交融等四个方面把握。

● 时空变化。时空变化的方式极多，或者今昔对比，或者时间长短变化，或者空间远近变化。今昔对比的，如李商隐的《夜雨寄北》："君问归期未有期，巴山夜雨涨秋池。何当共剪西窗烛，却话巴山夜雨时。"本诗是用问答体，问是假设作现在问，答是假设将来答。现在祈求将来西窗剪烛之乐，将来却总想话谈今日之苦，苦乐相映，往复生姿。

时间长短变化的，又分两种。时间渐长的，如李白的《黄鹤楼送孟浩然之广陵》："故人西辞黄鹤楼，烟花三月下扬州。孤帆远影碧空尽，唯见长江天际流。"第一句写黄鹤楼头辞别的光景，第二句写出发的目的地与季候，第三句写出发后直到孤帆消失的那段时间，第四句写长江的悠悠无穷。全诗在时间上是由辞别的一瞬，延展为启行的俄顷，再延展为目送孤帆，渐行渐远渐小，直至消失，再则延展为长江自流，引接入古往今来无穷无尽的境界。由于时间的渐长，空间也次第开展。由黄鹤楼的定点扩展开去，近波远山，直到天际的长江，汩汩地流到视野所及的空间以外去了！这种渐行渐远的时空设计，与送人远去的题意也很谐和，当时空投入无限苍茫的境界，情感会随着它产生回荡不尽的余韵。时间渐短的，如贺知章《回乡偶书》："少小离家老大回，乡音无改鬓毛衰。儿童相见不相识，笑问客从何处来。"第一句是写出一生中百十年的光阴；第二句是写近年以来垂老的光景；第三句是写两人相见的片刻；第四句是写相见片刻问话的一刹那。全诗在时间长度上是愈来愈蹙，由一生的长度，渐行渐短，终于迫促到弹指之间，时间不能再短，下面再也无问答，意味深长，让人回味无穷。

空间上远近变化的，也包括两种情况，一种是由近及远，一种是由远及近。前者如王安石的《书湖阴先生壁》："茅檐长扫净无苔，花木成畦手自栽。一水护田将绿绕，两山排闼送青来。"就是先写近处的茅檐，再写院子里的花木，再写门外的绿水青山，最后又将空间收束回来，送到眼前。后者如卢纶的《塞下曲》："月黑雁飞高，将军夜遁逃。欲将轻骑逐，大雪满弓刀。"就是先从大的空间着笔，塑造了黑夜中战争的氛围，然后将空间最终落到弓和刀上。

● 时空交感。在诗歌里,时空有时候采用分写的处理方式,有时候有采用交融的处理方式,即时空交感。如刘禹锡的《乌衣巷》:"朱雀桥边野草花,乌衣巷口夕阳斜。旧时王谢堂前燕,飞入寻常百姓家。"四句话都似乎是写空间的变化的,但是"旧时"两个字又巧妙地绾合了时空,将盛时与衰时对比,世事变化莫测的感慨就跃然纸上了。

● 情景分写。诗境中,或以情到,或以景到;或先说景,后说情;或先说情,后说景;或一情一景,两层叠叙,互为表里。如杜牧的《泊秦淮》:"烟笼寒水月笼沙,夜泊秦淮近酒家。商女不知亡国恨,隔江犹唱后庭花。"前两句写景物,后两句写情事,景迷蒙,心情亦迷蒙。再如孟浩然《与诸子登岘山》:"人事有代谢,往来成古今。江山留胜迹,我辈复登临。水落鱼梁浅,天寒梦泽深。羊公碑尚在,读罢泪沾襟。"情—景—情,景色苍凉,心情亦悲凉。

● 情景交融。将时空景物作为抒发自己心中垒块的机缘,景中含情,情中寓景。如杜甫的《江汉》:"江汉思归客,乾坤一腐儒。片云天共远,永夜月同孤。落日心犹壮,秋风病欲苏。古来存老马,不必取长途。"其中"片云天共远,永夜月同孤","远"、"孤"完全是受了"思归"的感染,个人感觉漂泊无定,归心才与云共远、与月同孤。

(2) 潜藏的内容

潜藏的内容可从象征、影射、歧义、比喻四个方面去把握。

● 象征。取某一易见事物,代表某一不易见事物。如于谦的《石灰吟》:"千锤万凿出深山,烈火焚烧若等闲。粉身碎骨浑不怕,要留清白在人间。"字面上是谈石灰,但实际是谈人品的问题。

● 影射。借题发挥,别有所指,明说是一套,暗说是另一套。刘孝绰的《咏素蝶诗》:"随蜂绕绿蕙,避雀隐青薇。映日忽争起,因风乍共归。出没花中见,参差叶际飞。芳华幸勿谢,嘉树欲相依。"其中的"雀"、"风"等就是映射官场的互相倾轧和迫害。

● 歧义。寓以多重可能的内涵。如杜甫的《江南逢李龟年》:"岐王宅里寻常见,崔九堂前几度闻。正是江南好风景,落花时节又逢君。""好风景"就寓着歧义,它是暗用《世说新语》"收泣新亭"典故,有神州陆沉之感慨,再配上"落花时节"四字,追前想后,黯然伤神,对故京的无限凄凉虽不曾正面说出,但都寓于字里行间。

● 比喻。用具体形象的东西说明抽象的道理。如朱熹的《观书有感》:"半亩方塘一鉴开,天光云影共徘徊。问渠那得清如许,为有源头活水来。"就是通篇用了比喻的手法,用方塘清水比喻读书对人思维的作用。

2. 抓古典诗歌的形式

就诗歌的形式而言,"表现在文字上的有结构、辞采、声律,表现在文字外的有神韵"[①]。这里主要从结构、声律上来谈。

(1) 诗歌的结构

结构可以从承接、交综、翻叠、对比四个方面去把握。

● 承接。承接又可分为直连、间断、突接、反接、故意错序等几种。全诗一意到底的叫直连,如金昌绪的《春怨》:"打起黄莺儿,莫教枝上啼。啼时惊妾梦,不得到辽西。"后句解释前句,一线到底。诗前半与后半相贯而实不连属,后半与上半不接而实相连通的叫间断,如杜甫的《旅夜书怀》:"细草微风岸,危樯独夜舟。星垂平野阔,月涌大江流。名岂文章著,官应老病休。飘飘何所似,天地一沙鸥。"前四句写景,后面写情,景色壮阔,而身世漂泊,看似不连,实则用壮阔之境衬托身世的漂泊。叙述未了转叙他事的叫突接,如李白的《宣州谢朓楼饯别校书叔云》,正写景,突然转情,两者不相连,显出李白思绪的飘忽,情感的潇洒。前后相互矛盾叫反接,如宋之问的《渡汉江》:"岭外音书断,经冬复历春。近乡情更怯,不敢问来人。"音信长期断绝,近乡应该情感喷涌,但是作者却突然转入"更怯",不由让人深思原因。为表现心烦意乱,故意语言无序,故意错序,如杜甫的《前出塞》九首之三:"磨刀鸣咽水,水赤刃伤手。欲轻肠断声,心绪乱已久。丈夫誓许国,愤惋复何有? 功名图麒麟,战骨当速朽。"应该是心绪乱,磨刀伤了手,作者却故意错序。

● 交综。诗的句意交综呼应,像一个有机体,前后首尾,平行斜对,都有呼应开阖的交互关系。如杜甫的《月夜》:"今夜鄜州月,闺中只独看。遥怜小儿女,未解忆长安。香雾云鬟湿,清辉玉臂寒。何时倚虚幌,双照泪痕干。"第一句写月色,第二句"闺中只

---

① 黄永武. 中国诗学·鉴赏篇[M]. 北京:新世界出版社,2012:119.

独看",不写自己想家,反想家人想我。由"闺中"而推想小儿女未解忆长安。又推想闺中人云鬟玉臂寒。再由"独照"希望能"双照",双双依着"虚幌",这"双"字正是由"独看"时祈求着的。全诗四十字,字字从月色中照出,身处长安,却以家人所在的月光去照。纲领建在前,各句辐辏地照应着。

● 翻叠。运用翻笔产生新意,使原意翻上一层,在形式上是两个相反的意思,结合在一起,反复成趣。当句翻叠、下句翻叠、下半首翻叠、全首交综翻叠。如贾岛的《寻隐者不遇》:"松下问童子,言师采药去。只在此山中,云深不知处。"第一句貌似能遇到隐者,但是第二句有宕开,似乎不能遇到;第三句有又希望,但是第四句又没有希望。将隐者若隐若现的感觉写得淋漓尽致。

● 对比。可分为大小、多少、远近等各方面的对比。如柳宗元的《江雪》:"千山鸟飞绝,万径人踪灭。孤舟蓑笠翁,独钓寒江雪。"前两句就和后两句形成了巨细的对比,将渔翁的不与世同流合污的高孤精神衬托出来。

(2)诗的声律

声律可从韵脚、句型、发音、叠字等四个方面去把握。

● 韵脚。这一点又包括两个方面,一是韵脚的音响各有特色,可以将情感强调出来;二是韵脚的疏密与转换,能烘托出不同的情节气氛。前者如岑参的《走马川行奉送出师西征》,就是句句用韵,三句一转,韵脚与所表现内容谐和,如第一行两句,以"边"、"天"押韵,"天"、"边"的元音使得舌头在高下前后间移动较长,而以上鼻音为尾音,能产生空旷回音的效果,用在走马川行上,人向西征,仰视塞云,黄沙莽莽之上天,自有广袤辽阔的含义。加之第一句十个字,句子的长度,也暗示出走马川行旷远的路程。后者如李白的《梦游天姥吟留别》,起首四句,用了两个"促起式"的短韵,"洲、求""姥、睹",句句押韵,造成一股迅疾之势,很快地引出了主题。接着是隔句用韵,气势稍缓,"横、城、倾",这四句目的是接五岳、赤城、天台衬托天姥的高耸,用庚韵,与"高大"的情谐和。后面的用韵也是如此。

● 句型。如诗,五言的常格句式为"上二下三",但也有变格"上三下二","上四下一"。七言的常格句式为"上四下三",但也有变格"上三下四","上二下五""七字一贯"，"上六下一"。常格句式读起来顺畅，变格句式读起来蹇吃，但是有时候能够起到突出情感的作用，如杜甫的《宿府》诗"永夜角声悲自语，中天月色好谁看？"句，就采用了"上五下二"的句式，突出了"悲"、"好"，两相对比中将情感显现出来。此外，古诗中的杂言体，也经常用句型变化表现情感，如李白的《蜀道难》以句型的长短表现蜀道地无三尺平。词更是突破了诗歌的句型束缚，成为长短句，其长短变化，对于抒发情感更是有着不尽的妙用。

● 发音。人情的喜怒哀乐，或奋或郁，为求宣情达意，在发音时，借着喉牙舌齿唇诸官能姿势的辅助，造成发声气流的委直通塞，表现出清浊、高下、疾徐不齐的声音，以宣达奋郁惊喜的情绪。如崔颢的《黄鹤楼》诗："晴川历历汉阳树，芳草萋萋鹦鹉洲。日暮乡关何处是？烟波江上使人愁。"晴川，齿音；历历，舌音；汉阳，喉音，不同的五音乃是两两相连的错综着，读起来有一种愈来愈响的声势，愈来愈宏达。草萋萋，三个齿音相连，给人的感觉又自不同，远眺细小的芳草，但觉凄迷离乱。再如李清照的《声声慢》词："寻寻觅觅，冷冷清清，凄凄惨惨戚戚。"连用四个唇音，然后转两个舌音，再转为八个齿音，声势越来越细小，越来越尖锐，痴情、愁郁之情随声而入耳，刺人心扉。

● 叠字。叠字在音响上有极微妙的功用，既可以使语气完足、意义完整，又可使声调动听。"迢迢"，用舌音，表现出游子远游貌态；"皎皎"，用齿音，显豁，表现出女子明媚之貌，盼望之情顿生；"纤纤"，用尖细齿音，以摹拟细小清瘦的素手；"札札"，亦用尖细齿音，摹拟纺织的声音，同时显出女子织布时心不在焉的状态，心绪已乱，织不成章；"脉脉"，喉音，宽泛沉闷，显出不得相见的抑郁心情。

除此之外，古诗尚有很多角度可以去把握，比如语意的转折、陪衬烘托、拗救等等。这些都需要我们再继续整理并加以转化，服务于教学。

（二）归类以求律

古典诗歌数量众多，为了方便，最好是进行合理的归类，找出某类的基本特征以及赏析的基本途径。

1. 根据内容分类

古典诗歌可以通过内容分为咏物诗、咏史诗、叙事诗、写景诗、送别诗、边塞诗、田园诗。在进行古典诗歌的教学时，要大致地确定，诗歌是属于哪种类别，不同类别的诗歌，其教学内容也不尽相同。而同一种类型的诗歌，在教学内容上有其内在的规律性，将诗歌归类之后，能迅速从大的方向上整体把握诗歌，然后进一步地分析解读，确定本首诗歌的教学内容。如咏物、咏史、写景、送别、田园诗，都需要学习作者在描绘客观物象、景致的同时，是如何将情感融于其中的，运用了哪种表现手法。咏史诗需要对历史事实、作者的身世、时代背景有一定的了解。叙事时要把握作者叙事的整体线索，叙述方式。边塞诗要重视作者运用的夸张、用典等艺术手法及其苍劲的风格。田园诗则要体会全诗所营造出来的优美空灵的意境。当然，这只是根据诗歌的内容类别所确定的比较笼统的教学内容，有的诗歌虽为同一类别，但也有各自不同的特征。将诗歌归类只是在宏观上的一个把握，要想确定符合本首诗歌的教学内容，还必须针对本首诗歌进行分析。

2. 根据作法分类

中国的诗歌，沿袭性特别强，在用字造意，用典脱化方面，喜欢遵循前人，沿袭性特别强。因而我们可以按照几个大家的作法，将诗歌进行分类。首先五言绝句，主要着眼点应放在调的高古、情的真切、内容的朴茂蕴藉上，它是偏重于"质"的，杜牧的《题爱敬寺楼》："暮景千山雪，春寒百尺楼。独登还独下，谁会我悠悠。"此诗没有什么巧句，非常古淡。而七绝则不同，还是杜牧的诗歌，如《题乌江亭》："胜败兵家事不期，包羞忍耻是男儿。江东子弟多才俊，卷土重来未可知。"此诗则语句精炼、意思宛顺、声调雄健高亮，偏重于"文"。因而欣赏七绝，就要注意这点。五律则又有不同，它主要着眼点"清空真澹"，要"不着一毫声色，天然高贵"。如王维的《酬张少府》："晚年惟好静，万事不关心。自顾无长策，空知返旧林。松风吹解带，山月照弹琴。君问穷通理，渔歌入浦深。"七律则要藻赡精工，气象闳丽，以"高亮"为创作准则，如杜甫的《望岳》。五古和七古也有各自的创作要求，五古要求淡逸自然，意象浑然，能写得"一气浑成，不能举其佳句何在"；七古则铺叙畅然，开合灿然，气概超然，以雄俊铿锵为本色，最忌庸俗软腐。

诗歌的分类，当然不止上述两类，这需要后进的研究。

(三) 循学以定教

对于诗歌的本体知识的研究,并不等于直接获得了教学知识。它们必须与学生的学习心理有机结合,才能够成为真正的教学内容。因而教师还要用科学的手段调查学生的古典诗歌学习的起点,即确定学情。

1. 课前分析学情

在课前分析学情,可以说是语文教学的第一步,是语文教学的起点。

(1) 高中学生的年龄特点

首先具有过渡性。高中生身体发育加快,已经具有了成人的特征,于是在其心理上也产生了成人感,在为人处事、待人接物上常希望用成人的方式去处理。但客观情况是他们不管是在生理上还是心理上都没有发育成熟,尚处于半幼稚半成熟的过渡期。其次具有闭锁性。高中学生开始更多地关注自己的内心体验,不再轻易表露内心活动。再次具有矛盾动荡性,这一特性是由过渡性决定的,这是由于他们半成熟半幼稚的心理特征才导致其矛盾动荡性。最后是社会性。高中生社会活动有所增多,社会性增强,他们对社会的接触越来越多,社会风气、人际关系、法律道德等都开始出现在他们的思考范围之内。高中学生的这些年龄特点决定了教师在确定古典诗歌教学内容,尤其是关于主旨、思想内涵的教学内容时,要关注学生的内心体验,引起学生的共鸣,并且利用古典诗歌在思想内涵上的强大精神力量净化学生的精神世界,陶冶学生的情操,提升精神境界。

(2) 高中学生的学习兴趣

学习兴趣属于学习动机的一个因素是一种力求认识世界、渴望获得文化科学知识的意识倾向,这种倾向是和一定的情感体验联系着的。[①] 对于自己感兴趣的事物,人们总是很乐于去靠近接触它;同样,一旦吸引了学生的兴趣,那么他就乐于去上这样一堂语文课,教学效果也会更好。这就要求教师在确定古典诗歌教学内容时要找准学生的兴趣点,由兴趣点切入。同时,增强教学内容的新颖性和多样性,又善于把教学内容

---

① 韩进之.教育心理学纲要[M].人民教育出版社,2007:230.

同学生已有的知识经验相联系。这里的知识经验,涉及到了高中学生知识储备的问题,我们到下面再进行讨论。肖培东老师就很擅长激发起学生的学习兴趣:

师:刚刚从秋天走出,看看窗外是怎样的天?

生:雨天。

师:雨是那个唤起我们许多记忆的一种东西,喜欢雨天吗?

生:不喜欢。

师:不喜欢,我用四个字来说说"又是雨天",猜猜看:我对雨天是什么感情?你来说。

生:觉得雨天发生很多的事情,有点感伤,有点怀念。

师:你从老师的哪个字感觉出来?

生:又是

……

师:这四个字,老师不同的语调,不同的节奏,读出的情感一样不一样?

生:不一样。

师:不一样,这就说明朗诵是建立在对文字揣摩的基础上的,是不是?

生:是。

师:来,模拟一下。西南旱灾的人们是怎么说这四个字的?

生:又是雨天!

师:太高兴了,是吗?再来想想,广东雨灾后的人们是怎么说这四个字的?

生:又是雨天!(拖长声音,充满苦恼)

师:对了。同学们,雨天啊,是很容易唤起心头一种情感的,它装载了太多的东西,它很容易唤起我们心头的一些遥远记忆,心底的一种深沉。同学们,从表达情感的需要,雨天往往适合于回首,适合于追忆。今天这个雨天,我们就一起走近晚唐诗人李商隐的《锦瑟》,听一听他心中的锦瑟之音,好不好?

肖老师的这个课堂导入可谓巧妙至极。其一，他正切入了学生的兴趣点，大大提高了学生学习《锦瑟》的兴趣，从日常生活中很常见的"下雨"天气人手，恰巧当天正是雨天，贴近学生的生活实际，这比平常教师们在古典诗歌课堂上常用的导入方式有效得多。其二，雨天一般给人以沉静怀旧的感觉，肖老师抓住这一点，联系到"回首"、"追忆"，进而将学生带入《锦瑟》这首诗的情境——正是一首追忆之诗。其三，不同处境、生活经历的人对于下雨肯定会有不同的态度和感想，于是便有了说话语气的差别，同样的言语内容，用不同的节奏、音调朗读就会有不同的情感表达效果，这也正是肖老师本堂课一个重点的教学内容，他巧妙地把感慨雨天具有不同语气和表达这一现象，联系到了诗歌的朗读上，又同诗歌的题目结合在了一起。这样的课堂导入，既提起了学生的兴趣，让学生处于高度兴奋的状态，又将诗歌总体基调和重点教学内容呈现了出来，可谓一举多得。

（3）高中学生的思维特点

高中学生的逻辑抽象思维能力已经逐渐形成并得到了进一步完善，理论思维已经开始形成，辩证思维由此产生。而由于抽象逻辑思维的发展，思维的独立性、组织性、深刻性和批判性也得到了发展。鉴于此，教师在确定古典诗歌教学内容时，不应该在停留在诗歌的表层印象，而应该深入到诗歌内部，从更系统、全面的角度去鉴赏诗歌，同时，确定教学内容不宜面面俱到，抓住本首古典诗歌最具代表性的特色，最值得学习的地方解读，引导学生独立思考。比如李白的《蜀道难》，就只需抓住夸张、想象、浪漫主义色彩这几点，便学到了点子上。此外，由于高中学生思维的深刻性、批判性已经得到了一定程度的发展，教师应允许学生对于诗歌有个性化的解读，并视学生个性化解读的情况适当调整教学内容。

（4）高中学生的知识储备

高中生的知识储备，即他们当前的知识基础。这里我们所说的知识储备，是与体式相对应的关于这一体式的知识储备，即具体到对于这一个文本来说，学生有哪些知识经验，已经读懂了什么，还没有读懂什么，又有哪些是可能读不懂的。目前我们做得比较好的学生的知识储备分析，都是具体到每一篇文本的。杜郎口中学的导学案，引导课堂教学由"教中心"转变为"学中心",是中国教育史上的一个创举,有着卓越的贡献。虽然崔其升校长因为种种思量和考究在今年10月25日宣布取消导学案,但其在学生学情分析上的领头作用是不可磨灭的。现在许多学校都采用的"课堂前测",同样也是分析针对这一文本的学生知识储备情况。教师有效分析了学生的知识储备,就能找准教学起点,比较精准地确定教学内容,防止课堂时间的浪费和教学的低效甚至无效。比如,要让学生分析《蜀道难》表现手法的技巧,那就要求学生必须了解古典诗歌一般使用哪些表现手法;要让学生分析《锦瑟》的意象和意境,那么就要看学生是否知道什么是意象、意境。学生的知识储备情况,直接决定了教师确定的教学内容。此外,教师还能将学生已拥有的知识储备同新的教学内容联系起来,进行对比学习,一方面巩固旧的知识,另一方面使新的教学内容在学生脑海中印象更深刻。

《语文教学与研究》2009年第26期刊载了龚淑霞老师的一个教学课例,下面是课堂开始的一个片段:

师:同学们都说得很好,咱们今天说历史人物的事迹都是用散文形式,把刚才大家说的话放在一起就是一个排比句。

(学生笑)

师:咏史怀古诗,知道吗?

生:知道。

师:其实,它跟你们刚才说过的这些句子很相似,只不过是讲究韵律、平仄,水平更高罢了。

(学生笑)

师:好,你们都知道哪些咏史怀古类的诗?

生1:杜牧的《赤壁》。

生2:杜牧的《过华清宫》。

生3:杜甫的《咏怀古迹》。

生4:杜甫的《蜀相》。

生 5：苏轼的《念奴娇·赤壁怀古》。

师：很好，看来同学们知道的怀古诗还真不少。你们能说说怀古诗常用的方法吗？

生 1：一般是借写历史人物的事迹，抒发个人的感慨，如《蜀相》《念奴娇·赤壁怀古》等。

生 2：也有用历史遗迹抨击时政，抒发对王朝更替的感慨，如《过华清宫》。

师：同学们说得都很好，其实怀古诗常采用的方法可以概括为：借古讽今，借古抒怀。

师：今天，我和同学们一起来鉴赏一首怀古诗，就是辛弃疾的《永遇乐·京口北固亭怀古》。

在课堂一开始，龚老师就让学生说出了大家能记住的，具有意义的历史古迹，并且由此引出"咏史怀古诗"这一古典诗歌类别，之后她就直接了解了学生对于这一类别古诗的了解情况，很客观地知晓了学生对于这一诗歌类别的知识积累：他们能举出一些具体的诗歌范例，并且知道怀古诗的写作方法。这就是学生的知识储备情况，也是龚老师这堂课的教学起点。了解了学生的知识储备，在学习《永遇乐·京口北固亭怀古》时，就不必从头开始介绍诗歌属于哪个类别，这一类别的诗有什么特点，又惯用哪些写作方式。而直接可以从更高层次开始，去讲解诗歌的语言、表现手法、韵律、平仄等学生不备有的知识。这样确定出来的教学内容，是符合学生实际情况的，也是学生真正需要的，课堂时间得到了真正充分有效的利用。

南京市第五中学特级教师赵志升老师执教的一堂《永遇乐·京口北固亭怀古》，同样也体现出了确定教学内容以学生为中心的这一理念。赵老师在让学生预习时，就让他们写下自己目前无法解决的问题，全班四十个学生，共提出七十二个问题，将问题整理归类后，共剩三十九个问题，赵老师这堂课，就是从这三十九个问题中挑出几个来展开教学环节。实际上，这几个问题，就是《永遇乐·京口北固亭怀古》这一首词的学生的知识储备情况：他们已经读懂了什么，还没有读懂什么，教师需要讲解什么。这是非常具有针对性的,就只针对本首词。赵老师确定的教学内容是学生提出的问题,问题解决了,教学内容也随之得以消化。

2. 课中关注学情

现在我们教师都有分析学生学情的意识,但往往比较重视课前的分析,但其实,在课堂中分析学生的学情也是十分必要的。学情都是客观存在的,它不仅仅是指上文讨论过的学生的年龄、心理、思维特点、知识基础,只要有学生的学习活动,就必然有学情存在。学情具有相对稳定性,同时又具有一定的突发性,只有把握住瞬息学情,教师才能以此为依据调整自己的教学内容。就像王荣生教授所说:“语文教学内容既包括在教学中对现成教材内容的沿用,也包括教师对教材内容的重构;既包括对课程内容的执行,也包括在课程实施中教师对课程内容的创生。”[1]这里的“重构”依据是课前的学情分析,而“创生”依据则是在教学过程中的学生情况。在语文课堂中,学生的学情最显著的表现形式就是他们的发言,语文教师应该善于抓住他们发言中表露出来的学习信息,以此展开教学环节。与此同时,教师也要注意把具有关联性的新旧知识联系起来,使学生完成知识的顺向迁移。学习的迁移是指在学习活动和教学实践中常常发现以前的学习会对当前的学习产生积极的或消极的影响;当前的学习也会对以前的学习产生积极或消极的影响。[2] 其中以前的学习对于现在的学习产生的影响叫学习的顺向迁移。在语文古典诗歌的教学中,最常见的情况是学习的顺向迁移,学生在以前学习的古典诗歌的相关知识,会对他现在学习的诗歌产生一定的影响。

来看扬州中学王舒成老师的一堂优质课例片段:

师:刚才这几位的同学,分别分析了春心、杜鹃的解释,虽然理解不同,但基调都是一样的,都是悲伤,悲哀和失落,我们想想这一句“望帝春心托杜鹃”,单从形象来看,春心、杜鹃啊,我们想想这个季节应该是一个怎样的季节?

---

① 王荣生.语文教学内容重构[M].上海教育出版社,2007:8.
② 韩进之.教育心理学纲要[M].人民教育出版社,2007:207.

......

师：王夫之曾经说过：乐景写哀，哀景写乐，更能增加哀乐。他的哀婉之情是通过有固定情感指向的意象体现的。杜鹃这个诗歌意象，不仅仅是李商隐用，前人后人都在用，老舍也在用。前面大家学过的例子，苏轼的《浣溪沙》："山下兰芽短浸溪，松间沙路净无泥。萧萧暮雨子规啼，谁道人生无再少？门前流水尚能西！休将白发唱黄鸡。"杜鹃是一个悲伤的调子，在中国古典诗歌里面有了一个固定的调子，或者白居易的"其间旦暮闻何物，杜鹃啼血猿哀鸣"都可以表达杜鹃这个形象，李商隐用它传达了自己的情感，我们读能通过它读出两种情感。

这个片段，正体现了教师利用学情实现了学生教学内容的顺向迁移。在李商隐的《锦瑟》中出现的杜鹃这个意象，并不是第一次出现，学生之前已经学习过，王老师举了苏轼《浣溪沙》及白居易《琵琶行》的例子，来激起学生的储备知识，学生通过教师的提点，回忆与旧知识的相关内容，并将它沿用到新知识的学习中，来了解杜鹃这一意象在《锦瑟》里的情感基调，可以说，是能够比较容易解读出来的。王老师通过将新、旧知识联系，不仅让学生更为顺利地解读分析诗歌的情感基调，同时又巩固了旧的知识，使学生原先的记忆被再次激活，这样的教学内容是在学生实际情况基础之上确定出来的，也有一举两得的效果。

再来看韩军老师课例的另一个片段：

师：这段歌词就在小说《三国演义》的开篇。大家看看，这两句，跟苏轼这两句非常相似，"滚滚长江东逝水"就是"大江东去"，"浪花淘尽英雄"就是"浪淘尽，千古风流人物"。一样不一样？

生：一样！

师：一样呀，好，那么，咱们就用《三国演义》的这两句来代替、来改写苏轼这两句吧，看看行不行。把"风流人物"换成"英雄人物"，大学觉得可以不可以？

生：可以！

师：你说说，为什么可以，道理是什么？

生："风流人物"就是"英雄人物"，都是杰出的、有成就的人物。

师：大家是否同意他的意见。

生：同意！

师：我不同意！我觉得，如果"风流人物"就等同于"英雄人物"，那么，苏轼何不干脆用作"英雄人物"呢？

……

生：我知道了。"风流人物"就是跟美女与英雄有关，是用美女来陪衬英雄吧，说明周瑜是特别懂得情感的，是懂得爱情的。

（有学生又笑）

师：这就对！

师：在苏轼心目中，只会冲冲杀杀的，不能算作"风流人物"，"风流人物"须得有儿女情长。正如刚才同学所说，懂得感情，懂得爱情，他不仅仅是勇武有力的"风流人物"，不仅要有武胆，还得要有柔肠。如果说，美女陪衬英雄，也不能说错。所以，苏轼这里故意把建安十三年的赤壁之战，跟十年前的周瑜的燕尔新婚放在一块来写，突出自己所敬佩所向往的周瑜"风流人物"那"儿女情长"的一面。"英雄人物"似乎只让人们想到了英勇顽强、刚毅果决、坚韧不拔，那样一种豪气，一种气概。就如同词中四字写英雄气概。

生："雄姿英发"。

师：是。"雄姿英发"描写的又是风流人物的另一面，即英雄气概的一面。那么"羽扇纶巾"说的是"风流人物"的哪一面呢？"羽扇纶巾"实际不是武将的装扮，而是文臣的装扮。

生：是不是说周瑜有文采的一面？

师：正是！这里表面上写周瑜的外在装扮，其实以此来写周瑜智慧与聪明的一面。如果说，前面两句"雄姿英发"和"小乔初嫁了"，写周瑜既有刚，又有柔的话，那么，后面两句，"雄姿英发"与"羽扇纶巾"，就是写周瑜什么呢？

生：既能武，又能文。

师：好。同学们，这样，我们就已经把"风流人物"解释清楚了。苏轼心目中所敬仰、所向往的，就是要做周瑜那样的刚柔相济、文武双全"风流人物"！

很明显，一开始，学生对于"风流人物"的内涵还没有一个确切的了解，认为"风流人物"与"英雄人物"相差无几，这是这个班学生一个普遍存在的学情。韩老师注意到了这一点，但他并没有立刻就进行说教，风流人物是什么意思，为何不能单纯地用英雄人物去代替，而是先将这个问题搁置一边，继续开展教学环节，一步一步往下分析。在分析到周瑜的人物形象时，自然就引出了"小乔初嫁了"这一句中隐含的解读点。学生初步理解，之所以不能把"初嫁"改成"出嫁"，是因为后者不包含"新婚燕尔"的意思，韩老师给出背景知识，在赤壁之战时小乔已嫁给周瑜十年，学生自然地纠正了自己的想法，"初嫁"是想突出感情的甜蜜、周瑜的多情。到了这里，学生终于恍然大悟，在课堂一开始"风流人物"同"英雄人物"的区别在哪里。"风流"不仅要会武，更要会文，周瑜的多情正体现了他会文的那一面，只有刚柔相济、文武双全的人才能被称为风流人物。这样的教学内容，很显然是韩老师在课堂中临时做了小的调整，学生对于风流人物的内涵没有深刻的理解，韩老师便在教学内容大方向不变的情况下，一步一步巧妙地分析、设问，最后又回到了原来的问题上，而问题的解答并不是生硬艰涩地讲授，是靠学生自己发现、自己体悟，这样的教学内容，使学生印象深刻，并且能消化吸收得更好。

当然，学生的学情绝不仅仅是上文提到的一些，他们的学习习惯、生活经验、能力水平、思维习惯、学习方式等都需要考虑，但这也并不意味着教师在每堂课之前都需面面俱到地将这些内容全都调查清楚，那么语文教师的任务就有些过分繁重了。分析学生的学情，要以实际情况为准来确定分析的重点，但这也并不是代表着教师只需做表面功夫，要想确定符合学生情况的教学内容，就必须深入到学生内部，真正以学生为中心，在关于本篇文本学生的知识储备情况方面，是需要切切实实做到的。同时，不同的学生对于文本的理解情况也不尽相同，有的学生解读能力强、理解水平高，也许能读懂的就多一些，也更能读到点子上一些；有的学生则相反，能读出来的很少，已经读出来的也并不一定都是正确的,这就需要教师在确定教学内容时要考虑到学生间的差异。当然,这一点对于教师来说是非常有难度的,教师在确定古典诗歌教学内容时,要具体情况具体分析,尽量使每一位同学都能学习到诗歌最精华的艺术。

思考与分享

1. 就古典诗歌教学问题访谈你们学校的师生,了解其问题根源所在。
2. 你认为古典诗歌文本解读的主要困难是什么?
3. 你认为确定古典诗歌教学内容的主要依据是什么?

第四章

记叙文教学的现状、反思与重建

通过阅读您可以获得：

1. 了解当下记叙文教学的现状。

2. 了解当下记叙文教学问题症结所在。

3. 获得提高记叙文教学效率的策略。

记叙文是人们最熟悉、最常用、最普遍的一类文体的总称。记叙文写作是大学基础写作教材的重要组成部分，也是中小学作文教学和作文训练的基本内容。掌握较系统、完整的记叙文写作知识并能熟练地用以指导自己的写作实践，是正确运用祖国语言文字的重要标志。那么，当下的中学记叙文教学真实状况如何呢？存在什么问题？有什么补救的良法？针对此类问题，我们对当下中学记叙文的教学情况进行了调查。

一、记叙文教学现状的调查

本调查主要包括教材和课堂教学两个方面。

（一）教材调查

2001 年实施课程改革之后，"课标"版语文教材有很多种，高中通行的有五种，初中有十余种。我们对教材的调查仅限于高中五种"课标"版语文教材（必修）。这五种教材是教育部教材审查委员会审查批准的，具有代表性。

1. 记叙文在五种版本教材中的比例

人教版必修一选编 3 篇，占本册的 25％。记叙文在五册教材所占比重为 5％。

粤教版第一册选编 3 篇，占本册的 31.58％；第二册选编记叙文 2 篇，占本册的 10.52％；第五册选编记叙文 6 篇，占本册的 31.58％。记叙文在五册教材所占比重为 14.74％。

鲁人版第一册选编 3 篇，占本册的 17.64％；第二册选编 1 篇，占本册的 5.88％；第三册选编 1 篇，占本册的 5.88％；第四册选编 1 篇，占本册的 5.88％；第五册选编 3 篇，占本册的 17.64％。记叙文在五册教材所占比重为 10.59％。

苏教版必修二选编 5 篇,占本册的 23.81%;必修四选编 2 篇,占本册的 9.52%;必修五选编 1 篇,占本册的 4.76%。记叙文在五册教材所占比重为 7.62%。

语文版第一册选编 4 篇,占本册的 25%,第二册选编 4 篇,本册的 10%。

2. 五种版本教材说明文的选篇

粤教版:第一册第二单元传记中,第四课《"布衣总统"孙中山(节选)》(陈廷一),第五课《华罗庚》(顾迈南)、第六课《罗曼·罗兰(节选)》(茨威格),扩展阅读中,第七课《留取丹心照汗青》(卞毓方)、第八课《我的回顾》(爱因斯坦),共五篇。第三单元散文中,第十一课《拣麦穗》(张洁),共一篇。第二册第一单元"体验情感"中,第一课《我的母亲》(老舍)、第二课《冰心:巴金这个人》(吴泰昌),共两篇。第五册第二单元新闻中,第四课《东方风来满眼春(节选)》(陈锡添)、第五课"神五"载人航天飞行新闻两篇:《心随飞翔》(王光荣)和《英雄潇洒走苍穹(节选)》(冯春梅、刘程)、第六课《喜看稻菽千重浪》(沈英甲)、第七课《访李政道博士》(闵捷)、第八课《甘地被刺》,共六篇。

人教版:必修一第三单元中,第七课《记念刘和珍君》(鲁迅)、第八课《小狗包弟》(巴金)、第九课《记梁任公先生的一次演讲》(梁实秋),共三篇。第四单元第十课短新闻两篇:《别了,"不列颠尼亚"》(周婷、杨兴)和《奥斯维辛没有什么新闻》(罗森塔尔)、第十二课《飞向太空的航程》(贾永曹智、白瑞雪),共三篇。

鲁人版:第一册第二单元"感受艺术魅力"中,第四课《贝多芬田园交响乐》(乔治·桑),选读文本:《蒙娜丽莎的魅力》、(傅雷)、《梅兰芳》(格里格),共三篇。第二册第二单元"跨越时空的美丽"中第三课《为了忘却的记念》(鲁迅),共一篇。第三册第三单元"体味至爱亲情"中,第六课《我不是个好儿子》(贾平凹),共一篇。第四册第一单元"谱写生命赞歌"中,第二课《贝多芬百年祭》(萧伯纳),共一篇。第五册第三单元"历史坐标上的沉思"中,选读文本《第十二座雕像》(邓琼琼、张建伟)、《金字塔感言》(夏多布里昂),共两篇。第四单元"以天下为己任"中《华盛顿的选择》(傅国涌),共一篇。

苏教版:必修二"和平的祈祷"(研习·探讨·活动)*◎黑暗中的心迹《安妮日记(节选)》(安妮·弗兰克),共一篇。"历史的回声"(文本研习)◎永志不忘《落日》(朱启平)、*《勃兰特下跪赎罪受到称赞》,共两篇。"慢慢走,欣赏啊(活动体验)"中,*《金岳霖先生》(汪曾祺)、＊《亡人逸事》(孙犁)，共两篇。必修四"走进语言现场(活动体验)"中，＊◎问答之间：《作为偶像》、《白发的期盼(节选)》，共两篇。必修五"直面人生(问题探讨)"中，◎真的猛士《记念刘和珍君》(鲁迅)，共一篇。

语文版：第一册第一单元"用事实说话"中，第一课《英雄潇洒走苍穹(节选)》(冯春梅、刘程)、第二课《落日》(朱启平)、第三课《奥斯维辛没有什么新闻》(罗森塔尔)、第四课《唐山大地震(节选)》(钱刚)，共四篇。第二册第一单元"精魂动天"中，第一课《〈新青年〉时代的鲁迅》(曹聚仁)、第二课《居里夫人传(节选)》(艾芙·居里)、第三课《苏格拉底之死》(柏拉图)、第四课《我的回忆(节选)》(孙中山)，共四篇。

表1 五种版本教材说明文的选篇一览表

	苏教版	人教版	语文版	粤教版	鲁人版
必修一		《记念刘和珍君》(鲁迅)，《小狗包弟》(巴金)，《记梁任公先生的一次演讲》(梁实秋)，短新闻两篇：《别了，"不列颠尼亚"》(周婷、杨兴)、《奥斯维辛没有什么新闻》(罗森塔尔)，《飞向太空的航程》(贾永曹智、白瑞雪)	《英雄潇洒走苍穹(节选)》(冯春梅、刘程)、《落日》(朱启平)、《奥斯维辛没有什么新闻》(罗森塔尔)、《唐山大地震(节选)》(钱刚)	《"布衣总统"孙中山(节选)》(陈廷一)、《华罗庚》(顾迈南)、《罗曼·罗兰(节选)》(茨威格)、《留取丹心照汗青》(卞毓方)、《我的回顾》(爱因斯坦)、《拣麦穗》(张洁)	《贝多芬田园交响乐》(乔治·桑)，选读文本：《蒙娜丽莎的魅力》(傅雷)、《梅兰芳》(格里格)
必修二	黑暗中的心迹《安妮日记(节选)》(安妮·弗兰克)、《落日》(朱启平)、《勃兰特下跪赎罪受到称赞》、《金岳霖先生》(汪曾祺)、《亡人逸事》(孙犁)			《我的母亲》(老舍)、《冰心：巴金这个人》(吴泰昌)	《为了忘却的记念》(鲁迅)

	苏教版	人教版	语文版	粤教版	鲁人版
必修三			《〈新青年〉时代的鲁迅》（曹聚仁）、《居里夫人传（节选）》（艾芙·居里）、《苏格拉底之死》（柏拉图）、《我的回忆（节选）》（孙中山）		《我不是个好儿子》（贾平凹）
必修四	《作为偶像》、《白发的期盼（节选）》				《贝多芬百年祭》（萧伯纳）
必修五	《记念刘和珍君》（鲁迅）			《东方风来满眼春（节选）》（陈锡添），"神五"载人航天飞行新闻两篇:《心随飞翔》（王光荣）、《英雄潇洒走苍穹（节选）》（冯春梅、刘程），《喜看稻菽千重浪》（沈英甲），《访李政道博士》（闵捷），《甘地被刺》	选读文本《第十二座雕像》（邓琮琮、张建伟）、《金字塔感言》（夏多布里昂）、《华盛顿的选择》（傅国涌）

（二）记叙文课堂教学调查

我们选取其中较有代表性的3篇课文,调查了16位教师教授这3篇课文时的情况。

1.《苏格拉底之死》教学案例调查

以下是随机选取的全国各地的5位教师的《苏格拉底之死》的教学目标设计:

表 2　教师《苏格拉底之死》教学设计汇总表

执教者	教学目标	教学过程
长春一中，张明磊	1. 充分阅读，通过对文章的分析认识苏格拉底这一伟大形象。 2. 引导学生走近这位奠定西方文化哲学基础的思想巨人，从中获得有益的人生启示。	一、导入新课； 二、相关内容简介； 三、学生快速默读课文； 四、分析人物形象； 五、总结归纳人物形象； 六、请学生谈谈对苏格拉底之死的感想或作出评价； 七、延伸拓展； 八、布置作业。
北京二中，王限婷	1. 了解苏格拉底的人生轨迹和主要学说，从中获得有益的人生启示，并形成一定深度的思考和判断。 2. 认识传记作品的基本特征，尝试人物传记的写作。	一、导入； 二、简介作者； 三、简介苏格拉底； 四、快速默读全文，说说这篇文章的主要内容是什么； 五、指导学生自读"相关链接"中的《〈斐多〉杨（绛）译本序言》； 六、阅读"相关链接"中的《传记中的艺术创作》，请学生谈对这个问题的认识，并举一个例子来证明； 七、处理课后练习； 八、作业。
长春一中，李华	1. 了解苏格拉底的人生轨迹和主要学说，从中获得有益的人生启示，并形成一定深度的思考和判断。 2. 认识传记作品的基本特征，尝试人物传记的写作。	一、导入； 二、简介作者； 三、简介苏格拉底； 四、快速默读全文，说说这篇文章的主要内容是什么； 五、指导学生自读"相关链接"； 六、体会文中具体的细节和心理描写； 七、处理课后练习。

执教者	教学目标	教学过程
吉林大学附属中学,刘波	1. 知识与技能:了解传记作品的基本特征。通过对苏格拉底的思想和形象的认知,加深对苏格拉底主要思想的认知。整体了解苏格拉底的人生轨迹。 2. 过程与方法:自主学习、合作探究、展示提升。 3. 情感态度与价值观:引导学生走近这位奠定西方文化哲学基础的思想巨人,从中获得有益的人生启示。	一、作者及作品; 二、整体感知全文内容; 三、苏格拉底的思想观点; 四、分析人物形象。
学科网,张建	1. 通过对苏格拉底的思想和形象的认知,获得人生的启示。 2. 了解传记作品的基本特征。	一、分析人物形象; 二、总结归纳人物形象; 三、学生谈谈对苏格拉底之死的感想或作出评价。希望学生畅所欲言,也可以谈自己的疑惑,教师解释、总结; 四、课外拓展延伸; 五、布置作业。

由表3可见,5位教师对《苏格拉底之死》主要确定了3个教学目标从高到低分别为:通过对苏格拉底的思想和形象的认知,获得人生的启示,5位;了解传记作品的基本特征,4位;自主学习、合作探究、展示提升,1位。

表3　5位教师确定的教学目标排序一览表

目标	通过对苏格拉底的思想和形象的认知,获得人生的启示	了解传记作品的基本特征	自主学习、合作探究、展示提升
人数	5	4	1

由表3可见,传记类的记叙文教学,教师在设计目标时,相对于其他文学类文本,目标的数量相对较少,并且也比较集中,主要包括内容和形式两个方面。但是从教学实录整理的过程来看,却发现教师在教学实施过程中,目标重心却发生了转移,主要以内容为主,并借此拓展开进行人文教育。这说明长期以来教师们对记叙文的

功能定位在意识上有一定的认识,但是在实际实施过程中,却往往滑向内容的解读上。

2.《我不是个好儿子》教学案例调查

以下是随机选取的全国各地的 6 位教师的《我不是个好儿子》的教学设计:

表 4 教师《我不是个好儿子》教学设计汇总表

作者	教学目标	教学过程
山东青岛崂山二中,孙礼亮	1. 落实基础知识,准确地筛选、整合信息;进行个性化鉴赏,体会质朴平实的语言风格。 2. 反复诵读品味,培养学生良好的学习习惯。 3. 体味文章所表达的至爱亲情。	一、《懂你》背景音乐,导入,简介作者; 二、诵读,要求:不动感情不读书,不动笔墨不读书; 三、疏通文字障碍,谈谈自己的阅读感受; 四、思考:为什么"我不是个好儿子"? 真的"我不是个好儿子吗"? 为什么? 五、哪一段文字引起了自己最强烈的共鸣? 反复诵读体味,说说自己的阅读心得。
宁阳一中,杜慧清	1. 认知目标:了解作者及其作品;掌握文中出现的生字词。 2. 技能目标:学习本文选取生活琐事表现母爱的技法,体会语言质朴无华的特点。 3. 情感目标:结合本文并联系生活实际,体悟至爱深情。	一、运用图片与歌声导入课题; 二、明确学习目标; 三、掌握基础知识; 四、学习本文的写作技法,体悟文中表现的至爱深情; 五、拓展延伸,提升认识; 六、课堂小结,结束本堂课。
青岛五十八中高一年级组,宋文涛	1. 了解作者及其作品、写作风格。 2. 找出文中叙说的母亲的生活琐事;学习文章质朴平实的语言风格。 3. 体会、品味作者在文中所表达的至爱亲情。	一、作者简介; 二、基础知识; 三、研读文本; 四、阅读理解与欣赏。

作者	教学目标	教学过程
紫川一中 2011	1. 把握作者的思想感情,理解文章主题。 2. 学习作者用平实的语言,选择生活琐事来表达至爱亲情的手法。 3. 体悟母爱的伟大,感悟亲情对自己的重要。	一、导入课文; 二、知识链接; 三、走近作者; 四、检查预习; 五、文本感知; 六、讨论迁移; 七、拓展阅读; 八、体悟表达。
江门中学,李静	1. 整体感知,感受母亲的伟大无私。 2. 品读语言,体会文中蕴含的至爱亲情。	一、导入新课; 二、检查预习; 三、整体感知——了解文章的主要内容是什么,并能够概括出来; 四、深入理解; 五、拓展提高——培养学生良好的情感态度与价值观,感受亲情,学会感恩。
莲山课件 www. 5ykj. com	1. 知识与能力:理清写作思路,把握作者的思想感情,理解文章主题。 2. 过程和方法:学习用平实的语言,选择生活琐事来表达至爱亲情的写作手法。 3. 情感态度与价值观:体悟母爱的伟大,感悟亲情对自己人生的重要性。	一、知识积累,识记重点字词; 二、联系生活,激趣导入; 三、整体感知,把握主题; 四、品读文本,体味形象; 五、鉴赏语言,体味情感; 六、延伸练习,真情抒写; 七、布置作业。

由表4可见,6位教师对《我不是个好儿子》一文总共确定了的4个教学目标从高到低分别为:学习文章质朴平实的语言风格,6位;体悟母爱的伟大,感悟亲情对自己人生的重要性,6位;了解作者及其作品,掌握文中出现的生字词,1位;准确地筛选、整合信息,1位。

表5 6位教师确定的教学目标排序一览表

目标	学习文章质朴平实的语言风格	体悟母爱的伟大,感悟亲情对自己人生的重要性	了解作者及其作品,掌握文中出现的生字词	准确地筛选、整合信息
人数	6	6	1	1

由表5可见,教师在设计《我不是个好儿子》教学目标时,主要集中于文本内容和语言风格两点上,不过在实施过程中依然偏重内容,有的教师甚至引入了大量的图片、音乐信息等,把一堂记叙文教学课上成了影视欣赏课或者思想政治课。

3.《金岳霖先生》教学案例调查

以下是随机选取的全国各地的5位教师的《金岳霖先生》的教学设计:

表6 教师《金岳霖先生》教学设计汇总表

作者	教学目标	教学过程
江苏省连云港市赣榆县第一中学,杨泗亮	1. 了解汪曾祺和金岳霖先生的有关材料。 2. 欣赏文章中富有趣味性的写人记事的特点。 3. 了解课文大意,找出发生在金岳霖先生身上有趣的几件事。 4. 品味本文平实而有韵味的语言风格。	一、导入新课; 二、了解作者及金岳霖; 三、阅读课文,掌握下列基础知识; 四、文本探究; 五、合作探究。
临清实验高中,王爱雷	1. 了解时代背景,整体把握文章的脉络与情感。 2. 学习通过人物的外貌、言行,突出人物个性的写法,激发学生对人物个性描写产生兴趣。 3. 品味本文平实而简练的语言,体会一个优秀的神奇人物的独特的人格魅力。	一、预习目标; 二、预习内容; 三、提出疑惑; 四、当堂检测。
无锡中学,陈瑾(教学示范课)	1. 引导学生把握人物性格特征以及深层次的精神内涵。 2. 体会作者朴实而有韵味的语言特色。	一、导入新课; 二、介绍金岳霖先生; 三、初读课文; 四、再读课文; 五、深入探究。

作者	教学目标	教学过程
南京师范大学第二附属中学,刘久娥	1. 解读金岳霖"有趣"个性与"真"性情人生;培养学生高尚的人格精神。 2. 学习作品中细节写人的手法与语言,领会专题板块"一花一世界"的艺术手法。 3. 通过问题情境创设师生互动互学、共同学习成长的课堂风格。	一、渲染阅读情境,介绍人物特点与作品风格,感知文本; 二、走进文本,赏析人物形象与写作手法; 三、挖掘文本,揭示人物人格精神与内心世界; 四、观照文本,提取艺术手法; 五、走出文本,彰显个性; 六、归纳学习过程,阐发学习内涵。
山东省菏泽市第三中学,张宪想	1. 品味冲淡隽永的语言。 2. 鉴赏传神的细节。 3. 感悟金岳霖先生的性情魅力。	一、导入; 二、了解作家汪曾祺及本文的主人公金岳霖先生; 三、整体感知课文; 四、自主、合作、探究; 五、课外拓展。

由表 6 可见,5 位教师对《金岳霖先生》一文确定教学目标也可概括归纳为五个,从高到低分别为:欣赏文章中富有趣味性的写人记事的特点,4 位;品味冲淡隽永的语言,4 位;感悟金岳霖先生的性情魅力,4 位;了解汪曾祺和金岳霖先生的有关材料,1 位。

表 7　5 位教师确定的教学目标排序一览表

目标	欣赏文章中富有趣味性的写人记事的特点	品味冲淡隽永的语言	感悟金岳霖先生的性情魅力	了解汪曾祺和金岳霖先生的有关材料
人数	4	4	4	1

由表 7 可见,教师在设计《金岳霖先生先生》教学目标时,大约总共设计了 4 个教学目标。主要着眼点也是文章的内容和言语表达特点两个方面。当然在实施过程中,许多教师的处理与先前两个案例也是基本相同的,虽然目标上内容和形式两者并重,但是实施上往往偏重于内容方面的赏析,而忽略形式方面的赏析或学习。

二、记叙文教学现状的反思

以调查显示,对于记叙文教学,教师在设计目标时,数量相对较少且集中。但从教学实录看,目标重心主要以文本所呈现的内容把握与理解为主。那么,为何会出现这样的状况呢? 对此我们应该展开全面反思:

(一) 从课程编制角度的反思

高中语文课程标准是由我国最高教育行政部门制订并颁布实施的、具有法规性质的纲领性文件,是高中语文教学的根本依据。教师课堂教学出现问题时,首先应对课程标准进行反思。

就记叙文教学而言,高中语文课程标准可以说基本没有文字明确提及。众所周知,记叙文教学在新世纪课程改革以前,是一项重要的教学内容,教学大纲对记叙、说明、议论等文体有较为详细的说明,教材也基本是按照记叙、议论、说明等来分类编排的。可以说,以往的教学基本是建立在这样的文体分类上的。但是,记叙、说明、议论等的分法主要是以表达方式的角度来分类的,各个类之下的又可包含多种文体,且有交叉。因此,新世纪课程改革要改变以往的方式,在课程标准中也有意规避记叙文、说明文、议论文等字眼,只是在"阅读与鉴赏"中笼统地说:"能阅读论述类、实用类、文学类等多种文本,根据不同的阅读目的,针对不同的阅读材料,灵活运用精读、略读、浏览、速读等阅读方法,提高阅读效率。"[1]在"表达与交流"中含混地提出:"进一步提高记叙、说明、描写、议论、抒情等基本表达能力,并努力学习综合运用多种表达方式。"[2]这样的处理,显现了新世纪课程改革的倾向,但是它在提出自己倾向时,却并没有同时推出如何处理实际当中存在的矛盾,而将这种矛盾的处理交由教师自己处理。这就出现了在实际教学的过程中,教师一方面显现出对以往教学理念的继承,一方面又显现

---

① 中华人民共和国教育部. 普通高中语文课程标准(实验)[S]. 人民教育出版社,2003:10.
② 中华人民共和国教育部. 普通高中语文课程标准(实验)[S]. 人民教育出版社,2003:11.

出试图突破的痕迹。但是这种处理显然是在一种没有操作策略指导下的处理,都是依据教师的自己理解进行的,这就导致记叙文教学出现了千差万别的现象,或者出现了惊人一致的相互模仿现象。

(二)从语文教材角度的反思

受课程标准理念的影响,我国目前的中学教材普遍采用了主题单元的编排方式。而主题单元的划分,或者以生活,或者以活动,或者以问题,总之,按文体组单元的教材基本没有了。在这种主题单元之下,所有的选文指向基本都是生活或活动,而非以文体统领的阅读或写作能力训练,文体的功能在主题单元之下基本被消解了。以苏教版高中语文教材必修一为例,教学分成四个单元模块:向青春举杯(活动体验)、获得教养的途径(问题探讨)、月是故乡明(文本研习)、像山那样思考(活动体验)。教师在设计教学目标时,不可避免地会受到单元主题的影响,比如"月是故乡明",则首先考虑的是思乡主旨的挖掘,至于每篇文章的文体特征,教师则就不能够考虑了,或者因为文体差别太大,教师的教学目标反而分散并受影响。

(三)从教学实践的角度的反思

1. 教学目标忽视文体特点

教学目标是针对本堂课本篇课文设计的,设计教学目标的一个重要依据就是语文教材,具体说来就是语文教材中本堂课要教的本篇课文。每篇文章都有自己明显的文体特征,文体类型不同,目标取向就不同。[1] 即使是同一种文体的课文,除了存在共性的特点外,还存在各具特色的个性。记叙文包括范围很广,通讯、报道、故事、传记、报告文学、日记、访问记、回忆录等。通讯、故事、传记、报告文学、日记、访问记、回忆录等都有各自属类的要求。就如传记来说,首先,既有自传,也有他传。自传与他传不同,自传主要是传记主人公对自己生活或经历的真实记述,而他传则是通过第三者的眼光记叙或反思传者的经历。自传也要看分不同,如名人专家、作家传记、教育家传记,选择的内容也会不相同,即使是同类的,也因个人的性格特点不一样,如有的写得幽默活

---

[1] 荣维东:课堂教学目标的确定与陈述[J].语文建设,2007(2).

泼,有的写得严肃认真,有的写得真实可信,有的则写得哗众取宠。因而要细细分析才可以。就拿上文提到的两篇人物传记来说,《苏格拉底之死》一文,柏拉图通过描写柏拉图的"安静"之死,塑造出"最善良、最有智慧、最正直"的圣人形象,最终演绎"修养道德、寻求智慧"的主旨;而《金岳霖先生》一文,则主要以一种轻松活泼、幽默滑稽的笔法,让世人看到一个极其富于个性的活生生的金岳霖。一个借人写理,一个就是写人,两者角度不一样。而大多数教师都采用相同的处理,是不恰当的。

2. 重记叙文的内容轻形式

重内容轻形式,可以说是记叙文教学内容确定的一个非常普遍的问题,也是最大的问题。语文教材中的选文都是言语作品,言语作品是言语内容和言语形式的统一。言语形式是言语作品外部的方面,表现为有形的线性结构,直接诉诸人们的感觉、知觉;而言语内容则是一个言语作品内部的方面,是人们的认识和情感,本身无形无色无臭无声,只能存在于一定的言语形式之中。[①] 从其他学科来说,教师要教的,学生要学的,就是言语内容,而语文区别于其他学科最根本的特征,就是它的教学内容是言语形式,是教会学生如何使用祖国语言文字。在语文教材的言语作品中,言语内容涉及许多方面,如果教师把言语内容作为语文课堂的教学内容,语文课就可以被上成政治课、社会课、自然课、地理课等等,所以,教师应该关注的是这些内容依附于什么样的形式之中,关注的不应该是选文"说了什么",而是"怎么说的"。而语文教师在确定记叙文的教学内容时,却把记叙文的思想内容、主旨情感确定为最主要的甚至是唯一的教学内容,这无疑是本末倒置的。尤其是记叙文这种文体,有时候形式方面的要求甚至超过了内容方面的要求。

3. 教学内容忽视学生学情

所谓学情,就是指来自学习者自身的,影响其学习效果的一切因素的总和。它包括学生的知识经验、心理特点、成长规律、行为方式、思维特点、生活习惯、兴趣爱好、困

---

① 王尚文.语言·言语·言语形式——试论语文学科的教学内容[J].浙江师大学报(社会科学版),1996(1).

难疑惑、情感渴盼等诸多方面。[①] 学情评估是有效课堂教学的一个重要依据,把握学情是教学取得实效的可靠保证,只有在对学生学情进行研究的基础上进行教学,才能有的放矢,提高教学实效。不是在分析学情的基础上确定的教学内容,是不科学的,不符合实际情况的,这样所设计出来的教学内容,很有可能不是学生目前阶段所需要的。如《苏格拉底之死》课例中,有的教师让学生"引导学生走近这位奠定西方文化哲学基础的思想巨人,从中获得有益的人生启示"。有益的人生启示,都不是在一节课堂上完成的,中学生可能要在很长时间才能渐渐领悟,而教师要求学生在一节课内完成,是强人所难。

(四)考试评价

考试评价是教学的实际指挥棒,它直接影响教学的倾向。高考考纲虽然规定"能写记叙文、议论文、说明文及其他常见体裁的文章",但是这个规定也极其笼统,首先,记叙文、议论问、说明文的具体文体特征如何,课标里面没有严格界定,考试说明里面也更没严格的说明;"其他常见体裁",更是没有任何说明,到底包含哪些文体呢? 各自又具有何种特征呢? 因而在命题或教学时,教师实际是没有任何明确文件规定可以去依据的,只能凭借自己的经验或理解去把握。此外,高考一直长期奉行"文体不限",虽然考试专家一再解释,"文体不限"是为了让考生自由选择,自由表达,而不是不要文体。可是从每年高考作文的满分作文来看,很多都是些"四不像"的文章,或者是小文人性质的"抒情散文",而记叙文、议论文、说明文却很少考察,这就导致教师在实际教学的过程中,忽略了记叙文、说明文、议论文的等训练,转而进行所谓考试文体的训练。

文体训练的实质是思维训练,章法的内核是思维规律。根据中学生认知和思维发展的规律,高一应以记叙文训练为主,高二以议论文为主,高三进行一些文体综合训练。只有遵循思维规律,系统地进行章法体式的训练,才能学会条理清晰、严谨深刻地表达自己的思想感情。不然,无论多么精深的思想,多么激昂的情感,也只会如决堤的洪水一般泛滥成灾。

---

① 张小皖. 把握学情调整教学策略[J]. 现代教学,2011(1-2).

三、记叙文教学的重构

(一) 记叙文教学重构的依据

1. 依据记叙文文体特征

前面我们提到,记叙文属于以单纯表达方式划分的概念,因而它并不考虑各类文体间的更为本质的差别,而把以自然界和社会生活中客观存在的事物为反映对象的记叙性文体都称为记叙文。众所周知,这两类文体虽然都以叙述和描写为主要表达方式,但它们所反映的对象具有本质的不同,因而所运用的艺术概括的原则和方法也不同。前者是运用事实真实的原则和写实的方法再现客观事物和社会生活;后者则是运用艺术真实的原则和虚构的方法罗织情节,塑造人物。把这两类有着本质差别的文体统统纳入记叙文的范畴,不利于从中概括出普遍共同的记叙文写作规律以指导具有语文教育范畴特定内涵的记叙文写作。而记叙文写作不但对学会正确运用语言文字,全面提高形象思维和逻辑思维能力,而且对养成面对现实、脚踏实地的作风都具有长远的意义。广义的记叙文把写实和虚构混为一谈,对初学写作者来说,难免在相当大的程度上失去这一导向的明晰性,当然也就难以达到上述的训练目的了。这也正是当前学生习作中普遍存在闭门造车、无病呻吟的不良倾向的一个主要原因。因此记叙文教学的首要一点,就是要考虑记叙文的这种文体特点,区分写实和虚构,根据中学教育的主要目标,将教学主要任务集中在写实的记叙文学习上。

那么,鉴于记叙文的这种文体特点,"记叙文写作知识的概括不可能也没有必要从记叙文各种具体的文体入手"①。记叙文是以自然界和社会生活中客观存在的事物为反映对象的,这些反映对象不外乎人事景物四类。或以状物为主,称为状物记叙文;或以写景为主,称为写景记叙文;或以叙事为主,称为叙事记叙文;或以记人为主,称为记人记叙文。状物、写景、叙事、记人这四类记叙文正是由于各自所反映的主要对象的不

---

① 陈元勋. 对记叙文和记叙文写作的再认识[J]. 阅读与鉴赏,2006(10).

同而呈现出写法上不同的类型特征,因此,概括记叙文的写作知识应从记叙文的这四种类型入手,以实现其普遍性。另一方面,记叙文各种具体文体之间的一些不同写作特征和写作要求又带来记叙文写作知识的丰富性。比如叙事或记人的记叙文习作,可以取法通讯,密切感应时代脉搏,迅速及时地反映现实生活;也可以取法报告文学,采用某些文学的表现手法,形象生动、富有文采地再现现实生活。再如写景的记叙文习作,可以取法散文,讲究精巧的构思和空灵的意境;也可以取法游记,熔有关历史资料、故事传说、民情风俗于一炉,立体地展现自然景物。同时,由于记叙文和以虚构为主的记叙性文体都以叙述和描写为主要表达方式,我们并不排除从小说中借鉴精妙传神的人物描写,从故事中借鉴跌宕起伏的叙述技巧等等;又由于记叙文和以抒情为主的抒情性文体(即抒情性散文、散文诗、抒情诗等)都含有抒情的成分,我们也并不排除从抒情性文体中借鉴抒情的艺术,这就大大增加了记叙文写作知识的丰富性。这也正是那些优秀的记叙文习作之所以精彩纷呈、争妍斗艳的重要原因。

2. 依据学情

学情是一个处于发展变化的因素,因此,分析学情比分析固定的教材和课标更为关键,也更为艰难。记叙文的写作教学理念必须建立在对学生以往的记叙文写作学习情况了解的基础上,发现其问题和症结,尽量找出相应对策,才能更精准地确立教学目标,避免大、空、杂及模糊无用的教学目标,体现有效教学的教学理念。依据学情确定记叙文教学内容是记叙文教学内容确定的实践理论。学生是课堂的主体,对文本的认识积累是一个漫长的过程,从小学、初中的认知解读记叙文,到高中的理解感悟,是一个循序渐进的过程。执教者应先从学生学情着手,来确定记叙文教学内容。"学情,即在教师指导下的学生的学习情况,主要应该包括学生在进行课堂学习时的学习起点、学习状态及学习结果三大要素。"[1]依据学情确定记叙文教学内容,关键要做好学生的学情调查,学情调查有好多种,教师在课堂前、后的测试调查;上课前和学生的对话;通过对学生学习方法、学习状态的问卷调查等等都是学情调查的方法。

---

① 陈隆升.语文课堂教学研究:基于"学情分析"视角[D].上海师范大学 2009 年博士论文:15.

3. 依据课程标准

前面提到，课程标准虽然没有明确要求记叙文教什么，如何教，但是它有一些通识的目标，可以指引我们今后记叙文学习的新方向：

（1）文化继承和发展。新课程标准的"总目标"中明确提出："认识中华文化的丰富博大，吸收民族文化智慧，关心当代文化生活，尊重多样文化，吸收人类优秀文化的营养。"面对当代社会多元的文化形态和不同的文化需求，记叙文教学首先要满足当下需求，在继承发扬以往文化精华的同时，关注当代不断更新的文化生活，让生活和写作在文化的媒介中实现书面的表达。高中记叙文写作教学的直接受众群体是高中学生，他们学习的当下需求即是写好复杂记叙文得到高分，同时促成其个体身心的健康成长。

（2）真情实感

新课标在"表达与交流"的教学目标第三条中谈道："书面表达要观点明确，内容充实，感情真实健康。"高中记叙文的学习要真正成为学生自主、个性有创意的、表达真情实感的平台。教师在教学中引导学生认识文学的真实和生活真实的区别，训练怎样在记叙文中体现真情实感却不虚假矫情。要求学生能分清虚构与真实，在记录真实的人物、事件，抒发真情实感的同时，也可以敢于大胆想象，善于艺术加工地虚构。

（3）写作素养

新课改后高中记叙文写作的教学目标力求通过对高中学生记叙文写作的指导，培养学生在言语、智慧、认知、动作和态度等方面的能力，从而逐步提高学生的写作素养。这就要求教师在记叙文教学的过程中，应该更多关注学生的言语积累、运用言语的智慧、写作的监控和调节、勤于动笔的习惯和善于用语言记录和表达自己情感的习惯。

（二）记叙文教学经典案例分析

课例研究是研究教学的一种实践范式，对记叙文教学的优秀课例研究，可以提炼记叙文教学成功的要素。我们选择了三篇高中记叙文的教学的经典案例作为研究对象，分别为曹永军（江苏南京十三中，特级教师）的《我的一位国文老师》，凌宗伟（江苏南通二甲中学，特级教师）的《记念刘和珍君》、王如的（北京汇文中学，第二届全国"圣陶杯"课堂教学大赛一等奖第一名)的《记梁任公先生的一次演讲》。

1.《我的一位国文老师》(执教:曹勇军;学生:安徽合肥一中高一(25)班;时间:2011年4月)

《我的一位国文老师》一文,选自苏教版高中语文《现代散文选读》第一模块"致同学"中"活生生的'这一个'",同时入选这一章节的还有《我的母亲》(胡适)、《画人记》(贾平凹)、《把栏杆拍遍》(梁衡)、《父亲》(刘鸿伏)、《女歌手》([俄]维·彼·阿斯塔菲耶夫)。本文是一篇写人类记叙文,曹永军老师在执教本文时,依据学情来确定教学内容,大体上按照一个中心问题、两种讨论、三种学习方法来构建课堂的。

(1) 课堂实录剪辑

① 一个中心问题:在理解、认识上,更深远一点。

(课堂起始)

曹:同学们好,今天我们一起来学习梁实秋先生的《我的一位国文老师》。在这之前大家已经学过梁先生的《记梁任公先生的一次演讲》,大家都说很喜欢这篇课文,尤其喜欢其中的一些句子。梁先生说过一句话,"文章要深,要远,就是不要长",我们通过这一节课的学习看看能不能够在理解、认识上,更深一点更远一点。

(课堂尾声)

曹:梁先生讲文章要深一点,要远一点,就是不要长。通过这节课的学习,咱们是不是理解得远一点了? 你们是怎么理解认识得深一点远一点啊?

学:梁先生的国文老师教会他写文章时,忌虚字,起笔健,用譬喻,这也是我们写文章时需注意的。

曹:哦,我们也可以运用他的这个方法。

② 两种讨论

讨论方法一:并列归纳。

曹:请同学用三到四个词语对国文老师的特点进行概括。

学:我觉得国文老师是一个严肃,邋遢,关心学生的人。

曹:很好！我们再请同学来——

学:不修边幅。

曹:不修边幅,是有一点哦。哪个词概括比较好呢？不拘小节怎么样,不拘小节更好一些哦。来,我们来听后面一位同学——

学:思想非常开通。

曹:思想开通,继续——

学:从他批改作文就可以看出来他非常敬业！还可以看出来老师大度。

曹:好,讲了两个。

学:从第八到第十一段都可以看出这个国文老师的教学方法很独特,说明他不像其他老师那样随波逐流。

学:况且他是一位有见识的老师,因为他给学生传授的知识都是他自己细心思考后才教给学生的;然后呢,他又是一个敬业的人。

......

讨论方法二:分组讨论。

曹:正当防卫,我请同学谈一谈这两个词是什么意思,你们同桌可以互相商量,商量好我请同学起来回答,想好了吗？来,你来说说。

学:学生学习态度差。

曹:不光学生学习态度差,老师也不快活,哦,基本正确,正当防卫呢？

学:正当防卫,没想好。

曹:好,你说说。

学:我觉得正当防卫就是指老师想要通过这种绷着脸或者骂人这种方式来引起学生对国文课的重视,想让他们态度认真一些。

曹:大家认不认可这种解释,好像没有什么反应,我们请这同学说说。

学:我觉得正当防卫就是要防卫他的国文,徐老师是很爱自己的这门学科国文的,他为了保护他的这门国文课,所以正当防卫。

......

曹:这样,这个问题有点难度,我们要合作学习,四个同学一组,来,现在就开始,互相之间把自己找到的关键词及想法互相分享。你把别人的意见综合一下,提炼一下,好不好?……下面,我们进入班级讨论时间,每个小组推荐一位同学,交流开始。

③ 三种学习方法

方法一:从阅读中探求知识。

曹:大家看文章的第一段,有两个字眼,一个是"印象最深",一个是"最受益",还有文章的结尾,来,我们一起把文章的开头和结尾读一下吧。

学:(齐读)

曹:干嘛要忏悔呢? 你说说。

学:就是一种对老师的愧疚之情。

曹:哦,就是愧疚之情,当然也包括五十年和老师音信全隔,是吧,不知老师的生死,这样的一种感情。好,请坐,课前呢,很多同学和我交流告诉我,最喜欢最好玩的就是老师骂学生的这一部分,特别好玩,特别解气,请一个同学来读一下。

学:(读)

曹:声音很响亮,发音也很标准,但是感觉好像没什么感情啊,徐老师的味道没有读出来,对不对? 全班一起把"老师勃然大怒……"这几句话读一下,读的时候注意,老师是不是很生气?

学:(齐读)

曹:还是没有听出来,再来一遍。

学:(再次齐读)

曹:曹老师的问题是:徐老师为什么要骂人? 徐老师为什么要骂"我"?

学:因为先生喝了两盅,然后因为同学问他这题目,但是他当时还没有写完,所以他对于这个同学非常生气,觉得他很没有礼貌;"我"起身分辨了,惹了祸,先生就把怒火泼在了"我"的身上。

方法二:比较阅读。

曹：有一点叛逆，我们来看看，上午他在捣乱，这没话说，下午他感谢什么事呢？梁先生讲的是他很安分，根据上下文来看他在下午的课堂上做了些什么事？有没有被发现？

学：从上文可以看出来，下午"一部分同学从事午睡，一部分看小说，还有瞪着眼睛发呆，神游八表。"很明显他自己也应该是属于这种类型。

曹：他也属于这种类型，他安分吗？不捣乱而已，没有认真听课。文章说，他的老师很有特点：奇怪的相貌，很凶，你看那头，小眼镜。有一个问题我提醒大家注意，他在第二节里面老是写到这个老师非常突出的一个特点，就是吸溜鼻涕，为什么后半部分徐老师就不吸溜了？所以从这里看出，我当时是一个什么样的学生？从哪里可以看出来？

学：我觉得他刚开始的时候对语文的学习并没有抱太大的兴趣，但是后来当他改变之后，老师对他逐渐有所偏爱，对他的作文进行讲解，他也渐渐对这个老师也产生了尊重。这样的话，老师吸溜鼻涕就不像先前那样是一件比较好笑的事情，而成了对老师敬畏的一件事情。

曹：你的答案前面部分还可以。前面部分你讲到了，上课不捣乱，其实比上课不认真还要严重，实际上他写出了一个调皮、捣蛋、不认真、不上进乃至有些顽劣的当时的"我"，从上课画的漫画就可以看得清清楚楚。一个不上进、不努力、调皮的孩子他更多地看到的就是老师外在的东西，如老师那种引人发笑的样子。但后半部分完全不同，为什么啊？因为"我"变了。

……

曹：这样写丰富了徐老师的形象。这里我把他的这种写法理解成欲扬先抑虽然不错，可是作者写这篇文章不是为了纯粹展示这个技巧，他就是想真实地反映自己从顽劣到上进的变化的过程，而这样的一个变化的过程是徐老师倾注心血的结果，是徐老师的人格、学识、胸襟起了决定性的影响。整个文章读下来有没有发现前半部分和后半部分语言的味道完全不一样？

学：前半部分的语言有一种玩笑的感觉……

学:透露出对老师的赌气······

曹:嗯,玩笑,赌气,诙谐,风趣,后半部分呢? 读下来什么感觉?

学:对老师的一种敬爱、尊敬!

方法三:勇于质疑。

曹:但是根本上还是我们提出了一个问题,然后把它分成若干个小问题,在质疑的过程中,形成了我们对文本的独到的认识和理解。一堂课能学的东西是有限的,可是在今天这样一堂课,我们悟出了一点方法。

(2)《我的一位国文老师》课例分析

① 以学定教

曹永军老师执教本课时,主要依据学情确定教学内容。其了解学情的方法主要是与学生进行有针对性的对话,如课前聊天过程中他了解到学生喜欢《记梁任公先生的一次演讲》一文,尤其喜欢其中的一些句子,然后就从其中的一些句子入手,顺势完成了这节课的教学任务。

② 以言语教学、学生的认知发展为本

曹永军老师主要通过学生的口头语言表达来训练学生的语言表达能力。高一学生在对文本的理解上大多存在"只可意会不可言传"的问题,曹老师以两种讨论的方式鼓励学生在言语表达方面有所突破,并且依据学生的思维走向设置了有针对性的引导问题,逐渐将学生的思路引向开阔之地,言语表达的欲望被充分激发,获得了锻炼。

学生的认知发展是有规律的,但也不排除对个体不符合规律发展的可能性估计。教师在确定教学内容时,要能够"以不变应万变"的智慧来引导学生的认知发展,使学生的认知发展达到学生认同感的层面上来。文本中徐锦澄老师的形象是散乱的,情感是变化的,虽然是简单的写人类记叙文,学生想要准确把握文本也不是一件很容易的事情。曹永军老师从对徐锦澄老师的个人形象分析入手,再到老师对学生的态度变化过程,再到"我"对老师的情感变化过程,最后发现"我"对老师的愧疚与感激之情。以学生的认知发展为本来确定教学内容,学生接受知识的过程变得顺理成章。许多老师在执教记叙文时就没有把握住学生的认知发展规律,胡子眉毛一把抓,结果简单的问题复杂化,达不到预期效果。像曹永军老师在最后提出的"勇于质疑",是在深刻理解和把握文本后的一个潜在的学习机会,这是学生的认知发展的展开阶段。同时曹老师提出把问题分成若干个小问题,兼顾了学生学习的认知发展。课堂体现出以学情确定教学内容,以学生的认知发展来实现教学内容,轻松自如地把文本教授给学生,灵活地达到了对文本理解得"深一点"、"远一点"的目的,这是阅读教学的案例榜样,给语文老师执教记叙文提供了可参考的样式。

2.《记念刘和珍君》(执教者:凌宗伟;学生:南通二甲中学高二;时间:2011 年10 月)

(1)课堂实录剪辑

(ppt 展示问题)

矛盾一:为什么不是女士,为什么不是烈士,而是君呢?

师:所以不要小看这个"君",参考资料上就认为是敬称。其实不仅仅是敬称,它除了表达了鲁迅先生对刘和珍等的敬意,更说明了刘和珍在他心目中的地位。看上去"君"很合理,是个敬称,但是你回过头来一想,为什么不是女士,为什么不是烈士,而是君呢? 这是一个矛盾。于是回过头来再研究这个词义。鲁迅是一个什么样的人呢? 文学大师、文学巨匠,他会乱用词语吗? 不会。我们就要在这些看似平常的字眼当中找矛盾。另外文章开头,"程君问'先生可曾为刘和珍写了一点什么没有'","我说'没有'",为什么没有? 下面反复讲:"我无话可说。"而且标点符号还变化了呢,这里是句号。"我还有什么话可说呢?"变成了问号。到最后是:"呜呼,我实在说不出话来!"又成了感叹号。但是你看看全文中他又反复地写"早觉得有写一点东西的必要了","但是我还有什么要说的话","我已经说过了"。我在这两组文字之间打了一个大大的问号,矛盾不矛盾,可以讨论。

生:(热烈讨论)

师:我感觉你们的状态很好。(对学生讨论的氛围给予肯定)

生3：我觉得不矛盾。

师：为什么？

生3：这样能显示出他内心前后的矛盾。

生：哈哈！（哄堂大笑）

师：前面是不矛盾，回过头来又觉得矛盾了。那么你说说看是一种怎样的矛盾呢？在文章当中找答案。我要讲的第二个观点——阅读的时候一定要注意：答案就在文本中，要在文本中寻找答案。（板书）

生3：这么说能够显示出人世的悲凉。

师：为什么能显示出人世的悲凉呢？

生4：鲁迅认为他写点什么只是一个"菲薄的祭奠"，不能体现出这些逝者的珍贵。

矛盾二："我无话可说"、"我说不出话"。鲁迅先生以欲擒故纵的语言来表达自己的满腔怒火，学生没有真实感知到作者所说的"我无话可说"、"我说不出话"的真正内隐情感。

师：鲁迅反反复复地在说"我无话可说"，"我说不出话"，文章当中有没有这个答案呢？现在请花五分钟时间读课文，注意答案就在文本中。

生：读书（五分钟）

师：要进入刚才的状态中，读完了以后进行交流。

（教师在教室内巡视指导）

生5："尤使我觉得悲哀。我已经出离了愤怒。"

师：有没有不同意见？

生6：有！"惨象，已使我目不忍视了；流言，尤使我耳不忍闻。我还有什么话可说呢？"

师：还有吗？

生7："不在沉默中爆发，就在沉默中灭亡。"

师：现在有三种不同意见。你更支持哪一个？或者说你还有答案的？

生 8:"四十多个青年的血,洋溢在我的周围,使我艰于呼吸视听,那里还能有什么言语?"

师:这个能不能说明他不写的原因?

生齐:能!

师:刚才四个句子都是他不写的原因。最能表达鲁迅"我实在无话可说","呜呼,我实在说不出话"。一个词语是什么?

生 9:怒。

师:他就是一个字,怒。还是用原话。

生 10:"我已经出离愤怒了"。

矛盾三:鲁迅最初是学医的,后来从文。他为什么弃医从文? 这组矛盾是深究鲁迅先生的情感根源,弃医从文是想从精神上拯救国人。

师:鲁迅最初是学医的,后来从文。他为什么弃医从文?

生齐:为了解救人们的思想。

师:同样,我在读这篇文章时想到我经常和那些愤青们讲的话,"所谓的民主自由首先必须建立在人身的自由和生命存活的基础上的"。你生命都没有了,还谈什么民主自由? 鲁迅要表达的其实也就是这个意思。教参上把段祺瑞和杨荫榆说得一文不值。你们百度一下会发现。段祺瑞在军阀混战阶段是个很了不起的领导者。杨荫榆是一个很了不起的大学校长。这样的领导人和校长,还这样对待请愿的学生啊! 所以我在布置预习时就要求大家百度一下段祺瑞,看看和书上的注释有什么不同。同学们有兴趣的还可以翻一翻历史书,看看有什么不同。

其实我对《记念刘和珍君》的解读,更多的是建立在他告诫年轻人要用智慧去对抗黑暗,而不要冲动上的。关于这一点他讲得很清楚。

矛盾四:记念谁,为什么记念,怎么记念? 不只是要记念一个刘和珍君,还有千千万万个像刘和珍一样为了真理而舍去生命的青年!

师:现在回过来看下预习题。记念谁,为什么记念,怎么记念,有没有弄清楚?

生(齐):明白!

师：那对于这篇文章，你还有什么需要了解的？（书后面的习题除外）那个答案你们都能找到。

生13：在淡红的血色中奋然而前行。我想知道奋然而前行的方向和目标是什么？

师：方向和目标，有没有谁知道的？

生14：启蒙人的思想，找到正确的救国之路。

矛盾五：为什么要这么详尽地写这个被枪杀的场景呢？这是段执政府自己的矛盾，作者将这一血腥场面放大了描写，在述说惨绝人寰的杀戮之下，尚要认清段执政府的狰狞面目，也是从侧面表现出手无寸铁的青年学生在请愿时显得不堪一击。

师：细节描写。为什么要这么详尽地写这个被枪杀的场景呢？

生16：用细节描写的话，感觉更加突出当时政府的无情和冷酷。

师：国家机器当你要动摇它的政权的时候，它就不择手段的，对不对啊？所以鲁迅在另一篇文字《淡淡的血痕中》讲："叛逆的猛士出于人间；他屹立着，洞见一切已改和现有的废墟和荒坟，记得一切深广和久远的苦痛，正视一切重叠淤积的凝血，深知一切已死，方生，将生和未生。"其实这段话就是鲁迅对"真的猛士"的诠释。

矛盾六：《记念刘和珍君》是为谁而写的？当然从文本的角度讲是为刘和珍君写的，刘和珍君看不到作者为她所写的悼文，"尚且苟且"的活人会替代死者去品读！

师：《记念刘和珍君》为谁而写的？

生：生者。

师：为生者而写的，它讲得明明白白。这个教参上写得那么长，那么多，纯粹是臆测。作者讲得很清楚，他就是一个目的，就是写给生者的，希望生者从这件事情上吸取教训。花那么多的代价，那么大的代价，赢得的是那么一小块煤，划不来。要选择更为合适的道路和方式。对不对？

(2)《记念刘和珍君》课例分析

① 依据文体来确定教学内容

凌老师用六组矛盾贯穿整个课堂教学,这六组矛盾如果仔细分析,其实它们正是指向以下几个问题:记念谁、谁记念、记念什么、怎么记念和为什么记念。而这几个问题也刚好是记叙文六要素(时间、地点、人物、事情的起因、经过、结果)的另一种表达方式。凌老师的聪明之处正在于把记叙文六要素进行形式上的加工,转化成促进学生思考的问题,使得学生愿意学,愿意探讨,同时将教学过程清晰地展现。但不管形式如何,凌老师还是深谙记叙文教学的规律,依据记叙文的文体特点确定教学内容。

② 注重生命教育

凌宗伟老师在解读文本时,教学内容注重对高中生生命意义的滋养。记叙文教学内容要体现对高中生生命教育的目的。著名教育家叶澜说:"生命价值是教育的基础性价值,教育具有提升人的生命价值和创造人的精神生命的意义。"[①]阅读教学应根据语文学科教育的特点,抓住对高中生生命意义的教育。记叙文教学,要将能够提升学生生命价值的信息纳入教学内容,达到提升学生生命意义教育的目的。《记念刘和珍君》中的刘和珍君,在"三一八"惨案中遇害的北京女子师范大学英文系的学生。1926年3月,大沽口事件发生。18日清晨,身为学生自治会主席的刘和珍,动员组织同学集会游行。中午她扛着白底黑字大校旗,冲入段祺瑞执政府左边大门,昂立人群中。突然身中七弹,壮烈牺牲,年仅22岁。22岁的生命换回了国人的警醒,换回国民党反动派的真面目大白于天下,死得其所。刘和珍君用一个22岁的青春,诠释了青年的爱国情愫,在国家与生命面前,她勇敢地选择前者。教师在执教本文时,往往更多的是抓住作者(鲁迅先生)的情感,却忽视作为文本主人公的刘和珍君,刘和珍君的生命意义正是学生所要感知、感悟的价值意义,把它作为文本的教学内容的一部分,更能体现文本的生命关怀。凌宗伟老师执教《记念刘和珍君》时,既实现了文本的深层次解读,又兼顾到对高中生生命意义的滋养。

---

① 叶澜. 教育的生命基础之内涵[M]. 山西教育出版社,2004:6.

3.《记梁任公先生的一次演讲》(执教者:王如;时间:2008年10月)

(1) 课堂实录剪辑

讨论旁批一:主要通过讨论描写梁任公出场的文字,观察学生对梁任公先生的认识。

师:我们现在一起来看看写梁任公出场的文字。

师:王思读的节奏处理得特别好。特别欣赏她的最后一句:"这,就是梁任公先生。"我们仿佛也感觉有一位大人物要出场了。下面我们一起来看看同学们所作的几段旁批。

PPT原文及旁批:

原文:随后走进了一位短小精悍秃头顶宽下巴的人物,穿着肥大的长袍,步履稳健,风神潇洒,左右顾盼,光芒四射,这就是梁任公先生。

旁批:

1. 气质高雅,但平易近人,为人正直,令人关注。

2. 短小精悍——浓缩的都是精华;

   秃头顶——光芒四射;

   步履稳健,左右顾盼——自由洒脱。

3. 智慧超群,随性洒脱,神采奕奕!

师:哪些旁批准确地传达了此段中梁任公的独特魅力? 哪些旁批还不够准确,为什么? 请同学发言。

生:第三,他说"智慧超群,随性洒脱,神采奕奕!"这我很同意。因为确实可以从他"左右顾盼"的神情当中可以看出他随性洒脱。"智慧超群"也是可以的,从他"风神潇洒"上看出来。

师:好的,请坐。那我问问作者——第一则旁批的作者是高锐。你当时为什么要说"平易近人"和"为人正直"呢?

生:文章里"步履稳健,风神潇洒"这里体现出来的气质高雅,"平易近人"是从他的外貌表现出来的,"短小精悍秃头顶宽下巴的人物"。就是觉得如果看着这么一个人的话,就会觉得他是很和善的一个人。

师:哦,不是那种高大威猛的。短小精悍的,是吧?

生:就是不是气势压人的那种人,(他是)很和蔼的人。"为人正直"我是从"步履稳健"里找出来的,因为"步履稳健"说明他这个人挺放得开,(是)挺大度的一个人,(是)做一番大事业的人。

讨论旁批二:主要讨论梁任公先生形象的丰满性,也是使学生进一步加深对梁任公先生形象的再认识。

师:哦,低调一些是吧。好,请坐! 他是这样理解的。那我们同学和陈同学一起在这来看看其他同学是怎么理解,怎么来做旁批的。

PPT 片学生的 4 条旁批:

1. 风趣幽默,善于自嘲。

2. 好一位自信满满的学者!

3. 不做作,真性情!

4. 作为学者,梁启超是谦虚的;作为文人,梁启超是自负的。

师:大家比较一下,看看谁对这段的理解比较准确?(品评旁批手段而已,深入准确地理解课文内容,提高审美方是要义。)哪位同学来说? 好,开始发言吧!

生:第一个我觉得"风趣幽默"可能有一点,但是"善于自嘲"我不大同意。第一句说:"启超没有什么学问——"能体现出他的谦逊、谦虚。然后"可是也有一点喽!"不能说他是自嘲,而是说他那种自信。

讨论旁批三:主要讨论不同学生对梁任公先生形象的认识和商榷,让小组合作学习安排在破解难点之上,提高了学生学习的积极性,增强了课堂渲染力和凝聚力。

师：那，我想，咱们同学在这一自然段的旁批是能够和马劲劫的朗诵相匹配的。一起来看看，同学们的旁批也写得非常动情。

PPT片出示学生的旁批：

　　陈畅硕：时哭时笑，情随文变，真乃性情中人！

　　于惠彤：投入之深，读书之多，了解之透，令人感叹！

　　徐金洋：超具激情的表演力，催人泪下的感染力，深刻透彻的理解力，太有

才了！

师：他们写得真的挺好的，但是我觉得还不够啊，如果就这样理解梁任公"有时狂笑"、"有时叹息"、"有时掩面"，我觉得还不够。我觉得太浅了。梁任公的魅力还没有被大家发现，所以呢，我在这儿准备了两个讨论题，请大家进行小组讨论，然后，借此，大家深入地了解梁任公先生。

讨论旁批四：即兴旁批对梁任公先生的形象总结。

师：我想请大家来展示一下自己即兴所作的旁批，魏余特已经写好了是吧。来，话筒。

生：我写的是：做人真实、不拘小节，希望以自己的热情带动更多的人与国家。

生：希望用自己的热情来带动新一代有热情的青年。

生：哭笑表不尽真情，饮冰压不住热血。

师：哟，非常好，"哭笑表不尽真情，饮冰压不住热血"，多好。

师：我觉得是对的，你的理解是准确的。好，同学们先说到这儿。我自己也写了，我当然是课前写好了。我的还不如你们的，看一看。献丑了。看一下老师的。我写的是，"忧民之忧，乐民之乐，先生热心，饮冰犹难冷却"，这是第一则。我写了两则。第二则是，先生有一副对联，"天下几人学杜甫，诗中自合爱陶潜"，我把这副对联稍作改动，来表达我对梁任公先生的崇敬之情——"天下几人学屈杜，人间

自合爱任公"。

(2)《记梁任公先生的一次演讲》课例分析

① 依据课程标准提出的新要求来确定教学内容

王如老师执教《记梁任公先生的一次演讲》一文时,依据课程标准提出的新要求来确定教学内容。《高中语文新课程标准》中指出:"审美教育有助于促进人的知、情、意全面发展。"旁批教学是审美教育,讨论旁批是更高级的审美教育。旁批教学着眼于学生的书面表达能力的提高,能从文本解读中获得自我情感的升华,也能在文本阅读中获得知识,是拉近文本与学生间距离的行之有效的学习方法。学生对文本的旁批,是近距离地同文本对话的一个过程,知识的摄入变得直接有效;情感的表达能在仔细的品读中得到积淀和升华;个人情感随着文本的深入而渐渐变化。讨论旁批是在比较中校正学生的情感表达和语言表达能力的过程。依据课程标准提出的新要求来确定教学内容是王如老师阅读教学的特色,也是灵活地进行文本教授的一种尝试。讨论旁批使学生学到了分享、协作和探讨,对文本的解读变得主动起来,促进了学生探究能力的发展。文本中对梁任公先生形象的认识,应该是学生解读本文的情感线索,分散在文本中比较分散,学生需具备总结、概括能力。王如老师针对学生主观性强、易忽略细节等特点,采取各种讨论来落实教学内容。讨论是汇聚学生智慧的渠道,通过讨论来归拢学生对文本内容的理解和掌握,学生之间的互换提醒效果往往比教师的启发指导要好得多。

四个旁批讨论是对文本解读的逐层深入的过程。梁任公先生的形象在学生心中渐渐清晰和丰满,这是阅读教学的要求。课程的基本理念指出:"注重语文应用、审美与探究能力的培养,促进学生均衡而有个性地发展。"对文本的赏析是不是语文应用?对词句的对比阅读是不是语文应用? 审美和探究能力怎样来体现? 这些都是语文的实际应用,是从言传知识到形成能力的方式和手段。"语文课堂教学在于促进学生语言发展。课堂教学内容的选择基于经典文本的阅读、语文能力的培养与训练、必要的语文基础知识的传授。"①前三个讨论是针对学生语言发展的需求展开的,最后一个讨论就是纠正学生对文本的不完全解读或扭曲性解读而展开的教学。学生对文本的解读形成线性工具,能够举一反三,才是记叙文教学依据课程标准提出的新要求来确定教学内容的终极目标。王如老师这样的教学内容显然是以新课标为指导、以提高学生语文素养为目的新型课。

② 体现语文的学科本色

王如老师执教《记梁任公先生的一次演讲》一文,充分地体现语文的学科本色。首先是言语教学,王老师的课堂语言丰富而诙谐,这是对学生的鼓励和启发,敢于让学生开口表达,是实现教学内容的有力保障。学生借助语言文字清晰地表达自己对文本的理解和鉴赏性见解是学习后的成果累积,是经过思考后的"智慧",先不去评价学生的这种"智慧"的含金量有多高。语文的学科本色就是在学生的听、说、读、写中体现的,几种活动相结合构成了语文学习,学生的语文素养也是在这些过程中逐步得到提高的。教学内容的确定,其实在言语教学的过程中,也就自然而然地已经生成和确定。李海林教授曾说过:"我们教和学的是一篇篇的课文,但课文并不是我们要教和学的内容,课文只是我们要教和学的内容的载体,语文课的教学内容隐藏在语文课文中。"②学生独立解读文本之后,相互交流旁批。旁批是学生课前完成的,这样的预习要比单一的无确定性的预习效果要明显。学生自主解读文本,按要求完成旁批,有益于帮助学生对文本做出自己的分析判断,发展学生的独立阅读能力。新课标指出:"注重合作学习,养成互相切磋的习惯。乐于与他人交流自己的阅读鉴赏心得,展示自己的读书成果。"学生交流旁批,有益于帮助学生在阅读与鉴赏、表达与交流的实践之中发现问题、提出问题,发展学生的探究、审美能力。有交流,就有合作学习,教师注重培养学生的合作探究习惯,是为学生独立解读文本创设的方法基础。学生的听、说、读、写在语文活动中体现,在合作探究中得以落实。写旁批、交流旁批恰好使学生在学习过程中

---

① 余昱. 语文课堂教学内容的选择与设计[J]. 广西师范大学学报(哲学社会科学版),2007(6).
② 李海林. 论语文教学内容的生成性[J]. 浙江师范大学学报(社会科学版),2005(6).

综合发展这几种能力。也是切实落实高中语文课程中更强调全面提高学生的语文素养,为学生的终身学习和发展奠定基础,以适应未来学习、生活和工作的需要这一目标。交流旁批,引导学生关注学习过程,在阅读鉴赏中丰富自己的情感世界,提升自己的思想认识,有益于自身语文素养的提高。语文课堂的回归也是新课标对教师提出的切合学生实际的教学模式,只有贯彻并落实教学活动,才能充分体现语文的学科本色。新课标中指出:"尊重学生个人的见解,应鼓励学生批判质疑,发表不同意见。教师的点拨是必要的,但不能以自己的分析讲解代替学生的独立阅读。"反观王如老师执教《记梁任公先生的一次演讲》一文,正是以体现语文的学科本色为教学内容来设计本课的教学的。

思考与分享

1. 你认为当下记叙文教学的主要问题是什么?结合你们学校的教学实践谈谈造成这些问题的主要原因。

2. 你知道的文体的分类有哪一些?你是否清楚这些分类?

3. 你认为记叙文教学内容的确定的主要依据有哪些?

第五章

说明文教学的现状、反思与重建

通过阅读您可以获得：

1. 了解说明文教学真实的现状。

2. 了解说明文教学低效的原因。

3. 了解提高说明文教学效率的策略。

说明文是高中语文教材的重要组成部分，作为实用类文本具有很高的研究价值。然而，无论是语文教育的理论界还是实践界，关注说明文教学的探索并不多见，说明文教学现状堪忧。基于此，我们希冀借助调查能够全面客观地呈现说明文教学现状，挖掘说明文教学现状背后的影响因素，进而提出说明文教学改革的构想和建议。

一、说明文教学现状调查

说明文教学现状可以从多方面调查，我们的调查主要包括教材调查、课堂教学实况调查两个方面。

（一）高中教材说明文篇目调查与分析

说明文在高中语文教材中所占比例较小，一般在教材的某一册中，以单元或专题的形式出现。一个说明文单元或专题大约 3—6 篇课文，基本覆盖了科学小品、科普文章等多种说明文样式。研究中，我们首先对高中教材中的说明文篇目进行调查，统计相关数据，并依据不同的分类标准对其分类。在此基础上，我们对选编的说明文篇目进行分析，探讨教材选编篇目的特点、教材中确定的教学内容及其存在的不足之处。

1. 五个版本的高中教材说明文选编的调查

综合考虑我国现行各版本语文教材的普及情况及教材编写质量，我们选择了五个版本的教材中的说明文作为研究的对象，分别是江苏教育出版社、人民教育出版社、语文出版社、广东教育出版社、山东人民出版社出版的最新高中语文教材。在这五套教材中一共出现了22篇说明文课文，占五套教材课文总数的5.5%。其中苏教版说明文专题为必修五第一专题,共 6 篇课文,占当册教材总篇目的 27%,全册教材总篇目的 5%。人教版说明文单元分别为必修三第四单元,共 3 篇课文,占当册教材 21%;必修五第四单元,共 3 篇课文,占当册教材总篇目的 23%,总计 6 篇说明文占人教版全册教材总篇目的 9%。语文版说明文单元为第三册第一单元,共 4 篇课文,占当册教材总篇目的 25%,全册教材总篇目的 5%。粤教版说明文单元为第三册第二单元,共 5 篇课文,占当册教材总篇目的 29%,全册教材总篇目的 5%。鲁人版说明文有 1 篇,占当册教材总篇目的 11%,全册教材总篇目的 2%。这 22 篇说明文分别是《〈物种起源〉绪论》、《人类基因组计划及其意义》、《南州六月荔枝丹》、《斑纹》、《景泰蓝的制作》、《动物游戏之谜》、《宇宙的边疆》、《一名物理学家的教育历程》、《中国建筑的特征》、《作为生物的社会》、《宇宙的未来》、《千篇一律与千变万化》、《双语言时代》、《人们如何作出决策》、《痛与不痛的秘密》、《说数》、《奇妙的超低温世界》、《寂静的春天》、《这个世界的音乐》、《足不出户知天下》、《论无性造人》、《足下的文化与野草之美》。根据不同的分类方法,我将五套教材中的 22 篇说明文分为以下几类:

(1) 按内容划分为事理说明类、介绍自然科学类以及人类社会科学类。阐述科学事理的说明文有 5 篇,分别是《千篇一律与千变万化》、《双语言时代》、《人们如何作出决策》、《痛与不痛的秘密》、《足下的文化与野草之美》。介绍自然科学的说明文有 11 篇,分别是《〈物种起源〉绪论》、《南州六月荔枝丹》、《斑纹》、《动物游戏之谜》、《宇宙的边疆》、《作为生物的社会》、《宇宙的未来》、《说数》、《奇妙的超低温世界》、《寂静的春天》、《这个世界的音乐》。介绍人类社会科学知识的说明文有 6 篇,分别为《人类基因组计划及其意义》、《景泰蓝的制作》、《一名物理学家的教育历程》、《中国建筑的特征》、《足不出户知天下》、《论无性造人》。

(2) 按文章作者国籍划分为中国作者和外国作者两类。教材选编的中国作者所著的说明文有 12 篇,外国作者所著的说明文有 10 篇。根据数据统计分析可知,五套教材选编的中外说明文基本持平。

(3) 按文章写作年代划分,划分为以下几档:19 世纪的文章共 1 篇;20 世纪 50—70 年代的文章共 4 篇;20 世纪 80—90 年代的文章共 11 篇;21 世纪初的文章共 6 篇。

2. 五个版本的高中教材说明文选编的分析

说明文在总量上占教材的比重不多,基本上占所属版本全套教材篇目的 5% 左右。说明文属实用类文体,在教材中多以科普小品文、科学小论文的形式出现。五套教材所选编的说明文具有内容多样性、中外均布性、侧重经典性等特点,其教学内容相对集中。具体情况如下:

其一,内容全面、形式多样。教材选编的说明文按内容划分,可分为事理说明、自然科学及人类社会科学三类,每一类大约有 5—10 篇。这其中除了传统的说明文、科普小论文、科学小品文之外,还吸收了科教片解说词(《宇宙的边疆》)、专著序言(《〈物种起源〉绪论》)、设计师手记(《足下的文化与野草之美》)、科学家自述成长历程(《一名物理学家的教育历程》)等形式多样的说明文。

其二,选编篇目中外均布。将作者按中外国籍划分,中国作者所著的说明文有 12 篇,外国作者所著的说明文有 10 篇。根据数据统计分析可知,五套教材选编的中外说明文在数量上基本持平。

其三,侧重经典性,时代性略低。教材中说明文以 20 世纪 80—90 年代居多,占总量的 50%。写作年代距今最近的一篇说明文是写于 2003 年,大部分说明文距今 20 年左右。一些 20 世纪 50 年代的经典说明文虽然距今较久远,但因其文道俱佳也被选入教材。教材编者选编课文侧重经典性,其主要目标不是让学生掌握最新的科学动态,而是旨在引导学生学习说明文的思路、文体特征、语言特点等,培养其科学精神及审美鉴赏能力。

最后,教材编者确定的教学内容相对集中。教材中的单元导读及课后练习都能体现出编者的意图,单元导读是教材助读系统的一部分,是教材编者在教学之始对学生学习本单元提出的期望和要求;课后练习是教材作业系统的一部分,是教材编者对学生学习效果的检验。通过分析五套教材中说明文单元的助读系统及作业系统,不难发现,教材编者确定的教学内容可划分为几下五个方面:第一,理解文中观点(含重点词句),梳理文章脉络,理清作者思路。第二,赏析文章语言特点,品味语言表达效果。第三,学习文体特征、风格及写作手法。第四,培养科学思维及科学精神。第五,联系课文,结合生活实际,开展活动。

(二) 实际课堂教学调查

在教学实践中,广大教师在确定说明文教学内容时,往往具有一定的随意性,且做教学设计时预设的教学内容与实际教学中实施的教学内容有一定出入。我们在翻阅大量教师教学实录、教学设计的基础上,选取其中较有代表性的 4 篇课文,分类记述了 40 位教师教授这 4 篇课文时确定的教学内容,对他们在教学设计时预设的教学内容与实际教学中实施的教学内容进行比较研究。

1.《中国建筑的特征》教学内容调查与分析

广大一线教师在对《中国建筑的特征》进行教学设计时,确定了多种多样的教学内容。一是笔者阅读了大量一线教师撰写的《中国建筑的特征》教学设计、教案、备课稿,从中调查分析教师在实际教学之前预设的教学内容。二是查阅了大量《中国建筑的特征》的课堂实录,从中调查分析教师在教学实践中实际教授的教学内容。现将二者中较有代表性的教学内容总结如下:

教师《中国建筑的特征》教学设计汇总表

教师单位	教学设计中预设的教学内容	教学实践中实际的教学内容
吉林 毓文中学 刘佳静	1. 关注现代建筑的变革发展。 2. 理解大师的科学思想,培育科学精神。	
莱阳一中 李紫薇	1. 理清作者的说明线索,列出课文的结构提纲。 2. 学习科普文章的语言特色,并在说明文或议论文写作中有意识地学习和借鉴。	
长沙一中 张慧		1. 由透视"特征"内涵入手,理清文章结构及说明线索。 2. 提高探究问题的能力。 3. 提高对建筑艺术的审美能力。
郑州外国语中学 刘璐	1. 概括中国建筑的基本特征。 2. 划分文章层次,分段研读。	

续　表

教师单位	教学设计中预设的教学内容	教学实践中实际的教学内容
郑州一中 章怡琳	1. 划分文章层次结构,分层次研读。 2. 理解赏析文章的结构美。	
烟台金城高级中学 周磊	1. 通过关键语词把握全文。 2. 学习文章简洁、严密、清晰的语言风格。	
西安交大附中 白广海		1. 分析标题,整体把握文章行文思路。 2. 概括文章主要内容,把握全文整体结构。 3. 概括中国建筑的基本特征。
栖霞 第一中学 刘世珉	1. 整体感知课文,明确文章写作思路。 2. 把握文章篇章结构,理解段落关键词句。	
西安一中 杨鑫	1. 按逻辑顺序理清文章线索。 2. 学习本文严谨、准确的语言特点。	
吉林一中 秦晨曦	1. 整体把握中国建筑的特征。 2. 赏析语言风格。 3. 划分文章层次结构。	

　　对教师们确定的教学内容进行归纳,大致分为以下三类:一是要求学生理解文章主旨,读懂作者在文章中表达的意思;二是要求学生了解文体特点;三是要求学生学习文章语言特色、结构线索等。

　　2.《南州六月荔枝丹》教学内容调查与分析

教师《南州六月荔枝丹》教学设计汇总表

教师单位	教学设计中预设的教学内容	教学实践中实际的教学内容
无锡 天一中学 刘慧娟	1. 了解科学小品文的一般知识。 2. 了解本文说明的重点与层次,先主后次,由表及里。 3. 了解并学习本文综合运用多种说明方法说明事物的特点。 4. 赏析文章科学性与文学情趣兼具的特点。	1. 了解科学小品文的一般知识。 2. 了解本文说明的重点与层次,先主后次,由表及里。

教师单位	教学设计预设教学内容	教学实践实际教学内容
姜堰 第二中学 张莉莉	1. 学习科学小品文常识，了解其科学性、文艺性兼具的特点。 2. 理清本文说明顺序和结构。	
盐城建湖高级中学 李敬国	1. 学习文章主要内容及结构。 2. 学习文章使用的多种说明方法。 3. 赏析文章语言特色。	
扬州 邗江中学 王长源	1. 重点学习本文说明顺序。 2. 研读并赏析文章的说明方法。	
连云港灌云高级中学 谢晓梅		1. 学习文中不同说明方法及其不同作用。 2. 赏析文章的语言特点。
南通平潮高级中学 邢敏	1. 学习文章的说明顺序和结构。 2. 学习从不同角度说明事物特征。 3. 赏析文章语言特色。	
苏州木渎中学 张晓军	1. 了解科学小品文特点。 2. 学习文中使用的多种说明方法。	
徐州 第一中学 胡雪莹	1. 学习文章结构及说明顺序。 2. 理解文章语言风格，分析其优点。	
南通白蒲高级中学 王欣悦	1. 学习文章的说明顺序和结构。 2. 了解文章多样的说明手法。 3. 赏析文章语言特点。	
宿迁 泗阳中学 刘玥	1. 研读文章主要内容。 2. 赏析语言，划分层次结构。	

3.《〈物种起源〉绪论》教学内容调查与分析

教师《〈物种起源〉绪论》教学设计汇总表

教师单位	教学设计中预设的教学内容	教学实践中实际的教学内容
宜兴 官林中学 于新泽	1. 理解关键语句,整体把握文章结构和作者观点。 2. 学习筛选信息、提炼观点。 3. 体会作者的科学精神及科学态度。 4. 了解绪论的写作体例。	1. 理解关键语句,整体把握文章结构和作者观点。 2. 学习筛选信息、提炼观点。 3. 体会作者的科学精神及科学态度。
泰兴中学 王广洋	1. 整体把握文章,筛选文中关键信息,深入理解文意。 2. 体会作者的科学精神及科学态度。 3. 依据绪论体例划分文章层次。	
苏州 十二中学 傅竹雅	1. 分析标题,理出文章结构,概括段意。 2. 通过理解关键句掌握文章主旨。 3. 体会作者的科学精神及科学态度。	
丁沟中学 陈庆德	1. 把握关键句,理解文章结构和主要观点。 2. 学习辨别和筛选重要信息。 3. 体会作者的科学精神及科学态度。 4. 理解说明文语言准确严密的特点。	1. 把握关键句,理解文章结构和主要观点。 2. 学习辨别和筛选重要信息。 3. 体会作者的科学精神及科学态度。 4. 理解说明文语言准确严密的特点。
太仓 高级中学 邹婉莹	1. 分析标题,理出文章结构。 2. 学习筛选文中关键信息,深入理解文意。 3. 分析长句,学习从主体上把握句意,注意句中关键词语的表意功能。	
盐城 响水中学 胡波	1. 筛选文中主要观点,理解文意。 2. 学习如何筛选信息。 3. 体会作者的科学精神及科学态度。	1. 筛选文中主要观点,理解文意。 2. 学习如何筛选信息。 3. 赏析文章严谨准确的语言特点。

教师单位	教学设计中预设的教学内容	教学实践中实际的教学内容
南京 秦淮中学 陈龙霖	1. 了解绪论的体例特点及作用。 2. 理解主旨内涵。 3. 体会作者的科学精神、严谨科学态度。	
常州 高级中学 程伟		1. 学习筛选信息,理解文章关键语段。 2. 划分层次结构,理解关键句,整体把握文章主旨。
丰县中学 甄启光	1. 学习文章语言特点及其表达效果。 2. 筛选关键信息,把握文章主要观点。	
江阴 青阳中学 孙凯华	1. 研读文本内涵。 2. 赏析语言。 3. 划分层次结构。	

4.《景泰蓝的制作》教学内容调查与分析

教师《景泰蓝制作》教学设计汇总表

教师单位	教学设计中预设的教学内容	教学实践中实际的教学内容
张家港 高级中学 姜东明	1. 掌握本文综合运用多种说明方法说明事物特征的写法。 2. 学习文章以制作过程为说明顺序,有详有略、突出重点的布局方法。	1. 学习文中运用的多种说明方法。 2. 学习并理解文中按照制作过程为说明顺序,详写重点步骤,详略结合的布局方法。
盐城 射阳中学 李群	1. 培养热爱祖国艺术瑰宝的感情。 2. 学习"说明白"的艺术。	1. 分析标题,明确说明对象和说明内容。 2. 总结作者"说明白"的艺术:抓住事物特征,安排合理的说明顺序,运用多种说明方法,安排详略得当,运用准确通俗的语言。 3. 用具体事例激发学生热爱祖国艺术瑰宝的情感。

教师单位	教学设计中预设的教学内容	教学实践中实际的教学内容
赣榆 高级中学 韩馨	1. 学习本文综合运用多种说明方法,以制作过程为序,有详有略地进行说明的布局方法。 2. 培养学生民族自豪感及热爱劳动人民的思想感情。 3. 培养学生合作、交流、发现、探究的能力。	1. 学习并理解文中使用的说明方法,找出说明重点,理解文章按照制作过程、详略得当进行说明的布局方法。
盐城 滨海中学 尹嘉轩	1. 学习文章使用的多种说明方法及其表达效果。 2. 学习文章合理安排说明顺序。 3. 赏析文章语言特点。	
镇江中学 朱文文		1. 学习文章综合运用多种说明方法。 2. 学习文章谋篇布局、合理安排说明顺序。 3. 培养学生热爱祖国艺术瑰宝的思想感情。
丹阳 高级中学 刘宁	1. 了解文章使用的多种说明方法。 2. 学习文章抓住事物特征,合理安排说明顺序,分清主次,详略得当。	
武进 高级中学 李淑华	1. 学习文章使用的说明方法及其表达效果。 2. 赏析文章语言特点。	
溧阳 高级中学 张雪梅	1. 学习文章按照事物发展过程,合理安排说明顺序。 2. 学习文中使用多种说明方法,突出重点。	
昆山中学 庄楠	1. 学习文章使用的多种说明方法及其表达效果。 2. 学习文章合理安排说明顺序。 3. 赏析文章语言特点。	

教师单位	教学设计中预设的教学内容	教学实践中实际的教学内容
连云港 海州中学 孟敬锋		1. 学习文章使用的多种说明方法。 2. 学习文章合理安排说明顺序。

（三）调查的初步结论

对于同一篇课文,授课教师确定的教学内容大多相对集中。但教学之前设计的教学内容常常与教学实践中实施的教学内容不一致。一种情况是预设的教学内容未得到实施,一是由于教师未能按照预设安排教学进程,使教学内容偏离既定目标,部分教学内容没能呈现在课堂上;二是由于部分教学内容可操作性较低,实施难度较大,教师在教学实践中难以落实。另一种情况是实施的教学内容并非教师预设,而是教学过程中在师生互动的作用下自然而然发生的。这种师生互动碰撞出的"火花"也是一种学生积极主动思考、发挥主观能动性的体现。这类教学内容并非预设,但在实际教学中实施并得到验证,取得了良好的效果,应予以肯定。

说明文教学中最大的问题在于:"教师想教的"与"教师实际教的"有出入。究其原因,是教师在确定教学内容时,没有可供参照的相对统一的标准,只能凭经验、依教参、根据实际教学效果来确定教学内容,具有极大的随意性。我们认为,确定说明文教学内容,可以依据或参照的标准主要有课程标准、学情和文体三大类。

二、说明文教学现状的反思

（一）说明文教学内容游离于课程标准之外

根据数据统计分析可知,《普通高中语文课程标准(实验)》中关于说明文教学共提出了2条目标和5条建议,对说明文教学内容进行了规范与界定,即理解文意、赏析语言、了解文体、开展活动、培养能力这五方面内容。解读这五方面内容,可分为2个层次,一是对范围的界定:教学内容应覆盖文意、语言、文体、活动、能力这五方面;二是对程度的界定：对五方面提出的要求程度各有不同，分为理解、赏析、了解、培养等 5 类。教师在教学实践中应围绕这五个方面，并根据不同程度的要求确定教学内容。通过在第一章中对教师确定的教学内容进行梳理分析，我们认为教师进行说明文阅读教学，确定教学内容具有极大的随意性，没有依据课程标准规范教学内容，主要表现在以下两个方面：

1. 教师将课程标准对文章文体特征、表达方法和基本格式的"了解"要求拔高为"理解"，增加学生负担。课程标准中提出的要求是仅作了解，且以学生自学为主。通过翻阅大量说明文教学实录，可以发现教师确定的教学内容是对说明文文体特征、表达方法（说明方法）、行文格式等方面提出了"理解"的要求。究其原因是这些方面有很多内容可讲，教师手上掌握了一定的关于文体学的资料，但也仅仅是停留在对材料的介绍、讲解层面，没能达到依据文体特征教授说明文、确定教学内容的高度。教师将教学内容定为"理解"文体特征，然而实践中学生又很难通过现有的教学达到"理解"说明文文体特征的要求，既加重了学生的负担，又没有取得理想的教学效果。

2. 课程标准提出的"开展活动"及"培养能力"的目标要求落实情况不佳。许多教学实录和教学设计中都将"开展活动"及"培养能力"纳入教学内容，例如宜兴官林中学的教师于新泽在教授《〈物种起源〉绪论》时确定了"体会作者的科学精神及科学态度"的教学内容；吉林毓文中学的教师刘佳静在教授《中国建筑的特征》时确定了"理解大师的科学思想，培育科学精神"的教学内容。除此之外，教材中的课后练习也要求学生开展丰富多彩的活动，但以上这些要求和举措落实情况都比较一般。许多教师将"开展活动"及"培养能力"写入教学内容，以此体现自身教学符合新课标的价值导向，但在教学实践中却难以得到有效实施和落实。在实施了理解文意、赏析语言、了解（理解）文体三部分的教学内容之后，课堂时间所剩无几，活动内容被延至课后，效果难以保证。而培养学生的科学精神与阅读能力又是一个相对长期的工程，不是一节课能够完成的。

（二）说明文教学内容游离说明文文章体式

教材中的说明文，其体式都具有共性、个性两层内涵：一是具有共性的说明文文体特征,二是具有个性的独特样式及其表现形态。共性的说明文文体特征体现在任何一篇说明文之中,主要表现为以说明为主要表达方式,介绍事物,阐明事理,具有内容科学性、结构清晰性、语言准确性等特点。实际教学中教师确定的教学内容大多覆盖了说明文文体的几大共性特征,例如烟台金城高级中学的教师周磊在对《中国建筑的特征》进行教学设计时,确定了"通过关键语词把握全文"及"学习文章简洁、严密、清晰的语言风格"的教学内容。从结构和语言两方面入手,确定的教学内容符合说明文文章体式。再如盐城建湖高级中学的教师李敬国确定了"学习文章主要内容及结构"、"学习文章使用的多种说明方法"及"赏析文章语言特色"作为《南州六月荔枝丹》的教学内容,盐城射阳中学的教师李群把"分析标题,明确说明对象和说明内容"、"总结作者说明白的艺术:抓住事物特征,安排合理的说明顺序,运用多种说明方法,安排详略得当,运用准确通俗的语言"作为教学内容。这些教学内容大多围绕说明对象、说明方法、说明顺序、说明语言等说明文体式的共性特征展开,基本实现了以说明文文章体式为依据确定教学内容。

个性的说明文文体特征主要表现为每一篇说明文在说明对象、结构层次、语言风格、说明顺序、说明方法等方面都具有不同于他者的独特性。每一篇说明文课文在类型、作者、写作年代、所属领域等方面都具有与众不同的特色,这就决定了其教学内容也应体现这种个性。实际教学中教师针对不同的说明文篇目,确定的教学内容却有较大的相似性,常常选取"放之四海皆准"的内容作为教学内容,教学个性不突出。究其原因,一是教师对文章体式的个性分析深度不够,基本是浅尝辄止,对所教的说明文课文也是一知半解,没有在深入分析课文特色的基础上确定教学内容,导致教此篇与教彼篇没有区别,这次教与下次教没有区别。二是教师对说明文的个性体式把控能力不足,虽然教师关注到说明文课文的个性体式特征,但归纳总结提升能力欠缺。

(三)说明文教学内容游离于学情之外

通过对高中阶段学生的语文学情分析,我们认为教师在确定说明文教学内容时,应综合考虑学生学习起点和年龄、心理认知特征。在教学实践中存在一定程度的说明文教学内容与学情不符,说明文教学内容脱离学情的客观现实,主要体现在以下两个方面：

1. 教师低估学生学习起点，部分教学内容难度较低

学习任何一篇说明文，学生的学习起点都不可能绝对为零。语文学科外延广阔，联通社会生活各个方面。学生处于社会生活之中，在任何时间任何地点都会接收到对语文学习有促进作用的知识或理念。尤其是对实用性强、使用范围广泛的说明文，学生在语文课堂之外会接触到大量有关说明文的知识，从而形成学习教材中说明文的知识储备、学习基础。研究表明，在教师教授课文之前，学生通过自读已经可以读懂文章的 60%—70%。教师在教学之前应充分考虑此点，合理确定说明文教学内容及其难易程度。以满足学生学情需要，避免出现有的学生"吃不饱"，有的学生"难消化"的情况。

通过翻检文献资料，在中国知网等网站上搜集整合，以及访谈江苏、浙江等省市众多一线教师，我们获得了大量教师的说明文教学设计与教学实录，发现由于部分教师确定的教学内容难易程度低于学生学习起点，导致学生学习积极性不高的现象。例如张老师在教授《南州六月荔枝丹》时，开始就提问同学们吃没吃过荔枝，让学生向未见过荔枝、未品尝过荔枝的人推荐荔枝。这一提问本是设想引出学生对荔枝的介绍，但对于高中生来说稍显幼稚，得到了学生开玩笑似的回答：我们从来没有吃过荔枝！后教师拿出手中准备的荔枝干，急中生智，才逆转情势。随后教师按照既定教案将课堂引入检查预习、作者介绍、字词正音阶段，但学生反响平平，效果一般。究其原因，是学生普遍能够轻松胜任的工作，在课堂上继续低层面地反复讲授，只会抹杀学生的学习热情。预习工作属于课下，课堂上并没有非讲不可的理由。教师应充分考虑高中生语文学习起点，设置与之相适应的教学内容。可以变换手段灵活检查预习效果，如考察学生对课文的见解及对说明文体式的熟悉程度，而不是硬性地在课堂上专门设一板块。通过观察学生对课文内容的理解检查学生的预习情况，更符合高中生学习说明文的学情，更能激发学生学习的积极性。

2. 教师忽视学生年龄、心理认知特征，部分教学内容设置不当

高中生一方面具有一定的语文自主学习能力，能够自主思考，从表面文意中挖掘深层次的内涵意义。正是由于这一特点，《普通高中语文课程标准（实验）》中关于说明文学习多次提到以学生自学为主，教师不必做过多分析。然后实践中教师往往对学生自主学习说明文"不愿放手"，不放心学生自学，习惯于自己精讲精析，希望课堂教学能够尽量按照既定教案进行。设计的教学内容面面俱到，形成一个比较完善的体系，但重点不突出，针对性不强，部分教学内容学生已经掌握。这种情况下教师应转变角色定位，引导学生与文本自主对话交流，促进学生的个体阅读。充分关注学生阅读态度的主动性、阅读心理的独特性，而不要以自己的分析讲解来代替学生的独立阅读。同时应及时作出调整，去除教学内容中学生已完全掌握的部分，深化教学内容中学生一知半解的部分，强调教学内容中学生完全未掌握的部分。另一方面，高中生在情感上具有内隐掩饰性，他们情感细腻丰富，对课文的理解可以达到一定深度。但大多表现内敛，不乐于发言。在这种情况下，教师为活跃气氛，一味地抛出问题，希望打破沉默的局面，但实际效果往往不佳。必须肯定合理设计问题在激发学生思考、统领全文教学方面的重要作用，但高中生不乐于在课堂上表现自我，这一特点对教师设计问题提出了更高的要求。教师应依据这一特点，精心设计一些有思考深度的教学内容，多设计一些撰写心得感受的教学内容，着重在提高问题的深度上下功夫，而非随意设计问题，勉强学生思考回答。

三、说明文教学的重建

在对高中说明文及其教学内容进行调查、分析、反思的基础上，我们尝试从学情和文体两方面入手，探索重建说明文教学的有效路径。重建就可以从以下几个方面入手。

（一）依据学情确定说明文教学内容

确定说明文教学内容，应建立在了解学情的基础之上。通过对大量教学实录进行调查分析，我们发现在实践中存在着教学内容与高中生语文学情不相符的现象。为纠正实践中存在的问题，提高语文教学效率，教师应对学生的年龄特点及心智发展特征进行充分客观的了解和分析,并在此基础上依据学情设计、实施、评价说明文教学内容。

1. 依据学情设计说明文教学内容

加涅等的《教学设计原理》中提出,教学设计的基本原理可以概括为一句话:根据不同的学习结果类型创设不同的学习的内部条件并相应安排学习的外部条件。[①] 在《教学设计原理》一书中,加涅明确提出教学系统的设计是计划教学系统的系统过程,较小的教学系统的设计简称教学设计。教学设计的步骤分为:陈述教学目的,笼统的目的要转化为具体的目标;进行教学分析,教学分析的重要结果是任务分类;教学设计要依据学习者的年龄特征和心理认知特点;设计作业目标;标准参照的测验项目,即设计测验;教学策略;教学材料;形成性评价,为修改、改进教学材料提供数据;总结性评价等等。在加涅的教学设计理论体系中,注重学情、以人为本是他的重要观点。加涅的教学设计第三步就是考察学生的学习起点行为和认知特征,新知识的学习必然建立在已有的知识体系之上。这就为设计教学内容应注重学情,注重学生的学习起点和年龄、认知特征,新知识要与学生已有的认知体系中某一部分相关联提供了理论依据。

(1) 高中阶段学生语文学习学情分析

教师在设计教学内容时,首先要了解学生的学习起点,沟通新教学内容与学生已有的知识体系之间的联系,使新教学内容的学习建立在学生已有的知识体系之上。在这里需要特别注意的是,学生的学习起点并非为零。研究表明,在教师教授课文之前,学生通过自读已经可以读懂文章的 60%—70%,教师确定教学内容应将学生的学习起点情况纳入考量范围,合理确定教学内容及其难易程度,防止出现低估学生学情底数、设计教学内容偏易、影响学生学习积极性的问题。其次要了解学生的年龄特征和心理认知特点,依据高中学生的语文学习心理特点设计教学内容。根据发展心理学的年龄阶段划分,高中阶段的学生属于青年初期,[②]在生理、心理的各个方面都从儿童向

---

① R·M·加涅,L·J·布里格斯,W·W·韦杰著. 教学设计原理[M]. 皮连生,等,译. 上海:华东师范大学出版社,1999:123.

② 刘金花. 儿童发展心理学[M]. 上海:华东师范大学出版社,1997:158.

成人过渡、从幼稚向成熟过渡,在这个过渡的阶段中其自身呈现出矛盾动荡性。高中生语文学习的门类、内容都较之前明显增多;语文学科需要学习的内容较之前扩大和加深,系统性明显加强。学生学习的动机包括直接与学习活动本身相联系的学习动机、与社会意义相联系的学习动机,二者都很重要,但在高中阶段学生与社会意义相联系的学习动机日益发展起来,并逐步成为主导动机。学生的学习能力有了明显的提高,抽象逻辑思维能力逐步形成和完善,逐步养成了独立学习的习惯,并掌握了形式多样的学习策略。高中阶段的学生具备基本成熟的注意力、高度概括化的观察力、进入最佳发展期的记忆力、丰富多彩的想象力以及逐步完善的抽象逻辑思维能力。高中学生的思维具备了更高水平的抽象概括性,能将多样的、表面的、孤立存在的条件对象组合成统一的整体,形成科学的概念。思维更加具有组织性、深刻性、独立性和批判性,辩证思维开始出现。高中生的情感丰富强烈、两极明显、摇摆易变、社会化水平迅速提高、内隐不外露。高中生的自我意识逐步发展,其人生观、价值观在高中阶段逐渐形成。他们关注自己的身体形象、内心世界和个性品质,产生了比较强烈的成人感,具有敏感而强烈的自尊心,自我评价与自我控制能力进一步提高。教师设计教学内容时应考虑高中学生的共性、学情,依据学生的学习起点、年龄特征和心理认知特点,设计合宜的教学内容。

(2)高中说明文教学案例分析

下面网络课程中董旭午老师谈《景泰蓝的制作》教学设计为例,具体分析说明文的教学内容的确定。

董:好,我就讲讲我的几点建议吧。第一条呢,还是刚才反复讲的,一定要提高认识,必须加强学生对说明文重视程度的教育。这项工作还不能就光靠嘴巴说,干巴巴地说来说去,也不见得有什么好的效果。在具体工作当中我是这样做的,我教一篇说明文的时候,我就经常让学生回家搜集家里的各种各样的说明书,比如说这个热水器的说明书,电热毯的说明书,或者是电饭锅的说明书,电冰箱的说明书。回家好好搜搜,每个人搜索几条。同学们还真的很有热情都搜一搜,到时候我就分类地跟学生讲一讲，说明书为什么这样布局，不那样布局。我举个简单的例子。

董：有一个学生就搜集来牛黄解毒丸的这种小药盒上面的说明书。它一般都是先介绍成分，即包括哪几种中药，成分写完了再写它的功用，治什么病，接着才去写用法用量，即怎么吃。我就问学生，布局为什么是这样，而不是先告诉你怎么吃。其实这里面是有逻辑关系的，什么成分就决定它有什么药性，什么药性就决定有什么需要注意的事项，也就决定药的用法。药性和用法肯定是由成分决定的，这是按照一种前因后果的规律来说的。学生真的不明白这个道理，你这么一点，他一通百通。你再介绍一些东西，他就能引出一些路数来，所以他就会感兴趣。不像我们一看就懂，这一看就懂可能从信息上一看就懂，但是从道理上未必（懂），为啥这样说，为啥这样讲，我想他未必懂。我们所说的强化教育，主要强化学生对说明文这个说明的门道、路数的了解，为什么是这样而不是那样，了解了这方面的道理，学生才有可能有兴趣。

魏：也就是说我们学生学说明文最好还是和他生活紧密对接。

董：对，就是说一定要深度地对接。

魏：这是不是还是和你所说的，所强调的生活化语文实际上是相通的。

董：对，是相通的。

魏：对吧。

董：因为这也是我一直追求的理想的教学境界。我觉得在现实生活中，在我的教学生活中，是很实用的，学生确实很感兴趣，也很愿意这样去做，效果也非常好。第二点我要强调的是你一定要教什么，教师在教说明文的时候，由于学生是一看就懂，你一定要教学生一看不太懂的东西，学生不容易看出来的东西。你不能学生懂了你还在教，那学生肯定讨厌。所以学生经常说我懂的老师教，我不懂的老师不教，我懂的老师教个没完，对不对？

……

在董旭午老师叙述他的《景泰蓝的制作》教学设计中,提出了两点依据学生学情设计教学内容的建议:一是让学生从身边生活中搜集物品说明书,并对学生搜集来的若干说明书进行分析,分析其布局、行文顺序等等。这是基于当前学生普遍对说明文教学较为轻视,认为说明文考得少、不重要等错误认识而设置的。让学生亲自动手,发现身边生活中无处不在的说明文,提高学生对说明文重要程度的认识。以学习身边常见物品说明书的说明顺序及其逻辑关系为切入点,引入对教材中说明文篇目的学习,让学生了解到说明文教学与其生活联系密切,从而进一步提高对说明文学习的兴趣和积极性。二是说明文的教学内容一定要是学生"一看不太懂"的内容。这就是基于对学生学习起点的考虑而得出的结论。学生一看就懂的内容,教师还不厌其烦地教个没完,"学生肯定讨厌"。对于《景泰蓝的制作》这篇课文,学生较容易了解到本篇课文主要介绍景泰蓝的制作过程和方法,制作过程一共有六步:制胎、掐丝、点蓝、烧蓝、打磨、电镀。但是为什么掐丝、点蓝这两步介绍得最为详细、所占篇幅最多,学生的理解程度就相对较片面,一般只能笼而统之地回答:很重要呗。教师若追问:为什么重要? 怎么重要? 学生就不太能说得清楚了,这就是学生"一看不太懂"的地方。要在此处设计问题,引导学生深入思考。掐丝、点蓝这两步介绍得最为详细,不仅仅是因为这两步最为精细、复杂,还因为这两步是决定景泰蓝质量的关键,一般人不容易理解、不容易知道,所以要细说。

2. 依据学情实施说明文教学内容

学情是指在教师指导下的学生的学习情况,主要包括学生的学习起点、学习状态及学习结果三大要素。学生的学习起点、年龄特征及心理认知特点是学情的主要方面,除此之外,在学习状态上呈现出一定的个体差异性,不同的学生在智力、人格等方面呈现不同的特征。[①] 一是智力方面,学生的智力水平、智力类型、认知风格及学习方式等都存在个性化的特征;二是人格方面,也表现出人格类型、人格特质、态度和价值观等方面的差异。这些差异直接影响着教师的教学和学生的学习,也是教师依据学情

---

① 裴娣娜. 教学论[M]. 教育科学出版社,2007:76.

设计教学内容的依据。

学情的差异还体现在学习风格上,它是学生带有个性特征并具有持续性的学习方式。学习风格涉及生理、心理和社会等各方面因素,它制约着学生的学习行为和学习效率,是教师因材施教,依据学情实施教学内容的基本前提。美国教育心理学家柯勃将学生学习风格分类如下[①]:

顺应型:

长处:付诸行动、善于领导、敢于冒险;

短处:微不足道的改进和无意义的活动太多、不按时完成任务、计划不切实际、偏离目标;

发展策略:专注于所定目标、多与他人交往、影响并领导他人。

发散型:

长处:想象力丰富、善于了解人、认清问题、思想活跃;

短处:在几种选择面前无法抉择、难以做出决定、难以把握机会;

发展策略:敏锐地觉察他人情感、敏锐地觉察各种事物的价值、虚心听讲、积累信息资料、想象不确定情境的意义。

集中型:

长处:快速解决问题和做出决定、擅长演绎推理和善于认识问题;

短处:解决问题容易出错、仓促做出决定、思想凌乱、对有关思想是否正确不作检验;

发展策略:寻求思考和解决问题的新方法(途径)、将新的思想付诸实践、选择解决问题的最佳方案、树立目标、做出决定。

同化型:

长处:善于制定计划、建构理论模型、善于分析问题;

---

① 谭顶良.学习风格论[M].江苏教育出版社,2008:318.

短处：空中楼阁、缺乏实践应用、不善于错误中吸取教训、缺乏良好的工作基础、缺乏系统的工作方法；

发展策略：组织整理信息资料、建构理论模型、检验理论思想的正确性、设计实验、分析量化资料。

教师应根据不同学生在学情上呈现的不同类型的个性特点，合理实施教学内容。在实践中教师的教学设计大多是预设的、固定的，为顾全整体教学目标的实现，一般不会为贴合每个学生的不同特点对教学设计进行大的调整。依据整体的教学目标及进度，设计相对统一的教学内容，再根据学生群体情况的不同在实施教学内容时进行微调，是比较现实和合理的。考虑到实践中一个教师大多负责两个班级的语文课程，班级与班级之间的学情差异常常是影响教师教学的重要因素。我们访谈了数百位来自江苏徐州、南京、无锡、常州、淮安等地的高中语文教师，他们普遍反映所教的几个班级之间会存在一定的学情差异。有的班级学生整体程度较好、思维活跃，教师多设计问题和活动能够激发他们的学习兴趣，取得较好的学习效果。根据柯勃的学习风格分类，这种类型的学生属于发散型或集中型；有的班级学生整体水平相对一般，不善于表现自我、表达自己的观点，依靠教师系统性的讲解和分析能够促进他们对课文的理解。这种类型的学生属于同化型。下面就如何针对不同的学情类型实施教学内容的问题，以淮安中学杨晶晶老师教授《南州六月荔枝丹》为例进行分析。

《南州六月荔枝丹》分班教学实录（部分）

教师	淮安中学杨晶晶	
组别	高二 A 班	高二 B 班
学情差异	学生整体水平相对平均、一般，不善于表现自我、表达自己的观点。通过教师系统性的讲解和分析，能够促进学生对课文的准确理解，掌握基本的教学重点。	学生整体程度较好，能够把握复杂、抽象的逻辑关系，具有较好的深入思考能力和赏析鉴赏能力，思维较活跃。教师依据以上特点，可以适度增加研读文本的深度，多设计问题和活动，激发学生学习兴趣。

续 表

组别	高二 A 班	高二 B 班
教学实录（片段1）	师：今天我们来学习的课文是—— 生：《南州六月荔枝丹》 师："南州六月荔枝丹"是明朝诗人陈辉《荔枝》诗中的句子，这句诗告诉了我们一些关于荔枝的信息，包括荔枝生长的地域、成熟的时节，还有—— 生：荔枝的颜色，是红色的，很好看。 师：这位同学回答得很好。从题目中我们可以读出这些信息，下面同学们就带着对荔枝的基本了解进入课文的学习。	师：今天我们来学习的课文题目是《南州六月荔枝丹》，这是明朝诗人陈辉《荔枝》诗中的句子。其中提到了关于荔枝的哪些信息？哪位同学能说说？ 生（异口同声）：地域、生长的季节、荔枝的颜色。 师：很好，同学们抓得都很准。引用这句诗句做题目，不仅为我们提供了关于荔枝的信息，还为文章增加了风味，整篇文章都充满了诗情画意。大家有没有这样的体会？ 生：是的，而且这篇课文通篇都引用了许多古诗词，用古诗作为题目，也与全篇课文广泛引证的风格统一起来了。
教学实录（片段2）	师：请同学们快速浏览课文，思考本文可以分成几个部分？每部分都写了哪些内容？ （生默读课文5分钟） 生1：首先是第一小节，从对小学时学过的《荔枝图序》的质疑写起，然后引出下文，这是第一部分。 师：嗯，说的很好。我看同学们都很有把握的样子，下面的课文该如何划分呢？ 生2（跃跃欲试）：老师，我知道。下面都是介绍关于荔枝的科学知识，先是2—9小节，介绍荔枝的果实，有荔枝的外层形态，荔枝的外壳构造、外壳颜色、荔枝的形状还有荔枝的大小及重量。还有荔枝的内部，包括壳膜、果肉、果核。接下来是10—11小节，介绍了荔枝的花。最后12—14小节主要介绍有关荔枝的生产情况，它的产地、生长习性、地域等等。	师：请同学们快速浏览课文，思考本文可以分成几个部分？每部分都写了哪些内容？ （生默读课文5分钟） 生1：文章主要可以划分成两大部分，第一部分是第一小节，作者从对小学时学过的《荔枝图序》的质疑写起，然后引出下文。第二部分是整体介绍了有关荔枝的方方面面，包括荔枝的果实、花，还有生产情况。先是2—9小节，介绍荔枝的果实，荔枝的外壳、形状、大小及重量。还有荔枝内部的壳膜、果肉、果核。然后是10—11小节，介绍了荔枝的花。最后是12—14小节，介绍了荔枝的生产情况，它的产地、生长习性、地域上的范围限制等等。 师：同学们听了生1的回答，觉得怎么样？ 生：（齐答）不错啊，基本都说全了。 师：是的，生1同学说得非常好。这些内容组成了文章，我们来看看它们是以怎么样的顺序组合在一起的呢？ 生2：从全文来看，是设疑问→讲知识→提建议。就像刚才生1同学说的那样，文章主体按照果实→花→产地、习性的顺序组织。

组别	高二 A 班	高二 B 班
	师:非常好,很全面,很详细。第二大部分是文章的主体,介绍了有关荔枝的果实、花朵和生产的情况。大家有没有要补充的啊? 生:没有了。	师:这是怎么样的一种说明顺序? 生 2:由主到次的逻辑顺序。 师:嗯,是的,那么具体看看文章中还按照什么顺序组织行文了? 生:(讨论并坐着回答)介绍荔枝的形态时先讲外部再将内部,是由表及里的顺序。在介绍内部构造时,是按壳膜→果肉→果核,由外到内的顺序。 师:同学们说得很好,这样来写,内容全面,而且条理很清晰,主次分明,既突出了重点——荔枝的形态特征,又介绍了有关荔枝的其他知识。我们要学习这种先主后次,由表及里,从实到虚的说明顺序。
教学实录 (片段3)	师:同学们,在文章的第二大部分,介绍了有关荔枝的科学知识。包括荔枝的—— 生:(齐答)果实、花朵、生产情况。 师:嗯,大家总结得很好。我们知道说明文中会运用许多说明方法,包括举例子、打比方、列数字、作比较、引用、下定义、摹状貌等等。请同学们在文中找一找,哪些地方用了什么说明方法,思考一下各有什么作用。 生 1:有举例子,如"广东产的'三月红'和'桂绿'等";"一些稀奇的品种,如'龙牙','珍珠'。"等。作用就是使文章显得真实可信,增强文章的说服力。 生 2:还有引用,文中好多地方都引用了古诗词,如描述整片的荔枝林"飞焰欲横天","红云几万重",还有形容荔枝膜"盈盈荷瓣风前落,片片桃花雨后娇"。作用是既扩展了文章的内容,又增强了文章的文学性。 ……	师:我们知道说明文中会运用许多种说明方法,请同学们回忆下我们大致学过哪几种说明方法? 生:有举例子、打比方、列数字、作比较、引用、下定义、摹状貌、作诠释、分类别、列图表等等。 师:这位同学总结得不错,很全面。请同学们在文中找一找,哪些地方用了哪种说明方法,它们又起到了什么作用? 生 1:有打比方,说"荔枝壳表面有细小的块状裂片,好像龟甲";说明荔枝的果形时说"荔枝呈心脏形,卵圆形或圆形"。这样打比方使要解释的事物变得形象具体,易于理解,有文学情趣。 还有列数字,在文中有很多,比如介绍荔枝的大小、重量等等。作用是准确、客观,增强文章的科学性。 这篇课文的一大特色就是运用引用的说明方法,例如介绍在古代荔枝的贮藏与运输时就引用了大量古诗词。有著名的那句"一骑红尘妃子笑,无人知是荔枝来",增强了文章的文学情趣。 ……

续　表

组别	高二 A 班	高二 B 班
教学实录（片段 4）	师:布置一下课后作业,就是筛选课文主要信息,把这篇文章改写成一段100 字左右的平实的说明性文字。下节课的时候请同学们来交流讨论。	师:布置一下课后作业,请同学们用文艺性笔调写一篇短文,介绍一种自己熟悉的、喜欢的水果或其他特产,可以学习文中综合运用多种说明方法,注意写作顺序,尽量写得通俗生动,又蕴含几分文化意味。期待大家的佳作!

依据学情实施教学内容,在确保主要教学内容、教学重点得以实施的基础上,根据不同的学情,科学合理地调整教学内容,使大部分学生读懂文章,掌握说明文阅读的主要方法,实现教学目标。同时给予基础较好的学生一定的发展空间,设计拓展、延伸性问题供其思考学习,培养学生成为"会学习的学生"。杨晶晶老师依据高二 A、B 班的不同学情,在片段 1 中,对 A 班以讲授为主,解释题目后引入正文。对 B 班则增加了一项思考的内容:用古诗做题目,与全文广泛引用古诗词的风格相契合,为文章增加诗情画意。在片段 2 中,让 A 班的学生对课文进行分段,概括大意。在 B 班则增加了学习文中说明顺序的教学内容,这是针对 B 班学情设计的相对拔高的问题。对于《南州六月荔枝丹》这篇课文,文中使用的多种说明方法及其作用是教学重点,片段 3 展示了不同学情下教师如何实施教学重点内容。A、B 班的学生基本上都能较好地找出并总结文中使用的说明方法。片段 4 展示了不同学情下的不同作业活动设计。A 班的作业要求相对基础、平实,B 班的作业活动要求相对较高且灵活。教师依据学生学情的差异、学习风格的不同,在实践中对预设的教学内容进行微调,激发不同学生的学习动机,满足不同学生的学习需求,这种做法对广大教师特别是青年教师无疑是具有借鉴意义的。

3. 依据学情评价说明文教学内容

教学评价是指对教学工作质量所做的测量、分析和评定。以促进学生发展和达到教学目标为指向,依据评价在教学过程中的作用不同可以分为诊断性评价、形成性评价、总结性评价。不仅注重来自教育者的评价，还要注重学生的自我评价。评价教学内容的意义，在于运用它能探明、调节、改善、提高教学质量。教师在教学目标的指导下，实施教学内容，最终对学生的学习结果进行测量和评估。评价学生说明文阅读学习的效果，以及评价确定的说明文教学内容是否合宜，都应建立在依据学情的基础之上。

（1）依据学情进行诊断性评价

诊断性评价是在一个学期、一个单元或一篇课文的教学开始之时，对学生现有的知识水平、能力发展进行的评价。其目的是为了更好地组织教育内容、选择教育方法，以便对症下药、因材施教。学案就是一种对学情进行诊断性评价的工具，在学习课文之前，由教师依据学情和课文的学习重点，合理设计学案，交由学生去完成。学案主要以问题或问题群的形式出现，将教学内容整合为符合学生认知结构的系统性知识体系，且基本覆盖一篇说明文的主要教学重点，让学生在完成学案的过程中预习课文，同时方便教师了解学生在教学之前的起点学情，以此作为确定说明文教学内容的依据。

（2）依据学情进行形成性评价

形成性评价是在教学过程中对学生的知识掌握和能力发展情况进行及时评价，其目的是更好地改进教学过程，提高教学质量。在说明文课堂教学的过程中，教师始终都在对学情进行形成性评价，这是一个动态的、实时的过程。学生在学习说明文的过程中，对于说明文知识的掌握情况、课文的理解程度、阅读能力的发展情况始终处于动态演变之中。教师应在教学过程中实时监测学生学情，对学情进行形成性评价，灵活调整教学内容，以满足学生学习的需要。

（3）依据学情进行总结性评价

总结性评价是在一个学习阶段、一个学期或一门学科终结时对学生学习成绩的总评，也称终结性评价。本文讨论的是依据学情对说明文的教学内容进行总结性评价，而非常见的通过考试评价学生的学习成果。教师在完成说明文教学之后，要在学情的基础上对自己的教学效果、确定的教学内容、学生的掌握情况做出中肯评价，形成一定的教学心得和经验。教学内容是沟通教师的教与学生的学之间的桥梁，在完成一阶段的教学之后,依据学情对教学内容做出总结性评价,是具有一定实践价值的。

(二) 依据文体确定说明文教学内容

每一篇文章都从属于某一类文体,具有这种文体的共性特色。同时,每一篇文章自身也都具有独一无二的、不同于其他任何一篇文章的个性特色。对于教材中选编的说明文篇目,教师在实际教学中,首先应和学生一道辨识、分析文章的体式,从共性、个性两方面进行分析与思考,再依据文本体式确定教学内容。引导学生用读这一类文章的方法去读这一篇文章,并挖掘文章本身的独特之处,做到依据体裁及文章的写作风格确定教学内容。

1. 依据体裁确定说明文教学内容

所谓体裁,是指文本的类别,即文类。"每一文类都拥有其特殊标志,被赋予了某种足以使其相对独立的性质;这些标志试图指示出某一种文类独一无二的身份,以便让它的家族成员共享一种相似性。"①说明文作为一种文体、体裁,其结构具有某种稳定的形式,最突出的特征就是以说明作为主要表达方式。根据不同的标准可以划分为不同种类,如事理说明文、实物说明文等。此外,说明文在说明对象、说明方法、说明顺序、语言风格等方面具有相对一致的共性特征,这种共性特征就形成了说明文体裁与记叙文、议论文等体裁之间的区别。

依据体裁确定说明文教学内容,就应从分析说明文的说明对象、说明方法、说明顺序、语言风格等方面入手,把握说明对象的特点,明确举例子、分类别、打比方、列数字、作比较、下定义、列图表、引用、摹状貌、作诠释等说明方法的标志及用法,理清说明文中说明的时间顺序、空间顺序或逻辑顺序,赏析说明文准确、平实或生动的语言风格。下面以网络课程中王志勇老师谈《〈物种起源〉绪论》教学体会为例进行分析。

王志勇:准确解读文本内容,这个东西要放在首位。所谓解读文本内容,就是要能够筛选、辨识、处理文本信息,了解包括被说明事物的特征、事理,作者的见

---

① 南帆:文学理论新读本[M].杭州:浙江文艺出版社,2002:55.

解、事情的来龙去脉等文本主要信息。

魏本亚:那就是说首先要对说明的对象要了解清楚。

王志勇:但是要做到这些,必须在阅读过程当中,顺着阅读的思路要找出文中关键语句,理清文本的要点、层次及它们之间的相互关系,要在准确把握说明文的基本特征、规律的基础上,了解常用说明顺序、说明方法的功用,还要注意辨析并了解不同语言风格以及它们的效果。比如说我们阅读《〈物种起源〉绪论》。

魏本亚:《〈物种起源〉绪论》。

王志勇:我以为,我们就应该按照"绪言"这种文体主要"介绍与著作、作者相关的问题"的特点,抓住关键语句及其前后呼应的关系,在理清作品脉络、层次的基础上,弄明白文本主要介绍了《物种起源》的成书过程,提前出版的原因及不够完善的地方,还有就是作者的主要观点。那么依照文本顺序,我们可以看到《物种起源》提前发表的原因,作者在第一节、第二节、第三节当中,尤其是在第二、第三节当中讲得非常清楚。那就是因为还有好多工作还需要好多时间才能够完成,而作者的健康状况很坏;另一方面呢,华莱斯的一般结论差不多和作者的相同,这也坚定了作者自己的认识。这就是它提前出版的原因。关于作者的主要观点,在课文后半部分讲得非常清楚,有两个方面。首先他讲了物种不是不变的,它不是被独立创造的,而是像变种一样,是从其他物种传下来的;第二个,他谈到了自然选择是物种变化最重要但不是独一无二的手段。那么为了让人们比较容易地了解作者的观点,我们明显地看到,在文章的这一部分当中,作者主要运用了举例子、作比较等方法予以说明,具体的例子、深入浅出的比较分析,有力地支撑了作者的观点。

魏本亚:也就是说,这是一篇绪言,绪言呢,它就是要介绍这本书成书的原因以及书里边的主要内容。它肯定有它的说明顺序。这样我们按照他的说明顺序去读,我们基本上就掌握了这样的一个基本规律。这就是读这种说明文,我们要把握的一个什么东西,是这个意思吧。

　　王志勇:对,说明文有它自己的独特阅读规律,但是它和一般的阅读规律呢,又是相通的,这两者应该紧密地结合在一起。

　　……

　　王志勇老师阐述了《〈物种起源〉绪论》的教法,从学生的角度来谈就是《〈物种起源〉绪论》的学法。应该从学习绪论的体例及其作用入手,了解绪论主要是介绍与著作、作者相关的问题,抓住文中关键语句,把握前后呼应的关系,在理清作品脉络、层次的基础上,理解作者的主要观点,明确课文主要介绍了《物种起源》的成书过程、提前出版的原因及不够完善的地方等等。将以上内容确定为教学内容,让学生学习说明文的说明目的、说明对象、说明顺序、说明方法等等,符合说明文这种体裁的阅读规律。教师应将学习"读法"确定为教学内容,引导学生依据说明文的"读法"学习这一篇课文,并通过这一篇课文的学习掌握读这一类体裁文章的"读法"。

　　2. 依据写作风格确定说明文教学内容

　　明确作者的写作风格是辨识文章体式、确定教学内容的有效参照。一篇文章由作者而写,就决定了文章的字里行间都打上了作者个性风格的烙印。写作风格是作者在作品中表现出来的写作特色和创作个性,主要受作者主观因素的影响,包括作者独特的精神结构、思维方式、审美取向及其业已形成的社会历史、文化精神。不同的作者在文章中表现出的艺术特色和创作个性都不尽相同。同样是说明文体裁,不同的作者写出的文章也必会存在不同之处。

　　说明文阅读教学不仅仅是教文本体裁等共性的知识,因为共性的东西无法取代个性的东西,二者相互依存,共性与个性共存于一篇文章之中。片面强调共性,可能会导致教师确定一种固定的、模式化的、千篇一律的教学内容;片面强调个性,可能会导致教师在确定教学内容时感到迷茫,文章看似通篇都是重点,处处都体现出了作者的个性特色,但却无法把握真正的核心,难以有效地确定教学内容。因此,兼顾共性与个性,依据体裁和写作风格确定教学内容,才是依据文体解读课文、确定教学内容的真正

内涵。① 在网络课程中,王志勇老师关于依据不同的说明文写作风格确定不同的教学内容,有这样一段表述:

　　魏本亚:那就是说,我们总结一下,第一点既要关注说明文的特点,又要关注阅读的一般规律,把这二者结合起来,这就是我们确定教什么的一个基点。

　　王志勇:另外呢,我这里还要说明一下,就是说明文的语言有它独特的地方。所以我们在阅读说明文的时候要特别注意说明文的语言。比如,《景泰蓝的制作》遣词准确、造句严谨;工艺术语的运用,准确精练;白话口语使用,通俗平实。平实当中透露着严谨,娓娓道来的同时普及了景泰蓝这种高贵典雅艺术精品的制作工艺知识。这种语言风格,非常好地服务了内容的表达。那反过来,我们可以看到《南州六月荔枝丹》,它的语言也生动,文艺性十分突出,特别是古代诗句的大量引用,不仅有助于了解荔枝的特点,而且营造了优美的意境,让人们在了解科学知识的同时,获得了美的享受。

　　魏本亚:也就是说它很像随笔那种。

　　王志勇:是的,不同的语言风格服务于不同的说明对象,服务于不同的读者群。那么,这种语言风格它是为内容而服务的,所以我们准确地把握这种语言风格,体味这种语言的功用,对于我们准确地把握内容具有十分重要的意义。

　　……

　　教师在教授说明文时要立足两个基点:一是说明文阅读的一般规律,如明确说明对象、理清说明顺序、筛选关键信息等等。二是本篇说明文文章的特点,亦即写作风格。如《景泰蓝的制作》平实通俗、严谨准确,既有专业的工艺术语,又使用了大量的白话口语。《南州六月荔枝丹》则以大量引用古诗词为显著特征,语言生动优美,使文章极具艺术气息,带给读者审美的阅读享受。

----

① 步进. 如何依据文本体式确定阅读教学内容[J]. 教学大参考,2001. 15。

课例举隅 董旭午《景泰蓝的制作》教学片段

师：今天这节课我们一起来学习《景泰蓝的制作》这篇课文。同学们都读过课文了。请问，"景泰蓝的制作"这个文题中谁是中心词？

生：制作。

师：这个"制作"在这篇课文里是什么意思？

生：应该指景泰蓝的制作过程。

师：景泰蓝的制作过程分几步？

生：六步。

师：哪六步呢？

生："制胎"、"掐丝"、"点蓝"、"烧蓝"、"打磨"、"镀金"。

师：景泰蓝的制作过程总的特点是什么？

生：全部是手工操作。

师：你从哪里看出来的？

生：课文的最后一段。

师：一点儿也没有机械的参与？

生：作者说，"只有待打磨的成品套在转轮上，转轮由马达带动的皮带转动，算是借一点儿机械力"，但是具体打磨时还得靠手工，尤其是起瓜楞时干脆就不能由皮带动，只能靠纯手工。

师：尽管如此，毕竟还是有一点点儿机械的参与呀，就不能称为全部用手工啊。

生：我认为，作者后面的补充说明就是为了强调几乎全是手工，是为了使自己的话讲得更严密。

生：我认为，"全部工作都是手工"这句话还是有问题，不如改为"全部工作几乎都是手工"更严密。

师：大家都来看看，如果我们把最后一段的第一句话改为"全部工作几乎都是手工"可不可以？

生：可以。这样讲更严密，无懈可击，后面的话正好又证明了这个结论。

师：很好。我也认为这句话有点儿不够严谨。同学们很会动脑，分析得也很到位，应该鼓励。（学生鼓掌）现在，我再来问一个问题：景泰蓝的制作过程有"六步"，那么作者在介绍这"六步"时是平均用笔墨的吗？

生：不是。"掐丝"、"点蓝"这两步写得很详细，尤其是"掐丝"这一步。

师：为什么这两步写得这么详细呢？

生：重要呗。

师：怎么个重要法？

生：景泰蓝是精美的手工艺品，它的精美可全靠这两步做得如何了。

师：很好。还有补充的吗？谁再来说说？

生：……（沉默）

师：景泰蓝那么精美，它到底是怎样造出来的呀？哪些步骤很不容易被外人见到啊？或者说一般人不大清楚的？

生：（恍然大悟）那当然是最精密的"掐丝"和"点蓝"了。

师：所以要详尽地向读者介绍啊。还有，景泰蓝是十分贵重的手工艺品，它的"贵重"也体现在这两步上。这两步做得不到位，那做出来的景泰蓝也一定是个次品。所以还必须得详细说说，以让读者了解它的价值。下面，请同学们做课堂笔记，把刚才我们说的几个理由整理出来。（师适当提示）

（生做课堂笔记）

优秀笔记展示：详写的理由：1. 这两道工序最复杂、最精细，详尽地体现了景泰蓝制作的精细、操作的繁复和手工制作的特点。2. 这两道工序是景泰蓝制作所特有的,十分精密,不是一般的人所熟知的。3.这两道工序最重要,直接决定着景泰蓝质量和价格的高低。

师:说明文常常用来说明事物的特征、过程和关系,主要的东西常常要写在前面,就像街上卖苹果的,总是把大的漂亮的放在上面。那么,在这篇文章当中,作者怎么就没有把"掐丝"和"点蓝"放在最前面来说明呢? 谁来说说?

生:这篇文章是专门介绍景泰蓝的制作过程的,所以必须按照制作步骤的先后来说明。

师:很好。谁还补充?

生:……(沉默)

师:其实,这样写也符合人们认识客观事物的规律,人们总是按照事物发展的先后来认识事物的。同学们再做课堂笔记,把刚才所强调的这两点理由整理出来。

(生整理笔记)

优秀笔记展示:

1. 按照"六步"的先后顺序来说明,是由作者专门介绍景泰蓝制作过程的写作意图所决定的。

2. 这样介绍景泰蓝的制作过程符合人们认识客观事物的规律,即按照事物的发展过程来了解和认识事物。

……

下面,我们来做一次课堂阅读思辨训练。

请同学们认真阅读《云南白药牙膏说明书》(略)(师播放课件):

(生阅读《云南白药牙膏说明书》)

师:说明书的第一段写了什么内容?

生:写云南白药牙膏的活性成分、制作机理、特点、作用和用法等。

师:既然是这样,为什么要最先介绍云南白药呢?

生：因为云南白药牙膏含有云南白药成分，所以取名叫云南白药牙膏。

师：那就直接说牙膏里有云南白药这种药物成分不就可以了吗？这到底是为什么呢？谁再来说说？

生：云南白药是传统名牌啊。

师：有道理。谁还能补充？

生：想表示这种牙膏来历不一般，出身名门啊。

师：你们俩的意思差不多，就是说最先介绍云南白药是为了突出这种牙膏不一般，身份和地位很高。这当然是有道理的，但同学们再想想，牙膏终是要卖给消费者的呀。

生：用名牌来吸引消费者眼球，引起他们的重视，舍得花钱买。

师：对头。现在的很多商品为什么都愿意讲自己是老字号啊？为什么非得找名人做广告啊？就是这个意图。同学们，这第一段的前几句话，看似寻常，实则用心良苦啊。

写完第一段，说明书就写完了，但是却又写了两段。这两段写的是什么？

生：介绍了一些口腔疾病知识。

师：这与牙膏本身有关系吗？

生：没有什么关系。

师：那就没必要再写了。

生：还是有一些必要的。让消费者了解一些口腔疾病，这对提高消费者的思想认识，进而认识到使用云南白药牙膏的重要性和必要性。

师：很好。现在我们都在提倡人文关怀，这个小小的说明书也充分体现了现代企业的人文关怀理念啊。课下，请同学们自主整理笔记，把我们这次阅读思辨的主要结论概括、整理出来。整理到作业上，而后交给老师批阅。

　　同学们,说明文是很有实用价值的,接触新技术需要它,介绍新产品还需要它。毫不夸张地,说明文将陪伴我们一辈子。生活中处处都可以见到说明文,还请同学们做生活中的有心人,把说明文学活,把语文学活!

思考与分享

1. 如何适切地确定说明文的教学内容?

2. "回归生活"是否是重建说明文教学的有效路径?

3. 设计说明文学习活动的基本原则是什么?

第六章

议论文教学的现状、反思与重建

通过阅读您可以获得：

1. 深入了解议论文教学的现状，明确当前的议论文教学的症结是教学内容问题。

2. 清楚地认识到造成议论文教学低效的原因是多方面的，有课程标准的问题、教材编写的问题，也有教师教学的问题。

3. 树立议论文教学的正确理念，从教学内容角度谋求议论文教学的改善，需要依据体式作出正确的教学解读，需要根据具体学情选择教学解读的相关结论，在二者之间来回斟酌以确定合宜的教学内容。

把文章分为"实用文体"和"文学文体"的传统由来已久，记叙文、议论文、说明文都属于广义的实用文体的范畴，但这三类文体并不实指三种文章体裁，而是为了教学的方便而特意规定和划分出来的"教学文体"①。议论文作为一种"教学文体"，基本上从初三开始直到高中毕业，一直都是教材所建议的阅读教学和写作教学的重点。那什么是议论文呢？《国文百八课》是这样界定的："议论文是把作者所主张的某种判断加以论证，使敌论者信服的文章。""我们写作议论文，情形正和上法庭去诉讼，向敌方和法官讲话一样。"②教育部2003年制订的《普通高中语文课程标准（实验）》在对教材选文文体的表述上有了新的变化，"能阅读论述类、实用类、文学类等多种文本"，"阅读论述类文本，教师应引导学生把握观点与材料之间的联系，着重关注思想的深刻性、观点的科学性、逻辑的严密性、语言的准确性"。比较传统的议论文概念，新课标提及的议论类文本显然是一种更明晰更准确的表述。一般认为，议论类文本应该包括政治论文、宣言、声明、社论、思想评论、文艺评论、序跋、按语、演讲词、杂文、学术论文、论著等。本章论述的议论文实则指的就是议论类文本，但为了语言表述的方便，还是沿用议论文这一概念。

---

① 见《文体与文风》，载《高中语文》第六册，北京：人民教育出版社，2002：126.
② 夏丏尊，叶圣陶. 国文百八课[M]//叶圣陶. 叶圣陶教育文集（五）. 北京：人民教育出版社，2003：378—379.

第一节 议论文教学现状调查及分析

一、对五种版本高中教材中议论文的调查及分析

要研究如何合理地确定议论文的教学内容,必须首先了解语文教材中议论文的选编情况,明确教材建议学生在中学阶段需要学习哪些议论文篇目,有怎样的教学目标和教学建议,进而为确定议论文的教学内容提供支持。这里通过对人教版、苏教版、语文版、鲁人版及粤教版五种版本的高中语文必修教材进行调查统计发现,议论文在新课改后的语文教材中的所占的比例有所减少。

(一)五种版本高中教材中的议论文选编现状调查

1. 苏教版必修教材

苏教版语文教材以专题为结构组成,各个专题都指向一个主题,每个专题又由若干板块组成,板块中包含各种选文及学习材料,最后附有写作指导与实践。一般情况下,下一个板块较之上一个板块在意义上更为深入。苏教版必修一由"向青春举杯"、"获得教养的途径"、"月是故乡明"及"像山那样思考"四个专题构成。"向青春举杯"专题包括"吟诵青春"、"体悟人生"和"设计未来"三个板块;"获得教养的途径"专题包括"求学之道"和"经典的力量"两个板块;"月是故乡明"包括"漂泊的旅人"和"乡关何处"两个板块;"像山那样思考"包括"谛听天籁"、"感悟自然"和"湖山沉思"三个板块。在必修一的这四个专题的所有板块中,"获得教养的途径"专题有《获得教养的途径》一篇议论文。苏教版必修二由"珍爱生命"、"和平的祈祷"、"历史的回声"及"慢慢走,欣赏啊"四个专题构成。在"历史的回声"这一专题中有《落日》一篇议论文。苏教版必修三由"祖国土"、"号角,为你长鸣"、"文明的对话"及"寻觅文言津梁"四个专题构成。在"文明的对话"这一专题里收入了鲁迅的《拿来主义》。苏教版必修四由"我有一个梦

想"、"一滴眼泪中的人性世界"、"笔落惊风雨"及"走进语言现场"四个专题构成。其中"我有一个梦想"专题中选入了《我有一个梦想》和《在马克思墓前的讲话》。苏教版必修五由"科学之光"、"此情可待成追忆"、"直面人生"及"我们头上的灿烂星空"四个专题构成。其中,"科学之光"包括"探索与发现"、"奇异的自然"及"美丽的创造"三个板块;"此情可待成追忆"包括"如泣如诉"、"执子之手"及"旧日时光"三个板块;"直面人生"这一专题包括"生存抉择"、"真的猛士"及"苦难中的尊严"三个板块;"我们头上的灿烂星空"则包括"心连光宇"及"伟大的情思"两个板块。苏教版必修五的"直面人生"中选入《论厄运》。

2. 人教版必修教材

人教版语文必修教材共五册,每册由阅读鉴赏、表达交流、梳理探究及名著导读四个部分构成,这样的结构安排是与《普通高中语文课程标准(实验)》中的教科书编写建议相符合的。《普通高中语文课程标准(实验)》在教科书编写建议中明确指出:"必修课教科书,可以将课程内容综合设计成五个模块;也可以按'阅读与鉴赏'、'表达与交流'的目标分编,供学校在教学中自行组合成五个模块。"人教版教材以这样的结构来编排,有利于学生在积累整合、感受鉴赏、思考领悟、应用拓展和发现创新这五个方面都获得发展,全面提高语文素养。人教版语文教材的选文主要集中在第一个部分,即阅读鉴赏,阅读鉴赏一般包括四个单元。在人教版语文必修第一册中,没有议论文。在人教版语文必修第二册中,也没有选入议论文。在人教版语文必修第三册中,阅读鉴赏第三单元是文言文单元,包括《寡人之于国也》、《劝学》、《过秦论》、《师说》。这四篇文言文在文体上均属于议论文。人教版语文必修第四册的第三单元是议论文单元,包括鲁迅的《拿来主义》、弗洛姆的《父母与孩子之间的爱》,还包括《热爱生命》、《信条》。人教版语文必修第五册第三单元有三篇议论文:《咬文嚼字》、《说"木叶"》、《谈中国诗》。

3. 语文版必修教材

语文版必修教材按单元进行组织编排,共分五册,每册含四个单元,一个单元为一个主题。每个单元除了安排选文外还包括一次探究性学习或表达与交流的活动,这就把阅读鉴赏、表达交流及探究性学习混编在了一起,其中,阅读鉴赏是编排的主线。语文版第一册包括"用事实说话"、"诗意地栖居"、"成长如蜕"及"情动于衷而行于言"四个单元,其中第一单元"用事实说话"编入三篇议论文,包括:《落日》《奥斯维辛没有什么新闻》《唐山大地震》。语文版第二册包括"精魄动天"、"诗的唐朝"、"修辞立其诚"及"大江东去"四个单元,其中没有议论文。语文版第三册包括"科学是系统化了的知识"、"珠星碧月彩云中"、"熟悉的陌生人"及"万物静观皆自得"四个单元,其中没有议论文篇目。语文版第四册教材中第一单元收录了《在马克思墓前的讲话》《敬业与乐业》《荣誉与爱荣誉》《培养独立工作和独立思考》四篇议论文。第二单元和第三单元没有收录议论文。第四单元收录了《劝学》和《师说》两篇文言文的议论文。语文版第五册的四个单元分别是"沿波而讨源"、"番石榴飘香"、"对存在进行深思"、"越世高谈,自开户牖"。其中第一单元中的《论雅俗共赏》和《谈中国诗》是议论文。

4. 鲁人版必修教材

鲁人版必修教材分为五个模块,每个模块即为一册。每册包含 4 个单元,每个单元都是按照一个主题进行编排。每个单元除了编入选文之外还加入了自读文本与学习活动。学习活动包括文本品读、梳理积累、写作平台、诗歌朗诵会、读书报告会、座谈等形式。另外,每一册最后还设置了活动性学习专题,注明了活动方式,提供了活动资源。活动性学习专题是对本单元学习的进一步深化。鲁人版必修教材第一册由"开启智慧之门"、"跨越时空的美丽"、"走进自然"及"昨日的战争"四个单元构成,其中第二单元选入了《在马克思墓前的讲话》一篇议论文。这一册的活动性学习专题中编入了《论逆境》这一篇议论文。第二册由"山水神韵"、"探索科学奥秘"、"感受艺术魅力"及"人生百相"四单元构成。其中第二单元托马斯的《论无性造人》是议论文。第三册由"至爱亲情"、"生命的赞歌"、"观照女性命运"及"文明的踪迹"构成。其中没有议论文。第四册由"历史坐标上的沉思"、"美的真谛"、"洞察世道沧桑"及"建构精神家园"四单元构成,其中第二单元"美的真谛"选入《米洛斯的维纳斯》和《论文艺的空灵与充实》。最后一册没有议论文。

5. 粤教版必修教材

粤教版必修教材共分 5 册,每册 4 个单元。每册第一个单元是活动单元,第二个单元是文体单元,第三个单元是阅读单元,第四个单元是语体单元。文体单元与语体单元统称为阅读单元。活动单元包括单元导语、活动指引、参考阅读、点击链接四个部分。阅读单元包括单元导语、基本阅读、扩展阅读、表达交流活动、点击链接和推荐阅读六个部分。《普通高中语文课程标准(实验)》中对必修课程进行了评价,将阅读与鉴赏划分为论述类文本、实用类文本、文学类文本及文言文,除了文言文阅读,在前三种文体中粤教版共选择编入了8种文体。文学类包括诗歌、小说、戏剧、散文;论述类包括议论文;实用类包括新闻、传记、科学小品。粤教版的第一册中没有议论文。粤教版第二册中的第一单元"体验情感"有《论握手》一篇议论文。粤教版第三册中没有议论文。第四册第一单元"关注社会"中有《论"雅而不高"》一篇议论文,第二单元就是议论文单元,其中基本阅读和扩展阅读两部分包括《在马克思墓前的讲话》、《立党为公,执政为民》、《拿来主义》、《〈红楼梦〉的情节波澜》、《米洛斯的维纳斯》等。

经过统计发现,在五版教材中出现的比较典型的议论文有《拿来主义》、《在马克思墓前的讲话》、《获得教养的途径》、《谈中国诗》等几篇。如果加上文言文中的议论文,还有《师说》、《劝学》、《六国论》、《过秦论》等篇目。

(二) 五种版本高中教材中的议论文现状分析

1. 议论文篇目所占比例小

苏教版五册教材中共有113篇课文,其中议论文有6篇,所占比例5.3%。人教版教材共有课文65篇,其中议论文7篇,所占比例为10.8%。语文版教材中共选入101篇课文,其中议论文11篇,占所有选文的10.9%。鲁人版教材中共有75篇课文,共有5篇议论文,所占比例为6.7%。粤教版五册教材中共有95篇课文,其中有7篇议论文,比例为7%。

如今高考作文基本是倡导写成议论文这种文体,学生是否能够写好一篇议论文,取决于平时的学习。但是,实际情况是,苏教版、人教版、语文版、鲁人版和粤教版这五种版本的教材中选录的议论文篇目少之又少。学生要想对议论文的各种知识进行了解和运用,只有经过课堂学习过程中老师的讲解才能实现。这么少的议论文篇目根本没有办法满足学生的需求,高中三年时间,仅学习几篇议论文,学生如何能够对议论文有足够深入的认识,更谈不上运用到写作上了。再者,教师在讲解这些仅有的议论文时,是不是能够选择适合的教学内容进行教学,能不能将学生应该掌握的议论文相关知识合理地安排到课堂教学中去,也值得考量。

2. 议论文范畴分类不明

五套教材中,苏教版、语文版和鲁人版都是按主题来编排教材,粤教版和人教版是以单元来编排教材的。其中,只有粤教版的每个单元是一种文体,这套教材的文体分类比较清晰,其他四套教材均没有将不同文体的文章进行明确分类。在这样文体分类不明的情况下,教师在整个教学当中也逐渐地淡化了文体意识,教师淡化了文体,必然就不会把文体相关的知识作为课堂教学的重点内容。许多教师在讲解课文时更偏重于人文主题,忽视了文章本身的体裁特点,导致在教学内容的选择和安排上出现了偏差。

调查中我们还发现,一些语文教师有很多时候说不清某些课文到底是不是议论文,比如说《在马克思墓前的讲话》,再比如说《米洛斯的维纳斯》,这些课文中有的内容体现了议论文的某些特点,但若是将其文体定为议论文的话,又不是太明星。由于教材中没有明确的分类,所以老师们在教学过程中就把文体这一因素撇在一边。在这种情况下,教学内容的安排必定会出现不一样的结果。编者在选录课文时对文章体裁的区分没有明确的说法,导致教师在教学时没有明确的文体意识,所以教学内容存在着很大的不确定性。

二、高中议论文教学内容确定的个案调查及分析

为了具体说明目前高中语文课堂中议论文教学的现状,这里选取在五个版本教材中较经典的议论文篇目,并结合课例来分析语文教师在教学议论文时教了什么样的教学内容,并分析哪些教学内容是合理的,哪些教学内容是不符合教学目标的,结合课文自身的特点,进而探讨议论文教学内容的确定性问题。

(一)《拿来主义》课例调查及分析

《拿来主义》是一篇经典的议论文,苏教版、人教版、粤教版都收录了这一篇鲁迅的经典之作,教材编入时也都是把它看作重点的讲读课文,是议论文的典范之作。教师在课堂上对于这篇文章的讲解,究竟涉及哪些方面的内容,如何安排这些教学内容?在广泛搜集教学课例的基础上,筛选出六篇典型课例进行分析。

表 1 - 1 《拿来主义》课例调查表

序号	教学目标	教学内容
1	一、理解这篇杂文语言犀利、幽默的特点;学习本文运用比喻进行论证的方法,正确理解各种比喻的含义。 二、理解如何正确对待中外文化遗产。	1. 释题:题目"拿来主义",同学们想想"拿来"在这里是什么意思?为什么还要在后面加上一个"主义"呢?(写作背景) 2. 理一理作者的写作思路:闭关主义,封闭落后。送去主义,沦为乞丐。听凭送来,大受其害。 3. 学习鲁迅先生是怎样"运用脑髓,放出眼光,自己来拿"的。 4. 学习文章中的比喻论证方法,并分析其作用。 5. 小结:我们主要把握了拿来主义的方法和实质,同时对文章的论证方法也有了基本了解。
2	学习破立结合的行文方式和比喻论证的方法,理解对待文化应有的态度。	一、要点解析 1. 杂文的特点。 2. "所以我们要运用脑髓,放出眼光,自己来拿!"这句话在文中的作用。 3. 课文前半部分写"闭关主义"、"送去主义"与后文写"拿来主义"的关系。 4. 运用比喻论证的方法。 5. 对文中几处反语的理解。 二、学法指导 1. 整体把握全文,自己尝试编写全文结构提纲。 2. 设喻论证是本文学习的重点和难点,学习时要弄清楚喻体是什么,本体是什么,本体与喻体有什么相似性。 三、延伸拓展 1. "介亭"二字的由来。 2. 了解本文的写作背景。 3.《拿来主义》的瑕疵。 四、拓展阅读

序号	教学目标	教学内容
3	一、正确对待文化遗产,要根据民族文化的需要为"我"所用。 二、学习本文运用比喻论证的方法。 三、了解杂文与一般议论文的区别,掌握本文语言犀利和幽默的特点。	第一课时: 1. 了解文章的背景。 2. 教师范读课文,给课文生字正音。如:羹、炙、诩、髓、屑、錾。 3. "拿来主义"这个命题的含义是什么? 4. 理清作者思路,划分课文段落。 5. 第五段中"摩登"和"吝啬"两个词的运用有什么妙处? 第二课时: 1. 阅读第八段,鲁迅用"大宅子"比喻什么? 2. 如何继承文化遗产。 3. 总结:本文的现实意义是什么,本文论证方法的重要特点,本文语言上的特点。
4	一、熟悉并掌握鲁迅关于批判地继承文化遗产的论证技巧。 二、学习本文运用比喻论证等方法把深奥的抽象的道理讲得深入浅出,生动形象的论证艺术。 三、体会鲁迅杂文的语言特点。 四、联系实际,深入理解学习本文的现实意义。	一、介绍背景和文章出处。 二、理清文章思路,研读什么是拿来主义,为什么拿来,怎样拿来? 三、进一步理解文章内容,全面把握中心思想。 四、学习本文的论证艺术。 五、体会本文语言特点。 六、思考探究:作者提出的观点,在今天有没有现实意义?
5	一、了解杂文特点。 二、掌握先破后立的论证方式及几种论证方法:因果论证、类比论证、对比论证、比喻论证。 三、体会鲁迅杂文幽默犀利的语言特色以及讽刺、反语手法的运用。 四、领会"拿来主义"的精神实质,明确对待文化遗产的	第一课时: 一、本文的写作背景。 二、自主学习:作者简况,关于杂文的文体知识,整体把握课文。 第二课时: 一、合作学习。 1. 分析本杂文中作者提到了几个"主义"。先破后立的因果论证方法(重点)。 2. 第 3 段用了类比的方法。 二、分析比喻论证。

续 表

序号	教学目标	教学内容
	正确态度——批判地继承。领会"拿来主义"的现实意义。	1. "大宅子"比喻什么？对待"大宅子"的态度和方法，文章摆出了哪几种？ 2. 真正的"拿来主义者"怎样？ 3. "拿来主义"究竟怎么"占有，挑选"？ 第三课时： 一、请运用比喻论证的方法，写一段话，证明一个观点。 二、拓展探究 从中外历史发展的角度举例分析什么是"拿来"和"送来"，并说明其产生的后果。

从以上的几个教学案例看出，教师们在设置教学目标的时候，都将掌握这篇课文中作者运用的比喻论证方法和文章幽默犀利的语言特点作为教学目标，在这一点上有高度的一致性。但在教学内容的选择上就不尽相同了，经过仔细研读教学过程发现，教师设计的教学内容基本上体现了教学目标，但是有些课堂上的诸多教学内容并不是教学目标所要求的，那么没有指向教学目标的内容，就是多余的。许多老师忽略了这篇文章的结构思路，作为一篇典型的议论文，在课堂呈现的教学内容应该是要把议论文的相关知识全面展示出来，而我们一线的语文教师在进行教学设计时，应该考虑到方方面面，真正能使学生通过这篇课文的学习，学到议论文这种文体的全部知识，并能够学以致用。

(二)《说"木叶"》课例调查及分析

林庚先生的《说"木叶"》是一篇文艺评论，文章着重分析了中国古典诗歌用"木叶"而不用"树叶"，又由"木叶"发展为"落木"的原因，从而阐述了古典诗歌的语言富于暗示性的特质。我们知道文艺评论有其独特的写作风格，作为一种特殊文体，老师们在课堂教学当中都安排了什么样的教学内容，是不是能够体现文艺评论的特征，通过以下五个课例的调查，我们可以得出一些结论。

表 1 - 2 《说"木叶"》课例调查表

序号	教学目标	教学内容
1	一、了解中国古典诗歌语言富于暗示性的特质,进而提高鉴赏古典诗歌的能力。 二、了解中国古典诗歌意象的相对稳定性特点,提高对古典诗歌的理解力和领悟力。 三、能运用本课所学知识及获得的能力分析诗歌同类现象。	1. 作者谈了一个怎样的文学现象。 2. 把握"木叶"的艺术特征。 3. 小结:"木"的艺术特征。 4. 品味艺术语言。 5. 理解本文的写作目的,把握诗歌语言的特点;分析本文的写作特色。 6. 了解中国古典诗歌意象的相对稳定性特点,提高对古典诗歌的理解力和领悟力。
2	一、知识目标:学习古代诗歌语言富于暗示性的特点,进而提高鉴赏古典诗歌的能力,并积累古诗句。 二、能力目标:能运用本课所学知识及获得的方法分析诗歌同类现象。 三、情感目标:借助在品味诗句时的审美体验,唤起学生对古代文化的热爱。	1. 作者发现了一个文学现象,是什么? 中国诗歌语言富于暗示性。 2. 理清文章结构。 3. 我们可以看出"木叶"与"树叶"相比,有两个艺术特征。
3	一、本文主要是学习、理解诗歌语言的暗示性特质。 二、根据诗歌语言的特质,进行迁移,领略诗歌的精妙之处,给同学如何鉴赏诗歌提供实例。	1. 引出诗歌语言特质。 2. 总结出"木"的两个艺术特征。 3. 木叶与树叶在意味上有何不同?
4	一、了解诗歌语言的特质。 二、学习分析与综合的方法。	1. 古典诗歌中"树"与"木"的艺术特征、意思情味、适用场合有什么不同? 2. 以"木"引起落叶的联想为例,说明诗歌语言的特质及其对诗人创作的意义。重点研究诗歌语言的暗示性(指词语的形象色彩和联想意义)问题。
5	一、了解中国古典诗歌语言富于暗示性的特质,进而提高鉴赏古典诗歌的能力。 二、了解中国古典诗歌意象的相对稳定性特点,提高对古典诗歌的理解力和领悟力。 三、能运用本课所学知识及获得的能力分析诗歌同类现象。	1. 把握"木叶"的艺术特征。 2. "木叶"暗示的究竟是怎样的"落叶"。 3. 理解本文的写作目的,把握诗歌语言的特点;分析本文的写作特色。 4. 课文所阐释的是诗歌语言的暗示性问题,却拟题为"说'木叶'",若改为"谈谈诗歌语言的暗示性",你以为如何?

续　表

序号	教学目标	教学内容
	四、创设美的情境激发学生的学习兴趣以及对诗歌的热情,使学生感受我们中华民族深厚的文化积淀,唤起对中国传统文化的热爱,增强民族自信心和自豪感。	5. 了解中国古典诗歌意象的相对稳定性特点,提高对古典诗歌的理解力和领悟力。

通过以上五个课例的呈现,我们发现,老师们在教学这篇课文的时候都将了解中国古典诗歌的富有暗示性的语言特点作为主要内容,几乎没有将文艺评论作为议论文的一种,讲授有关议论文的知识。议论文中的文艺评论往往是针对某种文艺实践和文艺现象进行具体阐述和评析,揭示评论对象的审美价值和思想意义,探讨文艺创作的艺术方法和内在规律。文章中作者如何提出观点,如何进行评析论述,教师们在教学中完全忽略了这一点,对于学生的阅读和写作此类文艺评论性的文章没有起到多少指导作用,教师在教学内容的选择上有一定的不合理之处。

第二节　议论文教学内容问题的原因分析

针对上文关于目前中学议论文教学现状的调查结论,我们要思考是什么原因导致了议论文教学的低效。下面我们从语文课程、语文教材以及语文教师本身这三个角度来进行分析。

一、从语文课程标准角度

前文谈到,教学内容的问题,本质上是课程内容的问题。教师在确定教学目标和内容时往往以语文课程标准为教学的依据,《普通高中语文课程标准(实验)》第一版于2003 年 3 月,由人民教育出版社出版发行。这份课程标准是由我国最高教育行政部门制定并颁布在全国统一实施的,是我国高中语文教育具有法规性质的纲领性文件,可以说是高中语文教师进行教学的根本依据所在。那么,课程标准究竟制定了哪些要求让我们的教师来执行呢,其中是否存在不合理的地方呢？ 这一份语文课程标准颁布之后,大多数语文教师在教育教学实践中仍然困惑重重,教学效果仍然不尽如人意。问题到底出在哪里？

1. "前言"部分

在这份课程标准中,我们可以看到包括前言、课程目标、实施建议及附录四部分。前言中给出了课程的性质、基本理念及设计思路;课程目标分必修和选修两个部分阐述;实施建议包括对教学、评价、教科书编写和课程资源的利用与开发的建议。前言中的第二点,课程的基本理念是这样表述的:

高中语文课程继续坚持《全日制义务教育与语文课程标准(实验)》中提出的基本课程理念,根据新时期高中语文教育的任务和学生的需求,从"知识和能力"、"过程和方法"、"情感态度和价值观"三个方面出发设计课程目标,努力改革课程的内容、结构和实施机制。

这里提出"知识和能力"、"过程和方法"、"情感态度和价值观"三维目标,这样宏观的概述,就导致很多语文教师在设计教学目标的时候照搬不误,例如《师说》的一个教学案例,其教学目标是这样制定:

知识与能力:1. 了解有关"说"的文体知识,了解古文特点及韩愈在文学史上的地位;2. 指导学生通过翻译课文,掌握、积累文言实虚词以及词语的特殊用法、特殊文言句式;3. 了解文中所采用的论证结构,学习正反对比的论证方法。

过程与方法:1. 通过阅读和翻译课文积累文言知识;2. 老师点拨,学生自主探究,学生借鉴本文正反对比的论证方法;3. 分析文章的整体思路,引导学生背诵全文。

情感态度与价值观：点燃学生继承中华民族传统美德的热情，古为今用，树立尊师重教的思想，培养谦虚好学的风气。

一节课中要完成那么多的教学目标，这位老师安排教学内容能够达到目标的要求吗？下面我们来看看这位教师在课堂上做了哪些事情：1. 检查预习；2. 情境导入；3. 作者介绍，解题；4. 文本内容研习探究（朗诵点拨，共同研习课文："古道"，择师的原则，当时的社会风气是怎么样的，作者是如何批判的，用了什么论证手法，文章是写给谁看的，作者的观点在当时社会和现在社会的意义）；5. 背诵课文；6. 布置作业。这样的一节课结束之后，学生究竟能够掌握哪些东西？内容指向目标时有没有发生偏差？经过分析，我们知道，按照课程标准的三个维度课程目标来设计具体课文的教学目标是不明智的。反过来看，我们的课程标准是不是应该更具体一些，更可行一些呢？王荣生在《语文教学内容与目标的达成》一文中也明确提到，语文课程标准中的课程目标，从总体上看属于"能力目标"（"素养目标"），这与其他学科的"内容目标"有很大不同，一般说，"内容目标"往往较为具体、较为直接地涵盖着乃至规范着课程与教学内容，而能力或素养目标，往往并不直接、具体地规限课程与教学内容。

三个维度的课程目标很容易让教师在依据课程标准进行教学设计的时候出现问题，往往导致教师不能够根据具体的课文设计准确的教学目标和确定适当的教学内容，而是哪个方面都想抓，将教学目标定得很多，教学结果却适得其反。

2. "课程目标"部分

在课程目标的第一部分必修课程中的"阅读与鉴赏"部分有关于议论文阅读的相关论述。

能阅读论述类、实用类、文学类等多种文本。根据不同的阅读目的，针对不同的阅读材料，灵活运用精读、略读、浏览、速读等阅读方法，提高阅读效率。

"能阅读论述类、实用类、文学类等多种文本"这句话中所提及的几种文本中包含了议论文，仔细揣摩一下如果"能阅读"这三个字，算作是对阅读的要求的话，那就太不具体了。究竟怎样叫做"能阅读",对于高中生来讲,从头到尾看一篇文章应该是没有问题的。那么,将文本看一遍是不是就叫"能阅读了"呢？显然不是的。课标中这样的表述并不能具体地说明课程目标是要学生达到什么样的阅读文本的水平,这样一来,教师在依据课程标准制定教学目标和教学内容的时候必定会发生偏差或在很大程度上导致目标和内容不一致。

3."实施建议"部分

课程标准第三部分实施建议包括教学建议、评价建议、教科书编写建议和课程资源的利用与开发四个方面。在教学建议的里的第五点"关于必修课程的教学"的"阅读与鉴赏"部分关于议论文阅读的描述为：

> 在具体的教学过程中,对不同类型文本的阅读指导应该有所侧重。阅读论述类文本,教师应引导学生把握观点与材料之间的联系,着重关注思想的深刻性、观点的科学性、逻辑的严密性、语言的准确性。

通过这两句话的表述我们发现对于议论文的教学建议,课标没有详细的说明来指导教师们教学实践。只是些笼统的概述,没有具体地说明教师到底应该讲什么内容。更进一步说,语文教师需要知道在面对议论这一文体时,应该从哪些具体的方面着手教学。比如议论文体的基本特征、表现手法、思想意义等是必须要学习的内容,教师需要的是更细致详尽的内容,能指导他们教学实践的内容。

二、从语文教材角度

语文教材是教师讲课的重要材料来源,高中议论文教学内容的确定性研究,必须分析议论文在语文教材中的出现情况,下面就根据第一章中对五个版本高中语文必修教材中议论文选编的统计调查进行分析,看看语文教材中都选入了哪些议论文,是如何编排的,以此来分析一线课堂议论文教学内容的具体情况。

1. 议论文篇目过少

第一章的统计调查显示,苏教版语文教材总篇目共 113 篇,其中议论文 7 篇;人教版语文教材五册共有选文 79 篇,其中议论文 11 篇;语文版教材在五册教材中选文总数共 101 篇,其中议论文 5 篇;鲁人版教材五册共有选文(包括自读文本)82 篇,其中议论文 5 篇;粤教版教材五册选文(包括参考阅读、基本阅读、扩展阅读)共 130 篇,其中议论文 7 篇。从上面这些数字中,我们不禁感叹,议论文的数量在语文教材中实在是太少,这其中还是包括了文言文的议论文和新闻、演讲类的议论文。像《拿来主义》那样的经典的、正宗的议论文几乎没有几篇。议论文是实用性很强的文体,现在的中考、高考作文命题,都趋向于考议论文。议论文的重要性不言而喻,然而,这样的数量比例,完全忽视了它在教育教学中的地位。各个版本这样的编排,甚至会给广大的语文教师带来一些错觉:议论文的教学并不是那么重要。语文教材选入的议论文数量过少,直接导致了教师能呈现给学生的教学内容也是十分有限和狭隘的。教学资源这般缺少,而教师是凭借着教材来安排教学内容的,课文是学生学习的范本,在这种情况下,学生能掌握的议论文知识就很有限了,在考试中遇到议论文的阅读题,可能很难下手,更别提写作议论文了。

2. 教材选编淡化文体意识

教材的编排淡化文体意识在苏教版教材中体现得最为明显,以人文主题编排的形式更注重文本的人文性,每个专题为一个主题,例如必修四中安排了"我有一个梦想"、"我们头上的灿烂星空"、"直面人生"、"走进语言现场"这四个专题。每一个专题下的文章是按照这一主题编入的,如第三专题"直面人生"中,分别选入了《报任安书》、《渔父》、《平凡的张鲁》、《庸人》、《记念刘和珍君》、《论厄运》、《〈名人传〉序》(节选)和《直面苦难》(节选)八篇文章,其中有散文,有议论文,还有人物传记。这就使不同的文学体裁编入了同一专题。鲁人版也跟苏教版一样,以话题组织单元,围绕话题编选阅读文本。这样以人文主题的教材编制方式虽然新颖,同时也有利于培养学生的人文主义精神,提升学生的人文素养,但是其弊端也暴露无遗。文体概念的逐渐淡化,导致语文教师在确定教学内容时忽视了具体某种文体特征相关的知识点。对于所选课文"人文内涵"的高度重视,使得教师们在课堂上呈现的教学内容更多地强调了文本所蕴含的人文精神。至于文章体式方面的特征,在教学内容上是很少体现出来的。

教材选编这种淡化文体的现状,导致教师在讲授议论文时,确定的教学内容更多的是关注议论文的精神内涵和思想意义,而忽略了议论文文体的各种知识,比如说富有逻辑性的语言和结构,比如说具有说服力的各种论据和论证方法。笔者访谈了很多一线教师,他们对于议论文体的界定还是很模糊,分不清课文到底是不是议论文,所以在教课文的时候,教学内容的设定也成了教师头疼的一个问题。大多数教师最后的处理办法就是把文章的思想内容即人文内涵作为重点内容来讲解,学生学不到议论文的各种知识,对于议论文这种文体具有什么样的典型特征都不太清楚,更谈不上运用到阅读和写作中去了。

3. 议论文编排分布不均

五个版本的教材都存在议论文编排分布不均的问题。苏教版的每一册均有一篇议论文录入;人教版必修第一册与第二册没有选入议论文,第三册选入了四篇文言文的议论文,第四册选入四篇,第五册编排了三篇议论文;语文版的第二册和第三册均没有录入议论文,第一册有三篇,第五册有两篇;鲁人版的第三册和第五册均没有议论文编入,第一册和第二册各有一篇议论文,第四册有两篇议论文;粤教版是按照文体和语体编排单元,议论文被编排在第四册的第二单元。可以看到,五版教材都至少有一册没有选入任何议论文,那就意味着在较长的一段时间内,学生将接触不到议论文的相关知识,这与学生的身心发展特点和语文知识、能力的形成、发展的规律是不相符合的。学生对知识点的记忆具有继承性和反复性,如果在一段时间内没有学习议论文这种文体,会造成学生在这段时间内议论文知识的空白。如果在某一段时间内议论文的内容呈现过多,又会造成学生阶段内知识饱和,厌烦情绪的产生。议论文的教学内容,应该贯穿于整个高中语文教学之中,均匀地分布在各册教材内,让学生循环往复不断巩固相关知识。教材编选时一定要注重根据学生的认知规律和对知识的记忆规律进行选编。否则,学生的知识结构不能得到很好的建构,不利于学生的发展,更不能使议论文这一类文体知识的教学成为有效教学。

无论是课程标准内容还是教材内容，都对教学内容的确定有着至关重要的影响，通过分析语文课程标准中有关议论文学习的缺失，以及语文教材中议论文选编情况存在的一些问题，说明目前高中议论文教学内容不明确的原因是多方面的。

三、从教师的教学设计角度

教学内容是由教师在进行教学设计的时候安排的，在进行教学设计时，第一步就是设计教学目标，教学内容应该是根据教学目标来选择的。教学内容的展现还受教学方法的影响，教师在进行教学设计时出现什么样的问题都将直接地反映在教学内容上。

1. 教学目标泛化

教学目标是在教学过程中师生预期达到的学习结果和标准。它是课程目标的进一步细化。教师在制定教学目标时，往往不能够针对具体的某一篇课文提出符合本篇课文的具体可行的教学目标。常出现的问题是照搬课程标准，泛泛地提出几点目标。仔细研究发现，这些目标与教学内容相关性不大。

例如一位教师设计的《师说》教学目标有三部分，分别是：

知识与能力：(1)了解有关"说"的文体知识，了解古文特点及韩愈在文学史上的地位；(2)指导学生通过翻译课文，掌握、积累文言实虚词以及词语的特殊用法、特殊文言句；(3)了解文中所采用的论证结构，学习正反对比的论证方法。

过程与方法：(1)通过阅读和翻译课文积累文言知识；(2)老师点拨，学生自主探究，学生借鉴本文正反对比的论证方法；(3)分析文章的整体思路，引导学生背诵全文。

情感态度与价值观：点燃学生继承中华民族传统美德的热情，古为今用，树立尊师重教的思想，培养谦虚好学的风气。

这位老师按照课程目标的三个方面：知识与能力、过程与方法、情感态度与价值观来设定这节课的教学目标。可见教师们对于课程目标和教学目标这两个不同层级的概念都有些混淆，生搬硬套地把课程标准中的课程目标拿过来直接作为了自己本堂课的教学目标，严格按照三方面的要求制定了那么多条目标。殊不知这样的教学目标呈现出来显得任务非常繁重，三个大目标共七个小目标，在短短的两节课时间里要完成，似乎是不太可能。按照这样的教学目标来安排教学内容的话，只怕是每一项内容都不能够学得透彻、深刻。

再来看一位老师在教《拿来主义》时制定的教学目标：

一、熟悉并掌握鲁迅关于批判地继承文化遗产的论证技巧；

二、学习本文运用比喻论证等方法把深奥的抽象的道理讲得深入浅出，生动形象的论证艺术；

三、体会鲁迅杂文的语言特点；

四、联系实际，深入理解学习本文的现实意义。

我们来看这四个教学目标的表述，没有一个表述可以具体地表现出这一节课的内容。例如第一条目标，"熟悉并掌握鲁迅关于批判地继承文化遗产的论证技巧"，具体是什么样的论证技巧在表述中没有说清楚。再看第三条目标，"体会鲁迅杂文的语言特点"，鲁迅杂文有很多运用语言的技巧，比如说幽默、辛辣的讽刺等，那么《拿来主义》这篇课文的语言究竟是什么特点，这里没有依据这篇文章的语言特点来表述。我们可以说这位教师在制定教学目标的时候只是泛泛而谈，没有具体到文章本身的特点和深刻的内涵。

2. 教学方法僵化

教学方法是在教学活动过程中所采用的方法，是指在教学过程中，教师和学生为实现教学目的、完成教学任务而采取的教与学相互作用的活动方式的总称，它既包括教师的教法,也包括学生的学法,是教授方法与学习方法的有效组合。① 教学方法受到特定的教学内容的制约,教师在教学过程中依据教学内容来选择教学方法。

传统的教学方法常常把教学方法和手段割裂开来,孤立地运用,带有很大片面性。许多教师在选择教学方法的时候往往依据自己的习惯来定,而不能够依据具体的文本来选择方法,老师们常犯的错误有教学方法单一化,选择教学方法的时候忽视学生的情感因素影响等,从而导致现在教学设计中教学方法的僵化。赞科夫在《教学与发展》一书中说道:"教学法一旦触及学生的情绪和意志领域,触及学生的精神需要,这种教学法就能发挥高度有效的作用。"②

我们来看一位老师执教《拿来主义》这篇课文的教学设计:

【教学目标】

1. 在阅读文本的基础上,理清作者思路,感受鲁迅先生思维的严密。

2. 学习本文比喻论证的方法,品析鲁迅杂文的语言风格。

3. 理解"拿来主义"的含义与意义,引导学生正确对待祖国文化遗产和外来文化。

【教学时数】　2课时

【教学方法】　问题探讨

这位老师只选择了一种教学方法,就是"问题探讨",对于这样一篇有难度、有深度的文章,只是用"问题探讨"的教学方法就能够解决课堂中的所有问题吗? 显然是不可能的。

我们再来看看另外一位老师的教学方法的选择:

【教学难点】

1. 理解"拿来主义"的含义与意义,引导学生正确对待祖国文化遗产和外来文化。培养学生批判性思维意识,并学会在生活中运用本文所阐述的道理。

---

① 钟启泉. 课程与教学论[M]. 华东师范大学出版社,2008:193.
② 赞科夫编,杜殿坤等译. 教学与发展[M]. 文化教育出版社,1990:106.

2. 鉴赏鲁迅先生犀利、幽默、反讽的语言风格。

【教学方法】

1. 朗读法

2. 课堂讨论法

3. 引导研讨法

这位教师在教学过程中确定了"朗读法"、"课堂讨论法"、"引导研读法"三种教学方法。我们比较一下两位老师的教学方法，显然是第二位老师的更好一点，这三种方法都是以语言交流为主的教学方法，这种方法能够迅速、准确而大量地使学生获得间接经验。对于《拿来主义》这类晦涩难懂的杂文，"朗读法"是必须的教学方法，只有多读多思考，才能够深入地理解课文内容的内涵。同时，这类课文的学习必定需要教师的引导，光靠学生的讨论，对于课文的整体把握有相当的难度。现代教学论强调教学方法的整体化和综合化，除了有以语言传递为主的教学方法，还有以直接感知为主的教学方法，还有以实际训练为主的教学方法等。教师课堂上安排的教学内容需要与之相应的教学方法进行配合，才能够使教学内容得以很好地传授。如果教学方法选择不当，那么教学内容的确定性必然受到影响。

把现代教学方法本身看成一个有机的系统，这个系统是由多种多样的教学方法相互作用与联系组成的。每种方法作为一个要素，均有各自的特点、范围和条件。它们在具体的教学情境中有机配合，发挥整体功能与作用。

3. 忽视议论文的体式特征

什么是议论文？有人认为："议论文是一种通过概念、判断、推理等逻辑形式反映客观事物规律与特征，表达作者主观见解的常用文体。"[①]这一文体有哪些区别于其他文体的特征呢？教师在教学议论文的时候应该依据议论文的体式特征来安排教学内容。议论文首先应该有一个论题，对论题的回答就是结论，结论往往就是论点，其次是

---

① 杨荫浒.文章结构论[M].吉林文史出版社,1990.

有论据和论证方法,这四点是议论文的基本要素。学习一篇议论文的时候,以上的四点是必须要掌握的,也就是说教师在安排教学内容的时候,应该将这四点作为基本点来讲解。

经过第一章的课例调查,我们发现,大多数教师在教议论文时,只是抓住议论中的某一个点来作为重点内容讲解,往往不能从整体上把握。例如,一位老师在讲《拿来主义》的时候,设定了"一、理解这篇杂文语言犀利、幽默的特点;学习本文运用比喻进行论证的方法,正确理解各种比喻的含义。二、理解如何正确对待中外文化遗产"这样两个教学目标,而他的教学内容如下:(1)释题:题目"拿来主义",同学们想想"拿来"在这里是什么意思? 为什么还要在后面加上一个"主义"呢?(写作背景)(2)理一理作者的写作思路:闭关主义,封闭落后。送去主义,沦为乞丐。听凭送来,大受其害。(3)学习鲁迅先生是怎样"运用脑髓,放出眼光,自己来拿"。(4)学习文章中的比喻论证方法,并分析其作用。(5)小结:我们主要把握了拿来主义的方法和实质,同时对文章的论证方法也有了基本了解。我们不难发现,这位老师在讲授这篇课文的时候,重点是论证方法,忽视了其他两个方面的教学,这样导致的结果就是学生对于这篇议论文知识的掌握是片面的。

那么,除了议论文的论题、论点、论据、论证这四个基本点,一篇议论文中还有没有其他的内容需要学习,回答是肯定的。议论文这一文体还有区别于其他文体的特点,如议论文的说服性、逻辑性、感染性等特征都是需要师生共同学习研究的。议论文的结构特征和语言特点也是不应该忽视的教学内容。

4. 忽视学生的学情

所谓学情,就是指来自学习者自身的,影响其学习效果的一切因素的总和。它包括学生的知识经验、心理特点、成长规律、行为方式、思维特点、生活习惯、兴趣爱好、困难疑惑、情感渴望等诸多方面。新课程的核心理念是"一切为了每一位学生的发展",所以在教学设计的过程中,学情是教师们应该着重考虑的一个因素。综上可知,学情应该作为确定教学内容的一个重要依据,然而当今课堂教学中忽视学生学情的现象十分严重。比如,有一位老师在上《师说》这一课的时候,在第一课时用了一整节课的时间讲解了字词句,包括注音、通假字、古今异义,还有个别词的用法及意义,还有一些特殊句式的讲解。高中阶段的学生经过了小学和初中的学习,已经具备了相当的自主学习能力,并且已经积累了一定的文言文字词句的知识。教师用一节课的时间来讲授关于字词的内容,学生大多数已经掌握的内容,没有考虑到学生的学情,造成教学时间的浪费,教学内容的多余,往往使学生产生厌烦情绪,教学效果变差。

第三节　议论文教学内容的重建

一、从教材内容中开发出教学内容

虽然教材在编排和选文上有诸多的不合理,但是它仍然是教师用于课堂教学的主要的课程资源,语文教材内容是语文教材具体形态层面的概念。它讨论的是用什么教学的问题,是为了使广大的学生较好地掌握既定的课程内容,语文教材编制者提供"通常可以用什么去教"的建议。教师应学会从教材本身认真思考如何将一篇议论文的知识点用最合理的教学内容呈现给学生,使学生真正地掌握议论文的基本特点和各方面的知识。

在教材里最能指导教学内容确定的除了文本之外,就是每篇课文后面的课后习题,那是与文本紧紧相关的,也是学生应该掌握的知识内容,教师应该把它们作为教学内容的一部分,精心安排到课堂中去,为学生答疑解难。下面我将以苏教版的教材为例来阐述教材中值得利用的教学资源,我们教师如何依据教材来确定教学内容。

(一)"问题探讨"部分

在苏教版教材必修一中有一个专题叫"获得教养的途径",这一专题将《劝学》和《师说》这两篇文言文收录其中,在课文后面有以下几道练习题值得重视。在"问题探讨"中有这样两个题目:

问题探讨

1.《劝学》所"劝"的是什么样的"学"？作者为什么会提出"君子博学而日参省乎己"与"积善成德"？它对如何"学"提出了什么样的主张？

2.《劝学》和《师说》都是古代的论说文，作者为了阐明自己的主张，分别用了比喻、对比等论证方法。请结合文章内容说说运用这些论证方法的好处。

我们可以看到这两道题目分别是考察学生对于文章中作者的论点提出和所用论证方法的掌握情况。如何提出论点、提出什么样的论点和运用了什么样的论证方法、这样论证的作用是什么，无疑要成为讲授《劝学》和《师说》这两篇课文时的教学内容。

在必修三中"文明的对话"这一专题后的"问题探讨"里出现了这样一道题：

1. 阅读《拿来主义》的相关部分，完成下面的表格，并回答问题。

总喻	比照对象	对待遗产的方式	作者评价
得了一所大宅子	孱头		
	昏蛋		
	废物		
	"拿来主义"者		

联系鲁迅《拿来主义》写作的时代背景，指出孱头、昏蛋、废物和"拿来主义"者各自反映了什么样的立场？文章是怎样运用总体设喻和分类相比的方式，把深刻而抽象的道理说得生动形象、易于理解的？

这一题列出表格让学生思考作者用的这些比喻是反映了什么样的立场，用表格的形式展示课文内容，简洁明了，教师在引导学生解决问题的时候也可让学生学习这种提炼课文内容的方法。这一题囊括了很多知识点，既有作者运用的比喻和类比的论证方法，又有作者的立场也就是作者的思想感情。教师在课堂中可以依据这个题目来选择安排教学内容，效果应该会比较好。

一般说来，文本后的习题有两个作用：第一是在学习之前的阅读中起到指导作用；第二是在教师讲解完课文之后，老师和学生们可依据习题来复习课文内容。由此看来，教材文本后的习题有很大的作用。所以，教材中的"问题探讨"出现关于论点、论证方法这样的问答题，我们教师应该引起重视，这些问题指向了《劝学》《师说》和《拿来主义》三篇课文作为议论文的最基本知识点。教师在教学中应该将其纳入教学内容当中，并且应当将其作为重点教学内容。

（二）"积累与应用"部分

同样是以上面讨论的苏教版必修一中"获得教养的途径"这一专题为例，在选录的全部课文后面，编者又设置了一部分习题叫"积累与应用"，其中又有这样的题目：

积累与应用

3. 本专题的文章都是谈读书学习，论述的方法却大不相同。请想一想，这三篇文章的作者是如何有创意地表达各自见解的？课外选读名家名篇，和本专题的文章作比较，了解说理方法的多样性。

4. 增加论述的说服力，必须讲究语言形式。结合本专题文章，说说作者是如何把抽象的道理清晰生动地阐述出来的。

第3题要求学生思考议论文的各种说理方法，也就是论述的方法，还要求"课外选读名家名篇"来作比较，教材编写这样的题目让学生来做，其目的显而易见，就是要使学生们通过这些课文的学习，能够深入思考议论文如何运用论述方法。教师在课堂上若能够带领学生探究、讨论不同文章里所用的论证方法，再加上课外选读，与课内所学作比较，那么，学生对于论述文的说理方法这一内容的掌握必定更加牢固。所以，教师应该重视教材上这些课后的习题，它们对于巩固和拓展知识都有不可忽视的作用。再来看第4题，这一题是要学生掌握议论文中的语言运用对于整篇文章的重大作用，其中最突出的作用便是增加论述的说服力。题目要求"结合本专题"来谈，也就意味着学生们要回过头来看专题里的这几篇文章,深入思考文中的语言运用,找出语言运用的技巧。这一题的训练对于学生来说是教会学生巧妙运用语言论述抽象道理的好机会。所以说,教材编入的这些习题应该引起教师的高度重视,教师们依据教材中有用的知识来确定教学内容是明智之举。

在苏教版必修二的"历史的回声"这一专题里,还有这样一个题目:

1."六国破灭,弊在赂秦"的论点是怎样提出来的? 又是运用哪些材料和方法进行论证的?

这一题旨在要求学生掌握《六国论》这篇课文的论点、论据和论证。这应该是学习一篇议论文必须搞清楚的首要问题。作为议论文的基本要素,这三个方面理应成为教学内容,所以教材编入这个题目是符合议论文的文体知识特点的。教师们以此为教学内容的一部分是理所应当的了。

(三)"写作指导"部分

苏教版教材里的每一个专题后面都有写作训练,写作的主题依据这个专题的主题来定。例如必修一里"获得教养的途径"这一专题的写作训练是关于议论文的写作,在写作指导是"鲜明的观点是议论文的灵魂"。必修三里"文明的对话"这一专题的写作训练指导是"为观点提供有力的支撑",必修四"我有一个梦想"专题的写作指导是"让说理更令人信服"。将这三个写作训练指导的题目串起来看,就是写作一篇议论文要注意的几个要点了。那么,这一部分内容究竟有哪些有价值的内容值得教学,仔细研究这三个写作指导,先从其具体描述来看:

对于议论文来说,最重要的是:要有鲜明的观点。
……
要做到观点鲜明,首先必须对所论及的问题进行深入思考。弄清楚问题涉及哪些因素,关键在哪里,又是在什么样的背景下讨论这个问题,别人有哪些不同的意见,那些观点又有什么异同。作者应在认真思考的基础上形成自己的观点,切忌人云亦云,毫无主见。韩愈的《师说》,之所以能对老师的作用、从师的意义、择师的标准等提出自己独到的见解,是因为他对从师求学的问题进行了深入的思考,对其他人的认识和做法也作了深入的分析。

　　要做到观点鲜明,还必须在行文的过程中始终围绕自己的观点展开论述……

以上这段文字对于学生如何确定一篇议论文的观点能起到一个很好的指导作用,结合了学生在这一专题已经学过的课文《师说》来说明,便于学生的理解。但是这一部分内容如果教师不在课堂上作为重点内容来讲授的话,学生课后应该是不会重视的。要想指导学生进行议论文的写作,教材上的写作指导就是很好的资源,教师应该好好地将这一部分资源利用起来。

再来看必修三中"文明的对话"这一专题的写作指导"为观点提供有力的支撑":

对论据的基本要求是真实、典型、充分。真实,就是合乎事实,准确无误;典型,就是在逻辑上能够充分证明观点,并且有一定的代表性;充分,就是论据具有足够的数量和质量。有了真实、典型、充分的论据,论证才具有较强的说服力。在真实、典型、充分的基础上,如果能够注意论据的新颖,则更能启发人深思,增强说理的效果。

丰富的论据来自我们的生活积累和阅读积累,我们既要善于从占有的材料中发现能够证明观点的论据,又要善于对相关材料进行归纳、取舍和提炼。

这是对写作议论文时,如何选择论据和选择什么样的论据的指导,可谓详细而具体,这里只是摘录了其中一小部分内容。

必修四中"我有一个梦想"专题的写作指导是"让说理更令人信服",这里举了许多的论证方法,并且结合了具体的课文详细地说明论证方法增强说服力的作用。

合乎逻辑地进行论证的同时,适当地运用一些说理的方法,能够增强说理的效果。举例论证、对比论证和比喻论证都是常用的论证方法……

引用和类比也是常用的论证方法。引用论证,就是运用正确的理论和原理,引经据典证明论点的正确。比如苏洵的《六国论》就引用了古语"以地事秦,犹抱薪救火,薪不尽,火不灭",来证明"六国破灭,非兵不利,战不胜"的观点。鲁迅先生的《拿来主义》,将送去主义和尼采相比,《在马克思墓前的讲话》将马克思和达尔文相比,《寡人之于国也》将梁惠王和"五十步笑百步"的人相比,则是通过类比进行说理。教师应该能够做到教材为我所用,利用教材中的一切有益的教学资源,包括文本、课后习题和单元小结等等内容,设定出合理的教学内容,安排到课堂教学中,让学生能够透彻地掌握议论文相关知识。

二、依据"议论文体式"确定教学内容

文章的体式,包括对语言在内的多种表现形式方面所作的分类。教师要确定教学内容,首先自己要对文本进行解读。解读时首先做到"阅读取向常态",这里的常态意味着拿到一篇文本时,教师不要把自己当作语文老师,就当自己是一个普通的读者,且是第一次看到这个文本,然后一步步往深处解读。其次要明确阅读这种体式的文章时要注意哪些地方,要读出什么东西,从哪里读出来。议论文以析事明理为主,议论是主要表达方式,因此,在阅读中首先要从论点、论据、论证方式入手,抓住文章的中心论点,理清文章的逻辑辩证关系,判断其论证的深刻性、新颖性和科学性。

(一) 依据议论文的体式特征确定教学内容

西方也有所谓议论文,英文称作"Argumentation"、"persuasive",一般译作"论辩",相当于我们讲的"议论文"。议论文的核心,是所提出的观点能够成立,能够被原本持不同观点的人同意。而之所以成立,之所以被同意,关键是证据和用证据证明观点的论证过程。把握议论文的体式特征,需要掌握下面的相关概念:

> 论题:有待解决的问题。
>
> 观点:对问题的看法。
>
> 断言:未经过充分论证的看法。
>
> 论点:通过论证得出的问题答案,建立在理由充分的基础上的观点。
>
> 论证:由一个结论和支持该结论的理由组成。

理由：对我们为什么要相信某一特定结论的解释。

证据：支撑理由的事实材料。

报告：叙述那些通过调查可以得到证实的信息。

推论：根据真实信息描述眼下尚不知道的事情。

判断：根据一定标准进行评估的结论。

论证的过程，即逻辑推理，包括演绎推理、归纳推理和辩证推理等。推理要符合逻辑的规则。理由＋结论＝论证。首先是理由，然后才是结论，这是论辩的首要规则。不能先选择观点，然后再考虑理由，否则就是"颠倒的逻辑"或"倒逆的逻辑"。

议论文体，旨在阐明作者的观点和主张，以宣传真理，批驳谬误，使读者信服。为了使读者信服，议论文重在告诉读者"为什么"。议论文以准确的概念、鲜明的判断、严密的推理为说服群众的基本手段。因此，说服性、逻辑性、感染性是议论文的主要的共性特征。

1. 议论文的说服性

议论文是摆事实、讲道理的文章。议论文的基本特点是它的说服性。议论文的说服性表现在论点、论据、论证这三个要素上，同时也表现在语言的运用上。

(1)"三要素"的说服性

论点、论据、论证是议论文的三要素，议论文具有说服性这一特点，主要是由这三个要素决定的。首先，论点要正确。所谓论点，是作者在文章中对所论述的问题提出的见解、主张和表示的态度。它是整个论证的中心。只有正确的、符合客观事实的论点才能够让人信服。其次，要把握住论点和论据之间的关系。所谓论据，是用来证实论点的理由和根据。论点统帅论据，而论据，又用来证实论点。最后，论证要富有逻辑性，论证反映了论点与论据之间的逻辑关系，它把论点、论据恰当地加以安排，用论据证明论点，使材料与观点统一。

例如《师说》这篇课文论点鲜明，开篇第一句"古之学者必有师"，点明了论点。接下来，摆出事实依据，运用正反对比的论证方法，将道理说得透彻，有极强的说服力。

文章开篇第一句就是"古之学者必有师",说明古人非常重视师道;接着说明老师能"传道受业解惑"点出老师的职能;"人非生而知之者,孰能无惑"说明人会遇到困惑,作者从这三个方面证明了从师学习的必要性和重要性。作者认为选择老师没有年龄上的限制,提出了"无贵无贱,无长无少,道之所存,师之所存也"这样的择师标准。文章第二段从三个层次进行对比,先用古人从师而与今人"耻学于师"进行古今对比,指出不从师会更加愚昧;其次用人们为子择师而自己却不从师来进行对比,指出"士大夫之族"行为之谬误;最后用"巫医乐师百工之人"和"士大夫之族"对比,进一步揭露士大夫之族的错误想法,批判轻视师道的社会风气。第三段作者举了孔子的例子说明古代圣人重视师道,因为孔子在人们心目中是圣人,所以用孔子重视师道这一代表性的例子,能够增强说服力。本文中,作者紧扣论点,提出论据,巧用对比的论证方法,将议论文的三要素紧密联系,环环相扣,使得整篇文章结构严谨,非常具有说服力。

（2）语言具有说服性

议论文的说服性不仅表现在论点、论据、论证这三个要素上,而且还表现在语言的运用上。这是因为论点、论据、论证都离不开用语言形式来表现,语言是形成一篇文章最基本的因素,议论文的语言要求准确严密。特别是一些关键性的句子,更要注意它们在提出论点、进行论证时的表述作用,以达到准确、严密的要求。所谓准确,就是说语言要符合事实,合乎真理。只有符合事实的语言,才谈得上有说服力。

苏洵的《六国论》中有这样一段话:"思厥先祖父,暴霜露,斩荆棘,以有尺寸之地。子孙视之不甚惜,举以予人,如弃草芥……然后得一夕安寝。起视四境,而秦兵又至矣。"这段文字对于韩、魏、楚三国因贿赂秦国而招致"灭国"的惶恐不安的情态做了非常生动的描写,这样的描写具有很强的说服力。在课堂教学中,教师应当强调这种描述的作用。如此运用语言,可以使议论文的说服力增强,学生通过反复学习,便应能够在习作当中学会运用。

再如《师说》中"人非生而知之者,孰能无惑? 惑而不从师,其为惑也,终不解矣。生乎吾前,其闻道也固先乎吾,吾从而师之;生乎吾后,其闻道也亦先乎吾,吾从而师之。吾师道也,夫庸知其年之先后生于吾乎?"这句话阐明"道之有无"是择师的唯一标准，一反时俗，将贵贱长少排出标准之外。这样的论述非常具有说服力，在教学中，教师可指导学生学习这样的论述，在平时的写作训练中学习借鉴。

2. 议论文的逻辑性

议论文就是靠逻辑性去阐明道理、说服读者。论证要富有逻辑效果。论证反映了论点与论据之间的逻辑关系，它把论点、论据恰当地加以安排，用论据证明论点，使材料与观点统一。一般说来，议论文主要是按照事理的逻辑联系，按照提出问题、分析问题、解决问题的次序来安排结构的。

鲁迅的《拿来主义》一文运用了严密而高明的逻辑推理，论证十分严谨。从"闭关主义"谈到"送去主义"，着重地批判了"送去主义"的丑恶行径，从而提出"拿来"，再到"拿来主义"。虽然是先从"送去主义"写起，但是否定了"送去"也就是肯定了"拿来"。先破后立，破中有立，在揭露了"送去主义"的种种不足取之后，再提出"拿来主义"，显得顺理成章。这样的逻辑推理下来，既破了"送去主义"，又立了"拿来主义"，同时也为下文正面阐述"拿来主义"做了很好的铺垫。接下来作者运用了诸多比喻论证的方法从正反两面深入地剖析"拿来主义"的真正内涵。文章逐步深入，有层次的论证，体现了严密的逻辑性，把深刻而抽象的道理讲得生动形象。

上文提到韩愈的《师说》也是体现议论文逻辑性强的典范之作。文章首句提出中心论点"古之学者必有师"，接下来从正反两面来论证中心论点。第二段从三个方面进行对比，先用古今对比，把"古之圣人"从师而问和"今之众人"耻学于师相对比；再用人们对自己与对儿子的要求不同来对比；最后用以巫医乐师百工之人与士大夫之族作对比，批判当时社会上轻视师道的风气。最后以孔子为例，指出古代圣人重视师道的事迹，进一步阐明从师的必要性和以能者为师的道理。整篇文章中不仅有历史事实为据，还运用对比论证的方法，更重要的是结构安排的层次清晰，逻辑性很强。《师说》以其鲜明的中心、清晰的层次、充分的说理体现了逻辑思维的严密。

议论文教学应着重剖析议论文内在的逻辑联系，使学生感受到文章说服人的逻辑力量，从而发展他们的逻辑思维能力。所以说，议论文教学应该将其逻辑性作为教学内容之一，以训练学生的逻辑思维能力。

3. 议论文的感染性

文章具有感染性主要体现在情感的深沉、含蓄。许多议论文中饱含着作者的情感,所以议论文不仅具有强烈的逻辑色彩,也具有一定的感染性,议论文教学不能只停留在"理"字上,也应将情感方面列入教学内容当中。议论文教学应该化理为情,融情入理,情理一体。

例如《在马克思墓前的讲话》这一篇课文,这是一篇以议论为主的、悼词性质的演讲词。本文的作者是恩格斯,我们知道马克思是恩格斯一生的挚友。面对好友的离世,恩格斯必定是沉痛悲伤的。他将这种感情含蓄而深沉地用准确生动的语言表达出来,极富有感染力和震慑力。

我们来看文章的第一段:"3月14日下午两点三刻,当代最伟大的思想家停止思想了。让他一个人留在房里还不到两分钟,当我们进去的时候,便发现他在安乐椅上安静地睡着了——但已经永远地睡着了。"这段文字表达了恩格斯对马克思的深切悼念。作者表达思想感情的方式相当地含蓄,但是他巨大的痛苦,复杂的感受,深刻的理解,几乎全被浓缩在"但已经永远地睡着了"这半句话里。这半句话唤起了人们的深深的悼念之情,极具感染力。

再比如《拿来主义》中"所以我们要运用脑髓,放出眼光,自己来拿!"这句话用了感叹号,通过铿锵有力的语气,我们感受到作者强烈的爱国情感,读起来使人感到振奋,受到感染,顿生爱国家、爱民族的热情。教学中,教师可以指导学生感受整齐的句式和充沛的感情带来的文章的感染性。教师在教学过程中每次遇到议论文的讲解,都将使文章富有感染力的技巧作为教学内容的一部分,长此以往,学生便能够掌握这一知识点,在阅读和写作议论文的时候能运用平时所学。

议论文的文体感是阅读和写作议论文过程中长期接受和应用所形成的一种心理积淀,是一种自觉或不自觉地规范阅读和写作行为的"内在尺度"。所以教师在教学过程中一定要重视培养学生的文体感。

(二) 依据议论文的三要素确定教学内容

一篇议论文,不论它具体论述什么问题,也不论它的篇幅长短以及有着怎样的特点,都必须具备论点、论据和论证这三个要素。论点,是议论文中所表明的观点。论据,是用来证明论点的理由或根据。论证,是用论据来证明论点的过程和方法。

1. 把握议论文的论点

上文提到过杨荫浒的《文章结构论》认为:"议论文是一种通过概念、判断、推理等逻辑形式反映客观事物规律与特征,表达作者主观见解的常用文体。""见解"自然包括观点和主张,我们称之为议论文的论点,它集中体现作者对事物认识、态度、见解和主张,对整篇文章起主导作用,可以说是文章的灵魂。所以说在教学议论文的过程中,论点应该成为重要的教学内容。

课标的"课程目标"部分阅读与鉴赏第二点指出:"从整体上把握文本内容……概括要点,理解文本所表达的思想、观点和感情。"在教学建议中提出:"阅读论述类文本,教师应引导学生把握观点与材料之间的联系,着重关注思想的深刻性、观点的科学性……"其中"要点"和"观点"就是指议论文的论点。可见,把握文章内容,提炼文章论点是议论文阅读教学的教学内容之一。

在《师说》一文中,作者在开篇第一句就提出了中心论点"古之学者必有师",《劝学》的中心论点"学不可以已矣";《六国论》的中心论点"六国破灭,非兵不利,战不善,弊在赂秦"。这几篇文章都有鲜明的观点作为文章的论点,教师在教学过程中不仅要学生能够找出论点,还应进一步要求学生思考作者是如何提出论点的,是首先摆出论点,还是经过一番论述之后才得出论点。

以《拿来主义》为例,在教学过程中,首先让学生找出主旨句和与中心观点相关的段落:"所以我们要运用脑髓,放出眼光,自己来拿!"其次,再读课文,弄清楚"拿来主义"含义,就领会了文章主旨,明确了文章论点。文章主旨句之后,作者通过一个穷青年对待祖上遗留下来的大宅子态度的比喻,来阐释什么是真正的"拿来主义",对待文化遗产应持什么样的态度。批判对待文化遗产的三种错误态度,指出"拿来主义"者对待文化遗产应是"占有"、"挑选"。在教学过程中,教师引导学生找出文章的论点之后,重要的是让学生真正理解作者观点的确切含义。

2. 分析议论文的论据

议论文对客观事物的反映或评价，需要事实作根据，但不是简单的现象罗列，而是透过纷繁芜杂的表面现象去认识事物的本质。论据，就是论点的依据，是作者用来阐述论点的材料。论据必须准确、典型、充分，才能使论点站得住脚，是整篇文章具有说服力。刘勰《文心雕龙·论说》对议论文的写作提出了这般要求："必使心与理合，弥缝莫见其隙；辞共心密，敌人不知所乘。"使"敌人不知所乘"，这是对议论文严密性的最高要求。要达到达种要求，除所论之理本身应具有客观真理性而外，从论证的方面看，首要的便是论证论点的论据应具有无可辩驳的确定的客观实在性。

在《说"木叶"》中，作者引用了大量古诗，《谈中国诗》中钱钟书先生引用了大量国内外诗句，这些都增强了文章说服力，并且使文章内涵丰富，富有文学性。

我们再来看看《师说》这篇课文的论据选择。综观全文，作者为"古之学者必有师"这一论点找了四个论据，分别是"道之所存，师之所存"的从师观；孔子从师的正面事例；世人在从师上的三个怪现象这一反面事例；还有年轻人中从师的典型——李蟠。这四个论据，既可以进一步论证自己的观点，也使文章的说服力大大增强。

教学议论文论据的使用，使学生懂得占有材料、学好理论的重要性，并促使他们养成勤作笔记、积累资料、学习理论的自觉性。长此以往能够使学生们养成积累和梳理材料的好习惯。

3. 探讨议论文的论证结构和方法

论证作为一种基本的逻辑方法，有其基本的逻辑结构，它由论题、论据、论证方式三部分构成。论题就是我们需要论证的主题，是在论证中其真实性需要加以确认的判断。论题在论证过程中既是开端又是终结，作为论证的开端，论题既是提出所要解决的问题，作为论证的终结，论题的被证明就是问题的解决，就是结论。论据就是在论证中，确认论题真实性的判断依据，是证明论题真实性的充分理由。论证方式就是论题与论据间的逻辑联系形式，由于论证是借助推理形式来进行的，因此论证方式实质就是关于推理形式的问题。

论证方式具体表现为论证方法，常见的论证方法有举例论证、比喻论证、道理论证、对比论证、类比论证、因果论证等。而这些在教材选文中有很好的运用,如《拿来主义》中比喻论证相当精彩;《谈中国诗》中对比论证运用巧妙;《咬文嚼字》中有大量的举例论证。在《拿来主义》和《谈中国诗》中,作者都运用了比喻论证,使说理明白晓畅。在课堂教学过程中进行分析课文时,教师不妨让学生找出比喻的本体和喻体,思考分析作者要表达的观点,体会这些比喻的特点,使学生真正掌握比喻论证的实质。

在《拿来主义》一文中,作者通过大量的比喻论证来阐明对待文化遗产的态度。将课文中作者所用的本体和喻体整理成表格,如下:

喻体	本体	性质	处理方法
大宅里所有的物品	中外文化遗产中的具体内容	各类型都有	占有、挑选
(1) 鱼翅	精华	有益的养料	吃掉
(2) 鸦片	糟粕	有害也有益	送药房供治病用
(3) 烟枪烟灯	文化遗产中的旧形式	无益	送博物馆外,其余毁掉
(4) 姨太太	色情文化之类	有害	请各自走散

作者在提出中心论点"我们要运用脑髓,放出眼光,自己来拿"以后,便以对待大宅子及其里面的各类东西(鱼翅、鸦片、烟枪、姨太太)为喻,形象地说明"拿来主义"的意思是对古代及外国的东西采取"或使用,或存放,或毁灭"的不同方法。正所谓比喻用得新颖风趣,讽刺则深刻犀利,说理更是明白晓畅,令人过目不忘,回味无穷。这就比不用比喻而只在抽象道理的层面对论点进行阐释性论证的方法更具有说服力。

在课文讲解过程中,教师如能引导学生对这些论证方法进行透彻的理解,定能提高他们的分析论证能力,同时对他们的议论文写作有重要的指导作用。论证方法的教学无论从理论还是教学实践的角度来看,都应该成为议论文教学的重要内容。

(三)依据议论文的结构特征和语言特点确定教学内容

结构如同文章的骨架,对一篇文章而言至关重要。而严谨的语言也是议论文最重要的特征之一,在教学过程中,教师应该将这两个方面作为重要的教学内容。

1. 依据议论文的结构特征确定教学内容

议论文的结构从不同方面看有篇框结构、事理结构、逻辑结构，为了更深刻地认识议论文的结构特点，也必须从篇框、事理、逻辑等方面对其结构进行分析。弄清议论文的篇框结构，须在理解文章内容、明辨文章形式的基础上，着重于文章首尾与中间部分有无总分关系；弄清事理结构，要着重于文章相邻部分之间是否具有前后承续的关系；弄清逻辑结构，不但要看文章相邻部分之间的逻辑关系，而且要深入到各部分内部看各观点的生成过程及相关观点之间的逻辑关系。另外，分析议论文的结构也应联系议论文的类型，议说型、论证型议论文的篇框结构一般为分论式，事理结构一般为并列式，而说明型、论证型议论文的篇框结构则多为"总论——分论"式或"总论——分论——结论"式，事理结构则多为递进式。杂文的结构的灵活性更大，需要具体文章具体分析。

下面以《师说》和《六国论》为例进行分析。《师说》全文共四段，文章从整体上来看是按照"正—反—合"的逻辑顺序来写的。我国古代论说文有一个传统的模式：起、承、转、合，揭示了说理的一般思路和结构形式。本文首句是"起"，说明什么是师，紧接着写为什么要从师就是"承"，"嗟乎，师道之不传也久矣"则是"转"，这里不再是讲道理，而是开始联系实际，从社会现实的角度论述从师的必要性。"合"是从"圣人无常师"开始的，后面即全文总结，说明了圣者为师的道理，也回答了"怎样从师"的问题，与开篇相呼应。

《六国论》是一篇借古讽今，以史论政的出色政论。以其结构上的独特个性为人称颂。文章开篇首句"六国破灭，非兵不利，战不善，弊在赂秦"提出中心论点，紧接着摆出两个论据"赂秦而力亏"和"不赂者以赂者丧"，正反对照，虚实结合，对总论点作了简要的阐明。同时这两个论据又为下文的论述做铺垫，被分别作为第二、三段的分论点。在课堂教学中，这种"总论——分论——结论"式的结构能够给学生以写作议论文的启发。

再以并列式论证结构的《咬文嚼字》为例，第一、二两段由"你是"到"你这"句式的改变引出论题，第三到第五段举了静态和动态两方面的例子论证了第一分论点，第六和第七段用正反两例证明第二分论点，最后一段总结明确中心论点。第一部分实质上论证了阅读中要咬文嚼字,第二部分论证写作中咬文嚼字之难,是为横向展开议论的并列论证结构。其中第一分论点又有三个小分论点,第二分论点又有正反两个方面。这是并列式论证结构的特点。

2. 依据议论文的语言特点确定教学内容

议论文以议论为主要的表达方式,重在以理服人,分析议论文的语言特色应包含两个层面:第一个是文章所体现出来的议论文语言的共性特色层面;第二个是在第一个层面基础上体现出来的作者语言的个性特色。议论文语言的共性特色是准确、鲜明、概括,同时也讲究生动,使论述有说服力和感染力。

议论文中不同的文章类型又有不同的语言风格,也就是在共性基础上体现出来的作者语言的个性特点。刘锡庆在《"随笔"随谈》中就曾说,在"笔调"区别上"杂文'犀利',常常寸铁杀人,'当头一击'即制强敌于死地,诚所谓'嬉笑怒骂,皆成文章';'随笔'则较为'闲适',常常从容道来,温文尔雅,总不失'绅士'风度";在"语言"色彩上,"杂文多用'讽刺',比较辛辣;'随笔'推崇'幽默',较为惬意"。因此,在实际的教学过程中,教师应引导学生真正体会议论文的语言特点,对不同类型的议论文所表现出来的语言特点加以区分,使学生学会如何在自己的作文中运用恰当的语言使论述具有说服力,整篇文章具有感染力。

以鲁迅的《拿来主义》为例,语言幽默讽刺、深刻凝练,是鲁迅杂文的典范之作。这篇课文的语言应该成为教学的重点内容,一般来说,在课堂教学中品味文章的语言是通过分析关键语句来实现的。例如:

> "还有几位'大师'捧着几张古画和新画,在欧洲各国一路的挂过去,叫作'发扬国光'。"这句话中的"捧"和"挂",是假大师们送出古画和新画的动作,这是一种毕恭毕敬和自鸣得意的丑态,惟妙惟肖地刻画出了谄媚讨好的奴性心理,同时显现出作者对他们这些送去主义者的奚落之意。"发扬国光"为反语,不以为耻反以为荣,丑态尽显。

除了上一句用精练、传神的动词对"送去主义者"崇洋媚外的形象进行生动的描绘，课文中还有许多其他精彩的语句。例如反语的运用：

"总之，活人替代了古董，我敢说，也可以算得显出一点进步了。"这句话中的"进步"是反语妙用，讽刺"送去主义"之风愈演愈烈，日益猖獗，大有执迷不悟，愈陷愈深之势。"当然，能够只是送出去，也不算坏事情，一者见得丰富，二者见得大度。"这句话也是反语讽刺，"丰富"是欺世惑众的自夸，媚外求荣的借口，而"大度"也不是平常意义上的慷慨，而是"送去主义"者对民族利益的无耻的出卖。

在课堂教学中，教师带领学生品析妙用反语这一语言的使用技巧，学生们便能够充分认识到，一篇好的杂文往往通过使用大量的反语进行辛辣的讽刺，同时也能够加深学生对课文本身的理解，一举两得。

鲁迅的文字有强烈的感染力，辛辣的嘲讽、诙谐的比喻往往妙趣横生，正所谓"嬉笑怒骂皆成文章"。我们看文章中的这一句话："所以我们要运用脑髓，放出眼光，自己来拿！"这句话中"自己来拿"是根据自己的需要，完全独立自主地决定要什么、不要什么。而这需要"运用脑髓，放出眼光"，要"沉着，勇猛，有辨别、不自私"。我们通过这句话感受到强有力的情感，这正是作者对国家、对民族真挚的感情，非常具有感染力。

议论文语言既有个性特征又有一些共性的特点。共性特色是由其文体决定的，但任何文体的文章又总是由个体的作者写出来的，不同的作者的个人语言特色也必然会在议论文中表现出来。当然，作者鲜明的个人语言风格的形成是其创作成熟和成就的重要体现，并不是任何一位议论文的作者都能在自己的文章中表现出鲜明的个人语言风格。在议论文教学过程中将语言分析作为重点教学内容，指导使学生阅读议论文可从语言入手，认真地去读课文，在读课文的过程中，要非常清晰地认识到作者要表明一种什么观点，他的这种观点是通过什么方式表达出来的，以及他在什么背景下要表达什么观点，从而更好地理解作者的观点和态度，同时也能够让学生明白写作一篇议论文可用语言技巧增强文章的感染力和说服力。

三、依据学情确定议论文教学内容

上文已经提到,所谓学情,包括了学生的年龄特点,心理特征、状态,已有的知识基础、经验,理解、表达能力和学习方法、兴趣等方面。教师在进行议论文教学的时候,除了要参考课程标准的要求、教材的内容、议论文文体的各种特征之外,还要重点考虑的因素就是学生的学情。教师在做教学设计的时候要考虑学生的年龄特点,对于议论文的认知水平,所具备的议论文思维特征和议论文相关知识的积累程度等学情。

(一)依据学生的思维水平确定教学内容

高中阶段的学生思维水平已经初步发展成熟,具备一定的逻辑抽象思维能力,能够以理论指导去分析和解决问题,同时具有独立思考和分析文章的能力。所以,教师在确定教学内容的时候,应该考虑到这些因素,设计课堂提问时根据学生的思维能力设计难度适宜的问题。深入分析课文的时候,抓住难点和重点进行解读。

例如《拿来主义》这篇课文,文章的逻辑性很强,这篇文章的重点内容应定位在理解文章的深刻思想内涵、高超的论证艺术和培养学生的逻辑思维能力。学生对于鲁迅晦涩难懂的杂文本来就有点畏惧的心理,作为老师,要在充分考虑学生学情的基础上设计教学内容。抓住高中学生的思维能力特点,巧妙地安排教学内容和选择教学方法,激发学生的学习兴趣和热情,从而使学生能够更好地学习课文内涵。切不可在教学内容里安排学生已经掌握的知识点,这样做容易让学生感到乏味,难以调动学生思维的积极性。

(二)依据学生的知识积累确定教学内容

高中生对于议论文的阅读已经有了一定的知识积累,教师在课前备课时应该联系学生已经学习过的议论文来设计教学内容。教师通过研究分析学生现有的知识储备,可以得出学生在学习具体某一篇文章的知识起点,对于教学内容的确定有相当大的帮助。学生已经掌握的知识点,教学内容安排时就涉及得少一点;而学生从未接触过的内容则应该作为重点教学内容安排到课堂教学当中去。

《师说》是文言文中的议论文，一般来说，面对一篇文言文，教师在教学过程中，首先会带领学生梳理课文，使学生懂得课文的白话文意义。然后再深入课文讲解各种知识点。以高中生的文言知识储备，课上老师完全没有必要花大把的时间整理字词句知识。关于字词的梳理应该让学生在课前就准备好，有的老师用宝贵的课堂时间讲文言字词翻译，这些东西学生都已经掌握了，没有必要反复强调。文章中的分层次论证艺术和严密的逻辑结构应该成为本课的重点知识内容。

教学内容的确定不仅要从教师"教"的角度出发，更要从学生"学"的角度出发。根据学生的实际情况确定的教学内容才可能是合宜的，准确的。在整个教学过程中，教师要时刻关注学生的学情，确定有效的教学内容，实现高效的教学。

以上分别对议论文的教学现状进行了调查和分析，在这一章我们要探讨确定议论文教学内容的方法和依据。课程标准依然是我们的教师在教育教学时应该参考的准则，其中实施建议和评价建议部分有值得教师参照的价值。议论文作为一种实用性文体，有其自身的特点和规律，语文教学本身就应该遵循语言文字的规律，所以，在教学议论文时，应该着重强调依据"议论文体式"来确定教学内容，根据学生学情来选择教学内容，并且还需要在这二者之间来回斟酌才能确定合宜的教学内容。

课例举隅　《一百个问号之后》的教学内容设计

《一百个问号之后》是沪教版六下"生活中的科学"单元的一篇课文，从体式的文类层面说，是一篇议论类文章。议论类文章一般包括三要素：论点、论据、论证；从结构上说，包括四个基本成分：引言、说明、证明（驳论文还包括反驳）、结尾。这些都是关于议论文作为文类的共性特征。具体到《一百个问号之后》这篇文章，其体式特征是什么？即这篇文章的论点、论据、论证分别如何，具体怎样，有哪些独特之处；结构上的四个成分又如何，具有哪些个性特点。这些才是我们确定教学内容的关键。

笔者在课前做了一次学情探测和分析，采取了"课堂教学前测题"的方式，一共两道题目：

1. 阅读课文，请用简洁的语言概括这篇课文作者的主要观点。

2. 在阅读这篇课文的过程中，你有哪些疑惑或困难？请把自己的想法写下来，跟小组的同学讨论一下。

第1道题目旨在探测学生"能读懂什么"，第2道题目试图分析和了解学生"还有什么读不懂、读不好"。

经过小组讨论、汇总，关于第1道题目，学生回答有两种：

1. 发现真理需要有一双敏锐的眼睛、一个善于思考的脑子和敢于坚持真理的勇气。

2. 只要善于见微知著，当解答了一百个问号之后就能发现真理。

关于第2道题目，学生的回答要点归纳如下：

1. 为何是"一百个问号"而不是"无数"、"许多"个问号？

2. 为什么在"一百个问号之后"才能发现真理？

3. 人睡着时眼睛是闭着的，那位奥地利医生怎么知道儿子的眼珠在转动？

4. "把'？'拉直，变成'！'"（文中第3段的一句话），这句话是什么意思？

学生学情分析结果如表1所示。

表1：《一百个问号之后》学情分析表

学生问题	学情分析
1. 发现真理需要有一双敏锐的眼睛、一个善于思考的脑子和敢于坚持真理的勇气。 2. 只要善于见微知著，当解答了一百个问号之后就能发现真理。	对论点的理解出现偏差

续 表

学生问题	学情分析
1. 为何是"一百个问号"而不是"无数"、"许多"个问号? 2. 为什么在"一百个问号之后"才能发现真理?	质疑第 1 段中格言的正确性及其用意
人睡着时眼睛是闭着的,那位奥地利医生怎么知道儿子的眼珠在转动?	质疑第三个事例的真实性
把"?"拉直,变成"!"这句话是什么意思?	对文中一个句子的涵义理解有困难

我们再来看依据文本体式作出的解读与学生学习起点的分析的对应情况,如图 1 所示。

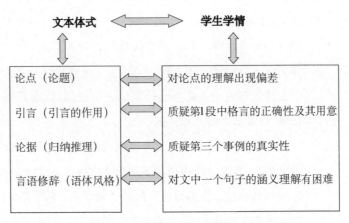

图1 《一百个问号之后》文本体式与学生学情对应关系图

从上图可见,笔者依据文本体式的解读得出的结论与对学生学习起点的分析具有统一性。

第一,为什么学生对论点的理解出现偏差? 这与他们忽视或不了解议论文的"论题"有很大的关联。在议论文中,论题就是文章所要讨论的问题,也就是指作家所写的究竟是什么方面的内容。论题不同于论点,论点是作者对论题的基本看法、主张和观点。这篇文章的论题应该是"科学家如何发现真理",而不是其他人或泛指所有人,作者在文中多次强调"科学技术发展史"或"科学史",就是为了说明文章的论题;另外,用来证明论点的三个事例也都是科学家的例子,所以我们不能得出超出论题所允许范围的一般性结论。关于论点,教师可以引导学生关注课文第三段和最后一段,这两段为学生概括这篇课文的论点提供了直接信息和语言材料。

第二,为什么质疑第1段中那句格言的正确性及其用意?这与理解本文引言的作用有关联。文章的第1段是这样的:有一句著名的格言:"真理诞生于一百个问号之后。"这句格言本身,也是真理。这里采用的是一种"引语法",即在文章的开首引用某个名言、警句、格言或名人的话等,属于典型的"引言"。引言有两个基本作用:一是引发论题,二是引起读者兴趣或质疑。本文引言的作用指向第二点,"一百个问号"是虚指,其实就是"无数"、"许多"的意思,从学情探测的结果来看,学生对第1段产生的疑问实际上是学生的阅读兴趣使然,这也就说明了作者运用"引语法"开篇的目的已经达到。

第三,为什么质疑第三个事例的真实性?学生的这个问题指向本文的论据,具体而言指向论据事例的真实性。本文从论证方法上来看运用的是归纳推理。事例作为归纳推理的前提,一般有四个标准:真实性(事例本身是否准确真实,没有错误)、代表性(事例不是孤立的、偶然的,能够代表同一范畴类的其他成员)、充足性(举几个例子足以说明问题)、结论的可靠性(依据前提所得出的结论是否可信)。① 本文举了三个科学家的事例来证明论点:美国的谢皮罗教授从洗澡水的漩涡发现地球自转问题,德国地质学家魏格纳从蚯蚓的分布推断出地球上大陆和海洋的形

---

① 祁寿华.西方写作理论、教学与实践[M].上海:上海外语教育出版社,2000:237.

成，一位奥地利医生通过观察儿子睡觉发现眼珠转动与做梦的关系。这三个事例分别对应了天文学、地质学、生理学三个科学领域，基本可以代表自然科学。而学生的问题是质疑第三个事例的真实性，这就突出地涉及本文的个性体式特征。本文并不是一篇的典范的议论文，而只是一篇说理性质的文章，或广义的议论类文章，是科普作家叶永烈为自己的科学小品集《一百个问号之后》写的一篇序言，所以解读时我们要考虑"为什么写"和"写给谁看"。科学小品文的体式是用文学的写法来通俗地讲述科学原理，意在普及科学知识，而本文作为序言虽然是议论文，但意在为介绍、推广和普及科学知识服务，其读者对象是包括中小学生在内的一般读者而不是科研工作者之类的专业读者。因此作为论证前提的事例材料，其本身的科学性、严密性并不十分重要，只要足以说明问题、论证观点即可；同时，为适应一般读者的认知结构和阅读水平，也没有必要刻意追求事例中科学知识本身的学术性。况且对学生而言，学习这篇课文的目的也不是为了掌握科学知识，而是了解一般议论类文章的阅读知识。

第四，对文中一个句子的涵义理解有困难，这属于一个言语修辞方面的问题。言语修辞可以归属于语体风格，而语体风格也是文本体式的必然表现和重要内容。这篇文章的语体风格是运用比较生动活泼的语言来讲道理，如前文所言，因为写作目的和阅读对象的规限，作者行文就注意避免抽象枯燥，力求让读者感到有趣味。本文语言的生动活泼是有其独特性的，学生理解困难的这一句是一个范例，在许多课例中教师都会将这句话作为学习语言的抓手。除此之外，还有比较重要的，比如，议论性的语言表达用第二人称来说理，关注读者心理，拉近作者与读者的距离，产生亲切感和认同感。再如，叙述性语段中的语言表达辅之以生动的描写和简要的说明等。这些都是本文生动活泼的语体风格的具体表现，都可以作为本课教学内容的落点来考虑。

通过上面的课例分析，具体通过学情分析与文本体式的比较，我们会发现，学生的阅读困难和问题，主要是因为不能很好地依据文本体式来解读课文，所以学生的学情并不是不可捉摸的，通过某种体式的文章应该"读什么"、"怎么读"的文本分析，是可以在备课时预先估量的。从这个意义上说，"依据文本体式"和"根据学生学情"具有内在的统一性，共同指向文本的教学解读，而只有对文本进行正确的教学解读，才能生成合宜的教学内容。

思考与分享

1. 试析现行高中语文教材中议论文的编排有何特点。
2. 试论把握议论文的体式特征对确定教学内容有怎样的帮助。
3. 议论文教学如何做学情分析？请选择一篇具体的课文展开设计。
4. 如果试图提高议论文的教学质量，语文教师自身需要建构哪些议论文的知识？

第七章

文言文教学的现状、反思与重建

通过阅读您可以获得：

1. 了解文言文教学真实的现状。

2. 了解文言文教学低效的原因。

3. 了解提高文言文教学效率的策略。

　　王力先生在《古代汉语》中指出："文言是指以先秦口语为基础而形成的上古汉语书面语言以及后来历代作家仿古的作品中的语言。"文言文，也就是用文言写成的文章，即上古的文言作品以及历代模仿它的作品。文言文是中小学语文教科书中必不可少的内容，学生从文言文中汲取民族文化的精髓，获得民族精神的正能量。基础教育课程改革实施了十多年，文言文教学究竟是个什么样子？我们试图借助调查客观地呈现文言文教学现状，审慎地反思文言文教学问题产生的原因，冷静地提出文言文教学改革的设想与建议。

一、文言文教学现状调查

　　文言文教学现状可以从多方面调查，我们的调查包括教材调查、课堂教学实况调查、文言文教学效果调查三个方面。

（一）教材调查

　　2001 年实施课程改革之后，"课标"版语文教材有很多种，高中通行的有五种，初中有十余种，小学有十余种。我们对教材的调查仅限于高中五种"课标"版语文教材。这五种教材是教育部教材审查委员会审查批准的，具有代表性。

　　1. 文言文在五种教材中所占比例

　　这里所说的五种"课标"版高中语文教材是指：袁行霈主编，人民教育出版社 2004 年出版的"人教版"，史习江、张万彬主编，语文出版社 2006 年出版的"语文版"，丁帆、杨九俊主编，江苏教育出版社 2008 年出版的"苏教版"，谢冕主编，山东人民出版社

2004年出版的"鲁人版",陈佳民、柯汉琳主编,广东教育出版社2004年出版的"粤教版"。我们调查范围锁定在五种教材的"必修"范围内。这五种教材在全国适用范围广,具有代表性。

调查显示,苏教版必修教材选文114篇,文言文24篇,占21%;人教版必修教材选文65篇,文言文17篇,占26%;语文版必修教材选文70篇,文言文20篇,占29%;鲁人版必修教材选文45篇,文言文18篇,占40%;粤教版必修教材选文95篇,文言文19篇,占20%。从上述调查可以看出,文言文在必修教材中所占比例基本在20%—30%之间,"鲁人版"占到40%这是特例。

2. 教材中经典课文调查

教材中所选课文是编辑选择加工的,编辑的理念不同、情趣不同、标准不同,所选篇目就会有差异。但是那些凝聚中华民族文化传统的佳作往往是编辑们的最爱。筛选出最具代表性的课文,一方面可以给我们调查提供方便,另一方面可以考察编辑的审美取向。

苏教版所选文言文篇目:《劝学(节选)》、《师说》、《赤壁赋》、《始得西山宴游记》、《六国论》、《阿房宫赋》、《指南录后序》、《五人墓碑记》、《烛之武退秦师》、《谏太宗十思疏》、《廉颇蔺相如列传》、《鸿门宴》、《秋水(节选)》、《非攻(节选)》、《季氏将伐颛臾》、《寡人之于国也》、《滕王阁序(并诗)》、《秋声赋》、《陈情表》、《项脊轩志》、《报任安书(节选)》、《渔父》、《逍遥游(节选)》、《兰亭集序》。

人教版所选文言文篇目:《烛之武退秦师》、《荆轲刺秦王》、《鸿门宴》、《兰亭集序》、《赤壁赋》、《游褒禅山记》、《寡人之于国也》、《劝学》、《过秦论》、《师说》、《廉颇蔺相如列传》、《苏武传》、《张衡传》、《归去来兮辞(并序)》、《滕王阁序》、《逍遥游》、《陈情表》。

语文版所选文言文篇目:《赤壁赋》、《陈情表》、《项脊轩志》、《兰亭集序》、《鸿门宴》、《淝水之战》、《段太尉逸事状》、《崔杼弑其君》、《游褒禅山记》、《阿房宫赋》、《黄州新建小竹楼记》、《滕王阁序(节选)》、《师说》、《与高司谏书》、《原君》、《谏吴王书》、《论修身》、《论民本》、《神游物外》、《祸兮福兮》。

鲁人版所选文言文篇目:《劝学》、《师说》、《归去来兮辞(并序)》、《烛之武退秦师》、

《赤壁之战》、《赤壁赋》、《鸿门宴》、《陈情表》、《屈原列传》、《兰亭集序》、《六国论》、《阿房宫赋》、《滕王阁序》、《报任安书》、《离骚(节选)》、《孔雀东南飞(并序)》、《逍遥游(节选)》、《齐桓晋文之事》。

粤教版所选文言文篇目:《阿房宫赋》、《赤壁赋》、《项脊轩志》、《与妻书》、《逍遥游(节选)》、《兰亭集序》、《季氏将伐颛臾》、《寡人之于国也》、《劝学(节选)》、《过秦论》、《师说》、《晏子治东阿》、《谏太宗十思疏》、《鸿门宴》、《陈情表》、《段太尉逸事状》、《游褒禅山记》、《郑伯克段于鄢》、《报任安书(节选)》。

通过上述调查,我们发现:《陈情表》、《鸿门宴》和《师说》这三篇文章在这五种版本中都有出现;《劝学》这篇文言文经典作品除了"语文版"没有选用外,其他四种版本都选用;《赤壁赋》这篇文言文经典作品在"人教版"、"语文版"、"苏教版"和"粤教版"中均有出现,而"鲁人版"却没有选用;《阿房宫赋》、《滕王阁序(并诗)》这两篇文章在这五种版本的教材中也出现了四次。可以说,上述七篇课文是编辑们看好的佳作精品。

(二) 实际课堂教学调查

1.《鸿门宴》教学案例调查

经过调查筛选,我们找到了5篇有明确出处的普通一线老师关于《鸿门宴》的教学案例。通过这5篇不同的教学案例,我们可以从其制定的教学目标和主要教学内容两个方面来考查各位老师在课堂上所教授文言文内容的差异。

序号	教学目标	教学主要内容
1	知识目标: 1. 了解司马迁与《史记》。 2. 积累文言字词句,重点掌握多义词,通假字,古今异义词,了解文言虚词"乃"、"则"、"其"、"而"等用法,积累"军"、"击"、"刑"、"活"等重要的实词意义和用法,辨别文言句式。 能力目标: 1. 培养阅读浅易文言文的能力,重点训练翻译能力。	第一课时: 1. 题目解说。 2. 作者简介。 3. 背景资料。 4. 预习检查(课文疏通、重点突破文言字词句)。 5. 归纳文言现象,夯实基础(通假字、成语、古今异义、一词多义、词类活用、句式变换、偏义复词、同义复词、固定句式、古代"座次"问题)。

序号	教学目标	教学主要内容
	2. 培养初步评价文章的表达技巧的能力。 情感目标： 1. 理解作者对项羽悲剧性格的揭示,体会人物性格在政治军事生活中所起的重要作用。 2. 引导学生通过自主地分析理解,做出对文中人物的适当评判(允许不同观点存在,鼓励多元价值观念)。	第二课时： 6. 理清文章结构和线索。 7. 本文顺序。 8. 分析人物形象(项羽、刘邦、范增、张良、项伯、曹无伤、项庄、樊哙)。 9. 艺术特色：运用对照手法烘托人物形象。 10. 小结,作业。
2	1. 掌握《史记》一书的体例、别名、作者。 2. 掌握本课出现的词类活用、一词多义、通假字、古今异义字、特殊句式等。 3. 掌握翻译文言句子的一些方法,能准确概括文章的故事情节。 4. 了解作者运用个性化的语言和行动描写的方法刻画人物的特点。	第一课时： 1. 介绍背景、介绍。 2. 朗读课文纠正读音。 3. 朗读并复述课文。 第二课时： 4. 串讲与翻译。 5. 词类活用。 第三课时： 6. 理清情节发展脉络。 第四课时： 7. 分析项羽和刘邦这两个人的形象。
3	1. 掌握《史记》一书的体例、别名、作者以及《二十四史》等相关的文学文化知识。 2. 掌握本课出现的词类活用、一词多义、通假字、古今异义字、特殊句式等。 3. 掌握翻译文言句子的一些方法。 4. 能准确概括文章的故事情节。 5. 了解作者运用个性化的语言和行动描写的方法刻画人物的特点。	1. 导入(用四副对联和两首诗)。 2. 解题(作品、作家介绍,《史记》介绍,背景介绍)。 3. 疏通课文(通读全文,串讲课文与翻译,并归纳知识点)。 4. 归纳故事情节。 5. 文章结构,线索,顺序。 6. 人物形象分析。 7. 拓展(对项羽的评价)。 8. 延伸思考与练习。 9. 写作。
4	1. 了解"鸿门宴"斗争的起因、经过,认识这一斗争的性质,正确评价有关人物。 2. 学习作者把人物放在激烈的矛盾冲突中,通过人物的语言、行动展示人物性格特征的写作方法。	第一课时： 1. 背景介绍。 2. 字词补注。 3. 虚词的用法。 第二课时：

序号	教学目标	教学主要内容
		4. 理清文章结构（从宴前、宴中和宴后来分析）。 5. 人物形象分析。 6. 布置作业。
5	知识目标:1.了解司马迁与《史记》。2.积累文言字词句,重点掌握多义词、通假字、古今异义词,了解文言虚词用法及辨别文言句式。 能力目标:1.培养阅读浅易文言文的能力,重点训练翻译能力。2.培养初步评价文章的表达技巧的能力。 情感目标:1.理解作者对项羽悲剧性格的揭示,体会人物性格在政治军事生活中所起的重要作用。2.引导学生自主地分析、理解,做出对文中人物的适当评判(允许不同观点存在,鼓励多元价值观念)。	第一课时: 1. 了解《史记》的成书过程及地位。 2. 介绍作者司马迁。 3. 掌握《史记》的体例。 4. 快速通读全文,扫除字词障碍。 5. 梳理情节脉络,整体感知课文。 6. 学生结合画面概述课文内容。 第二课时: 7. 整理归纳文言知识。 8. 重点语句及语段分析。 第三课时: 9. 人物形象分析。 10. 作者是如何刻画人物形象的(矛盾和对比)。

2.《师说》教学案例调查

经过调查筛选,我们找了5篇有明确出处的普通一线老师的关于《师说》的教学案例,通过这5篇不同的教学案例,我们可以从其制订的教学目标和主要教学内容两个方面来考查各位老师在课堂上所教授文言文内容的差异。

序号	教学目标	教学主要内容
1	知识与能力:1.了解有关"说"的文体知识,了解古文特点及韩愈在文学史上的地位。2.指导学生通过翻译课文,掌握、积累文言实虚词以及词语的特殊用法、特殊文言句式。3.了解文中所采用的论证结构,学习正反对比的论证方法。 过程与方法:1.通过阅读和翻译课文积累	1. 检查预习。 2. 情境导入。 3. 作者介绍,解题。 4. 文本内容研习探究。 5. 背诵课文。

序号	教学目标	教学主要内容
	文言知识。2. 老师点拨,学生自土探究,学生借鉴本文正反对比的方法。3. 引导学生分析文章的整体思路;背诵全文。 情感态度与价值观:点燃学生继承中华民族传统美德的热情,古为今用,树立尊师重教的思想,培养谦虚好学的风气。	
2	1. 学生通过探讨认识从师的重要意义。 2. 领会课文正反对比、破立结合的论证方法。 3. 掌握重要字词及文言现象,背诵全文。	第一课时: 1. 初读课文,整体感知。 2. 解题并介绍写作背景。 3. 分析古人从师的道理。 4. 以名人的为例探讨师生关系。 第二课时: 5. 字词句辨析、解释。 6. 讨论:古人择师的原则及当时的社会风气。 第三课时: 7. 分析第三段:朗读,翻译,简析。 8. 积累相关文言知识。 9. 体会语言:整散结合,顶真手法。
3	知识与能力: 1. 掌握、积累"师、传、道、授、惑、贱、圣、愚、群、足、攻、经"12个文言常用实词;学习"之、其"两个文言虚词;学习、复习本文其他文言虚实词;熟记"受(授)、不(否)"两个通假字。 2. 学习名词、形容词的意动用法。 3. 学习正反对比的论证方法。 4. 掌握有关"说"的文体知识。 过程与方法: 自读,分析、思考本文是怎样进行对比论证的。 情感态度与价值观: 树立尊师重教的思想,培养谦虚好学的风气。	第一课时: 1. 作者介绍解题。 2. 讨论重点文言词的意义和用法。 3. 写出段落大意。 第二课时: 1. 讨论分析第一段。 2. 分析第二段。 第三课时: 3. 分析第三段,认识新型的师生关系。 4. 研读第四段。 5. 诵读第三、四两段。 6. 归结本文的写作目的。 7. 总结全文结构和写法。

序号	教学目标	教学主要内容
4	1. 了解韩愈关于尊师重道的论述和本文的思想意义。 2. 学习借鉴本文正反对比的论证方法。 3. 积累文言知识,掌握实词"传、师、从",虚词"以、也、则、于、乎、所以"等词语的意义和用法,区别古今异义词语。 4. 树立尊师重教的思想,培养谦虚好学的风气。	第一课时: 1. 导入并解题。 2. 介绍作家、作品及写作背景。 3. 朗读分析课文第一段。 第二课时: 1. 分析第二、三、四段。 2. 归纳本文的写作特点。
5	1. 了解韩愈关于尊师重道的论述和本文的思想意义。 2. 学习借鉴本文正反对比的论证方法。 3. 积累文言知识,掌握实词"传、师、从",虚词"以、也、则、于、乎、所以"等词语的意义和用法,区别古今异义词语。 4. 树立尊师重教的思想,培养谦虚好学的风气。	第一课时: 1. 简介作者、作品。 2. 学生朗读课文。 3. 精讲并点拨。 第二课时: 1. 朗读课文。 2. 整体把握。 3. 质疑。 4. 小组讨论。

3.《陈情表》教学案例调查

我们搜集了100多个教学设计,从中筛选出5个教学设计,这5个设计是不同地区教师设计的,它们可以从一定层面折射当下这篇课文教学的现状。

序号	教学目标	教学主要内容
1	1. 熟读全文,掌握文中出现的重要的实词、虚词、古汉语句式。 2. 赏析本文文思缜密,脉络分明,融情于事、寓理于情的构思艺术。 3. 体会作者至真至诚的情感,并能用语言文字表达自己的感受。	1. 熟读文本,疏通文意(讲解文言字词、句式)。 2. 鉴赏体味,感悟探究(讲解"表",介绍作者,理思路)。 3. 拓展延伸。

序号	教学目标	教学主要内容
2	1. 熟读全文,掌握文中出现的重要的实词、虚词、古汉语句式。 2. 鉴赏本文融情于事的表达和形象精粹的语言。 3. 深入体会文章恳切婉转的陈情技巧。	1. 熟悉课文,掌握古汉语语词知识,理清课文思路。（谁陈情、向谁陈情）。 2. 继续积累古汉语语词知识;赏析李密婉曲的言辞技巧;鉴赏融情于事的表达和形象精粹的语言。 3. 分析本文的艺术特色;整理本课的语言知识。（感情真挚,融情于事;文脉畅达,照应联通;骈散结合,音韵和谐;陈辞婉曲,屈伸适宜。）
3	1. 体会所陈之情,欣赏陈情艺术。 2. 把握文章结构,理清思路。 3. 通过诵读、背诵,积累文言词汇,积淀文言语感,提高文言文阅读能力。	1. 解题、背景介绍。 2. 作者陈情目的（紧扣"亲"字做文章）。 3. 作者所陈何情?（紧扣"情"字做文章）。 4. 作者所言何理?（紧扣"孝"字做文章）。
4	1. 熟读全文,掌握文中出现的重要的实词、虚词、古汉语句式。 2. 鉴赏本文融情于事的表达和形象精粹的语言。 3. 深入体会文章恳切婉转的陈情技巧。	1. 解决语言难点(实词、虚词)。 2. 体会"孤苦"之情。 3. 陈情目的。 4. 文章结构艺术。
5	1. 熟读全文,掌握文中出现的重要的实词、虚词、古汉语句式。 2. 鉴赏本文融情于事的表达和形象精粹的语言。 3. 深入体会文章恳切婉转的陈情技巧。	1. 文言实词、虚词、句式教学。 2. 通读课文、理清文章思路。 3. 翻译。 4. 分析艺术特点(融情于事;语言形象生动,自然精粹)。

4.《阿房宫赋》教学案例调查

经过调查筛选,我们找了 5 篇有明确出处的普通一线老师关于《阿房宫赋》的教学案例,通过这 5 篇不同的教学案例,我们可以从其制定的教学目标和主要教学内容两个方面来考查各位老师在课堂上所教授文言文内容的差异。

序号	教学目标	教学主要内容
1	1. 理解课文中形象生动的比喻、丰富瑰丽的想象、大胆奇特的夸张等艺术特点及其对突出主题思想的作用。 2. 懂得赋的特点。学习本文描写为议论蓄势、议论使描写增加了深度的写作特色。 3. 认识封建统治者骄奢淫逸、横征暴敛、不顾人民死活的罪恶。了解秦亡的原因及作者作本赋借古讽喻的目的。	1. 介绍背景与作者。 2. 讲解文体"赋"。 3. 指导学生自读课文。 4. 讨论与分析。 5. 诵读课文。 6. 完成习题。
2	1. 掌握"一"、"爱"、"取"、"族"等实词的用法,培养朗读、背诵的能力。 2. 理解课文善用丰富的想象、对偶、比喻、排比、夸张等修辞方法的特点,并明确它们对突出主题思想的作用。 3. 学习本文善于从多种角度,具体、生动、细致地描写艺术形象,并在此基础上议论的写作特色。	1. 作者简介及题解。 2. 讲解文体"赋"。 3. 整体感知。 4. 文本研习。 5. 总结全文。 6. 写作特色。
3	1. 了解赋的特点,理解课文中形象生动的比喻,丰富瑰丽的想象,大胆奇特的夸张等艺术特点及其对突出主题思想的作用。 2. 认识封建统治者骄奢淫逸、横征暴敛的罪恶,了解作者借古讽今的写作目的。 3. 理解本文描写和议论的作用与关系。	1. 整体感知。 2. 研习课文。 3. 本文的写作背景及目的。 4. 本文的艺术特点。
4	1. 掌握重要文言词语,懂得赋的特点。 2. 感受课文形象生动的比喻、丰富瑰丽的想象、大胆奇特的夸张特点及本文描写为议论蓄势、议论使描写增加了深度的写作特色。 3. 认识封建统治者骄奢淫逸、横征暴敛、不顾人民死活的罪恶。了解秦亡的原因及作者作本赋借古讽喻的目的。	1. 写作背景。 2. 本文的结构层次。 3. 课文的主要内容及作者的写作用意和思想感情。 4. 学习文章含意丰富而精练语言。
5	1. 正确认识历史事件,了解秦灭亡的原因以及作者的写作目的。 2. 了解本文借古讽今的写法和一些重点字词的含义或用法。 3. 理解文中形象生动的比喻、丰富瑰丽的想象、大胆奇特的夸张等艺术特点及其对突出主题思想的作用。	1. 检查预习,了解"赋"。 2. 自读并概括各段内容。 3. 第一节阿房宫规模、第二节描写宫女、第三节表达方式,最后一节熟读。 4. 总结"赋"的特点。

5.《赤壁赋》教学案例调查

《赤壁赋》是一篇苏轼的杰作,学生爱读,教师爱教。就是这篇家喻户晓的杰作,教学情况究竟是个什么样子,我们也想借助5个教学设计案例来作一番考查。

序号	教学目标	教学主要内容
1	1. 通过指导诵读,引导学生掌握作者感情的变化。 2. 通过研习探讨,把握作者对自然和人生的双重感悟。 3. 通过预习交流,积累一些常用的文言词汇,如"属"、"如"等实词,"之"、"然"等虚词,同时积累常见的文言句式。	1. 检查预习(字音、实词、虚词、句式)。 2. 指导阅读(韵脚、句法、思路)。 3. 研究段落层次。 4. 文章内容研究(情的变化,主客问答,评价作者人生观)。 5. 表达方式分析。
2	1. 体会课文景、情、理交融的特点。 2. 感悟语言运用的妙处。 3. 学习古人豁达乐观的精神。 4. 熟读并背诵课文。	1. 作者背景文体介绍。 2. 整体感知(乐—悲—乐)。 3. 学习第一段,研究景美。 4. 学习第二段,研究感情变化。 5. 学习第三段,研究客"理"。 6. 学习第四段,研究情景理变化。 7. 结尾的含义。 8. 理清结构。
3	1. 知识与能力:积累重点字词及句式,通过对作者及写作背景的了解,分析文赋的内容,提高学生阅读及赏析古文的能力。 2. 过程与方法:通过朗读课文并结合课文注释,提高学生朗读古文及把握文章情感的能力。 3. 情感态度和价值观:通过这篇文章引导学生树立正确的人生观,培养他们在困境中保持乐观、豁达的生活态度,达到陶冶性情的目的。	1. 介绍作者、背景。 2. 整体感知(三知——知文体、知读音、知句读;三品——品词、品句、品写法;三悟——悟客、悟苏、悟人生)。 3. 拓展延伸、合作探究。 4. 写法总结。
4	1. 知识与能力:熟读并背诵课文,积累整理重要的文言知识。 2. 过程与方法:合作学习,用文学视角解读诗中景物描写与诗人情感的关系。体悟作者超然旷达的心境。 3. 情感态度与价值观:在中国传统文人身处逆境之中不同自我解脱模式的比较中肯定苏轼的达观精神,探讨这一精神对当代的指导意义。	1. 理清作者情感思路:乐—悲—乐。 2. 赏"乐"之景。 3. 解"悲"之情。 4. 悟"乐"之理。 5. 品"苏"之韵。

序号	教学目标	教学主要内容
5	知识与技能:1. 积累掌握文中出现的重要的文言基础知识;2. 学习把握古代山水游记类散文景、情、理三者融合的写作特点。 方法与过程:诵读、启发和探究。 情感态度与价值观:1. 正确理解作者纵情山水的情感和文章寄寓的旨趣。2. 激发学生热爱自然、热爱生活的热情,培养积极向上的人生观。	1. 介绍作者(乌台诗案、前后赤壁赋)。 2. 初读课文(勾画圈点字词句)。 3. 品读课文,逐句讲解。 4. 悟读(评点作品、读出自我)。

6.《劝学》教学案例调查

《劝学》是一篇大家十分熟悉的课文,中学老师也十分喜爱这篇课文。在公开课示范课研究课上,这篇课文出镜率较高。我们搜索一下,就可以找到几百种教学设计。我们筛选五个课例,以此窥见当下这篇课文的教学现状。

序号	教学目标	教学主要内容
1	1. 掌握积累常见的文言实词、虚词、通假字及其他一些古汉语知识。 2. 翻译全文。 3. 了解荀子有关学习的意义、作用和学习应持有的态度的论述,从而树立正确的学习态度。	1. 实词、虚词、句式(古今字、通假字、倒装句)。 2. 走进荀子。 3. 第一段五个比喻。 4. 课文的结构特点。
2	1. 掌握并积累重要的文言实词、词类活用、文言句式。 2. 了解本文的思想观点,认识学习的重要性及学习的态度和方法。 3. 学习本文比喻论证、对比论证方法。培养围绕中心论点合理论证的能力。	1. 重要的文言实词、词类活用、文言句式。 2. 研究课文的三个分论点。 3. 拓展延伸:王国维学问三境界。
3	1. 了解学习是完善自我、获得教养的重要途径。 2. 了解比喻、对比在表达中的具体作用。 3. 在理解文意、熟读课文的基础上准确背诵。	1. 熟读课文。 2. 介绍作者。 3. 研读分析每一节(第一节研究五个比喻)。 4. 研究课文的结构艺术。

序号	教学目标	教学主要内容
4	1. 认识"学不可以已"的道理和"终身学习"的重要意义。 2. 掌握文言词语"绝"、"强"、"假"、"望"、"闻"的意义和用法。 3. 学习比喻论证的方法,体会荀子文章的风格。	1. 介绍荀子的思想。 2. 一读课文,概括大意。 3. 二读课文,理清思路。 4. 三读课文,研究五个比喻。 5. 四读课文,批判创新。 6. 拓展延伸。
5	(一)知识与能力:1. 了解荀子及其思想核心;2. 掌握文言基础知识,包括掌握"劝"、"见"等实词的意义,积累通假字和三个文言虚词。3. 提高诵读和阅读文言文的能力。4. 理解荀子有关学习的意义、作用、方法和应持态度的论述。5. 学习比喻、对比论证方法,提高围绕中心论点合理论证的能力。 (二)方法与过程:1. 通过教师讲析与指导归类,学生可以了解有关荀子的基本常识和掌握文言基础知识。2. 通过诵读,学生可以纠正不良发音并培养语感,养成诵读文言文的好习惯。3. 通过讨论,引导学生明确并深刻理解学习的意义、作用、方法和应持的态度。 (三)情感态度与价值观:1. 认识到学习的重要性及学习必须要做到积累、坚持和专一的道理。2. 引导学生对学习意义的认识,即要善于从学习中寻找快乐,要乐学、好学。	1. 解题。 2. 听录音。 3. 阅读每一节,先翻译,再落实字词。 4. 知识点归纳:通假字;古今异义词;词类活用;特殊句式。 5. 文章思路归纳。 6. 作业练习。

7.《滕王阁序》教学案例调查

《滕王阁序》是一篇文情并茂的文章,作者将山水景物、人文历史、世间亲情交融在一起,气势恢宏。这篇文章有一定难度,学生学习有一定困难。我们也选择了五位教师的教学设计,以此来管窥这篇课文的教学现状。

序号	教学目标	教学主要内容
1	1. 学习事、景、情融于一体的写作技巧。 2. 把握作者借景、事、理抒发自己怀才不遇、愤懑悲凉而又不甘于沉沦的复杂感情。	1. 介绍"序"、"骈文"、"王勃"。 2. 讲解骈文的节奏、韵律。 3. 阅读课文,疏通字句。 4. 赏析课文,理解作者的情感。

续　表

序号	教学目标	教学主要内容
2	1. 了解骈文的两大特征——对偶与用典。 2. 学习体会本文优美的语言及其表达方式。 3. 背诵全文,积累文化知识。	1. 介绍背景、作者。 2. 阅读课文、疏通字句。 3. 理清思路、总结段意。 4. 对偶品味。 5. 警句品析。 6. 背诵课文。
3	1. 了解王勃生平与作品,了解骈体文的文体特征,积累一些文化知识。 2. 掌握文中常见文言实词的意义或用法,理解典故的作用。 3. 领会情景交融的写法,感悟语言。 4. 准确把握诗人在文中表达的思想感情。	1. 介绍作者、背景、滕王阁。 2. 朗读课文。 3. 整体感知、分段、总结段意。 4. 逐段疏通、解释。 5. 讲解骈文特点。 6. 总结艺术特点。
4	1. 学习掌握有关作家作品和文体知识,学习本文写景抒情的表达技巧。 2. 积累掌握故、尽、属、即、胜、数、舛、幸、且、矣等实词、虚词的多义用法。 3. 背诵课文名段并积累有关成语典故和名言警句知识。	1. 介绍作者、背景、骈文。 2. 讲解思路结构、总结段意。 3. 语言揣摩、讲解名句。 4. 讲解典型的练习题。 5. 资料介绍。 6. 巩固、提高、创新三类试题。
5	1. 了解骈文的两大特征——对偶与用典。 2. 学习体会本文优美的语言及其表达方式。 3. 背诵全文,积累文化知识。	1. 介绍四大名楼、作者、背景、骈文。 2. 了解"四六句"的节奏读法。 3. 整体把握,理清思路。 4. 逐段鉴赏(字词句、用典、修辞)。 5. 分析写作特点。

(三) 调查结论

　　经过上述调查,我们发现文言文教学整体是好的,教师普遍关注文言文的基本规律,着力进行文言文基础知识教学。但是受应试的影响,文言文教学也出现了很多问题。我们的调查结论可以从两个方面进行表述。

　　优点:

　　1. 重视文言基础知识教学,譬如实词、虚词、古今字、异体字、通假字、文言句式、文化常识的教学。

2. 重视文言文的阅读。

3. 重视文言文的翻译与背诵。

不足：

1. 教学目标表述不清。一篇文章要教什么？教师的表述好似清晰，实际上带有很大的模糊性。

2. 教学目标与教学内容之间存在很大偏差。考察教师的教学设计，许多目标与内容缺乏必要的关联。这就导致了教师想教的（目标）与实际教的（课内教给学生的）不一致。教师想教的结果没有教，教师不想教的结果教了。

3. 对文本的解读普遍不到位。调查发现，许多教学设计是从教参上、教案上或者网络上来的，教师本人缺乏对课文进行个性化阅读，因此绝大多数教学设计千人一面。

4. 对文言文教学规律认识不到位。调查发现，许多教师受应试影响，把文言文上成古汉语课；受功利授课影响，许多教师又把文言文上成了人文思想教育课。

二、文言文教学的反思

文言文教学"教什么"，这是一个十分简单的话题，现在偏偏在这一点上出了问题。文言文当作古汉语来教，当作"文章样例"来教，当作思想教育材料来用。学生害怕学文言文，这就是语文人不得不反思的一个十分严峻的问题。

（一）文言文教学目标为什么表述不清

所有语文教师在设计教学时候都会确定自己的教学目标、选择自己的教学内容，但是在实际操作中，许多教师并不是十分关注教学目标，而是关注教学内容。教学目标是指教学活动实施的方向和预期达成的结果，是一切教学活动的出发点和最终归宿，它既与教育目的、培养目标相联系，又不同于教育目的和培养目标。考察上述调查课例，我们发现许多语文教师所确定的教学目标就出了问题，表现在以下几个方面。

1. 目标大而无当

教学目标是师生通过教学活动预期达到的结果或标准,是对学习者通过教学以后将能做什么的一种明确的、具体的表述,主要描述学习者通过学习后预期产生的行为变化。调查显示,教师设计的目标追求大而全,很少考虑可否落实。如一位教师设计的《师说》教学目标"点燃学生继承中华民族传统美德的热情,古为今用,树立尊师重教的思想,培养谦虚好学的风气",一位教师设计的《鸿门宴》的教学目标"掌握《史记》一书的体例、别名、作者以及《二十四史》等相关的文学文化知识"。《师说》的目标涉及三个方面:热情、思想、风气,《鸿门宴》的目标则涉及四个方面:体例、别名、作者、二十四史。如此设计目标,在教学过程中很难落实。大而无当的目标很好看,但是不实用。

2. 目标空而失切

教学目标是教学要达成的结果,这个结果应该是具体可测的,但是在现实教学设计中目标空泛随处可见。我们就拿《滕王阁序》为例,王勃在这篇文章中采用了多角度的描写方式,给读者以强烈的视角冲击。几位教师都关注了这一特点,但是在表述教学目标时却出现了偏差:"学习事、景、情融于一体的写作技巧","了解骈文的两大特征——对偶与用典","领会情景交融的写法","学习本文写景抒情的表达技巧"。五位教师有两位让学生了解"对偶与用典",可以说这个目标是具体的,但是学习这篇课文只是让学生知道骈文的对偶与用典,还是让学生掌握骈文的基本特征,这就值得商榷了。其他三位教师都关注了这篇文章的写法,一位用了"写作技巧",一位用了"写法",一位用了"表达技巧",三位教师用的专业术语就很不一样;三位教师关注的焦点也不一样:一位关注"事、景、情融于一体",一位关注"情景交融",一位关注"写景抒情"。从上述分析可以看出,五位教师表述空泛,这些可以是目标也可以不是目标,教学就可以存在很多变数。

(二) 为什么教学目标与教学内容之间存在很大偏差

教学目标与教学内容要匹配,这是每一位教师都知道的常识,但是当下的语文课堂上许多教师就是忘记了这个简单的常识。我们在听课时经常发现,教师所设计的目标无法统领教学内容,究其原因是缺少匹配意识。具体表现在以下几个方面。

1. 教学内容过多超越了教学目标统领范围

如果说教学目标是设计的"应然状态",那么"教学内容"就应该是教学实施的"实然状态"。语文教师有一个坏毛病,那就是不放心。一上课,什么都想讲,唯恐讲不到,自己不放心。大多数教师还有一个心理,就是我没讲学生不会那是我的责任,我讲了你不会就不是我的事了。抱着这种心态去上课,课堂的教学容量就会很多、很杂。我们在一所中学听教师讲《赤壁赋》,教师确定的目标是"认识赋的基本特征",可一节课教师干了以下几件事:读课文,翻译课文,讲解赋的特征,讲解苏轼的人生经历,讲解"乌台诗案",介绍"文武赤壁",学生改写课文。课堂上教师引领学生干了七件事,表面上是围绕"赋"展开的,实际上教师所选教学内容已经超过教学目标范围。如此教学,教师苦,学生苦,效果还差。

2. 教学内容偏离了教学目标

课堂教学千变万化,教师的责任就是正确引领使其沿着正确的轨道前进。教师的预设出现了问题,教师可以重新设计目标,引领学生前进。但是,教师的预设错了,教师还坚持按照预设走下去,语文课就会变得很可怕。在一次全国教学活动中,一位教师执教《兰亭集序》,这位教师精心准备,希望借助教学让学生快乐地学习课文,想法是好的。教师设计了"正确理解作者的感情变化",可以说这个目标很好。教师身穿中式服装,拿着扇子,带着笔墨纸砚。教师让大家读书,然后介绍作者、介绍"兰亭集序笔帖"。接下来,教师出示王羲之兰亭集序笔帖,让学生读,学生读不出来,教师用楷书书写一段,然后用草书书写一段,引导学生欣赏书法的美妙。教师的书法功底确实了得,学生边读边比划,一堂课倒也热闹。静下心来想一想,教师所选的教学内容与自己预设的教学目标没有多大关系。换言之,如果这是一节美术课,这无疑是一节好课,但是这是一节语文课,它就不是一节合格的语文课,因为语文老师干了美术老师的活,教师教的不是语文。这是一个个案,但这绝不是偶然。

(三)为什么对文本解读不到位

解读文本是语文教师的基本功,现在这项基本功也出了问题。拿到一篇课文,有些教师并不是认真阅读课文,寻找解读课文的突破口,反而去找捷径,导致解读不到位害人害己害了语文。

1. 信教参、信教案、信网络，自我缺位

教参、教案崇拜是一个十分普遍的现象。教师在教学中发生意见分歧，大家会找教参教案；制订考试评分标准，大家会找教参教案。现在网络发达了，许多语文教师又开始网络崇拜。在一个功利浮躁的社会里，大家都很忙这是现实，依据教参教案网络讨语文生活，这不应该成为开脱责任的借口。教参是什么？教参是教师教学的参考资料；教案是什么？教案是他人设计的教学方案；网络是干什么的？网络是交流信息的平台。我们曾在国家级语文骨干教师培训班上做过一个实验，我们要求一百个语文教师同时设计一篇课文的教学方案，交上来之后我们发现，40％来自教参教案，40％来自网络，只有不到 20％来自教师自己。我们也就此专门与教师进行交流，教师们普遍抱怨时间紧任务重没有备课时间。教师的压力大这是事实，但是教师认真设计教学这是教师的责任与本分。当我们的教者把教参、教案、网络上的东西搬进教室的时候，教师就沦落为"搬运工"，教师在课堂上也就只能鹦鹉学舌，说别人的话。

2. 凭经验"不求甚解"

经验这个东西是个双刃剑，它可以帮助我们正确地处理事情，也可以使我们落入程式化陷阱。语文教师都接受过专业训练，大学里面学习过古代文学、古代文学史，接触过大量的文言作品，大家对名家名篇都能够说出个一二三。这就形成了专业经验，说到李白，教师们立刻就想到他的浪漫主义风格，提到杜甫，教师立刻就想到他的现实主义风格。这种经验可以确保教师不犯方向性的错误，但是它无法保证教师在李白杜甫具体诗作的把握上不会出现失误。就以《劝学》为例，教师们都会传达一种观念即"劝学就是劝谏人们要好好学习"，这个观念不错，但是未必符合荀子的原意。大家都知道荀子是"性恶论"倡导者，他认为人性是恶的，需要改造；怎样改造呢？那就需要教育，需要人们向善求学。为什么大家都只强调"劝学就是劝谏人们好好学习"？就是因为教科书上这么说，大学教师也这么讲，我们的语文教师自然就把书本所讲大学老师所讲当作权威，并以此形成自己经验。相信以往的学术经验，对所教课文"不求甚解"，课堂上解读文本不到位也就自然而然了。

3. 缺乏必要的文本解读方法

解读文本是需要掌握解读方法的。语文教师在大学里学习古代文学,大都记住了文学史上的一些定性的结论。大学老师基本不讲解文学作品,大学生也没有接受过专门的解读文本训练。因此,语文教师站到讲堂上,自己缺少的也就是解读文本的方法。在课堂上,我们听老师讲司马迁的《鸿门宴》和的吴均《与朱元思书》,教师的解读没有多大差别。教师只抓住"散文形散而神不散"这个教条,让学生去找"形"是什么?"神"是什么? 教师就没有想到过《鸿门宴》是历史散文,《与朱元思书》是写景散文,二者解读方法有明显差异。历史散文要"因事悟理",写景散文要"缘景披情"。因为缺乏必要的解读方法训练,教师就不知如何解读,也就无从指导学生科学地解读文本。

(四) 为什么对文言文教学规律认识不到位

文言文教学有文言文的教学规律,把握规律进行教学,教学就能够收到实效;不了解其规律或者对规律认识不到位,教学效果就要打折扣了。

1. 急功近利教学浅尝辄止

学生怕学文言文又不能不学,因为考试要考,而且所占分数还很多。教师也很现实,教学具体包括两种情形:第一,高考考什么,我就教什么。高考试题中包括这样几种题型:诗词鉴赏、文言语段阅读、文言名句默写。文言语段阅读考察实词、虚词、句式,教师的教学也就围绕这些来教。长此以往,文言文教学也就成了古代汉语课。枯燥的词义辨析、词的类型分辨、句式的分析,令学生望而生畏。从上边 35 个教学设计,我们可以看出,教师们都十分关注文言实词、虚词、句式教学。甚至有的老师在预习指导中、课后巩固练习中,基本上也是围绕这些做文章。第二,对考试有用的我就教。我们在一线听课,一些教师干脆就把文言文当作"用件"来教,课文中哪个事件可以当作论据,课文中哪个典故、哪句警句可以用于作文,教师就教这些,其他的就不管了。其实,文言文的语言教学只是其中的一部分,不能包括全部。

2. 浅层次教学缺少深层次研究

教学需要研究,需要在研究中提升。现在的教师对文言教学规律研究不够,大都停留在经验层面上。领导来听课,说读得不够,教师就开始在"读"上下功夫;"课标"提出文学鉴赏,教师就在鉴赏方面下功夫;专家说要关注文言文的文章学要素,教师就开始从文章学的角度强化教学。文言文教学有规律可循,绝不能人云亦云。学生学习文言文总是困难重重,原因是学生无法体会学习文言文乐趣。语文课程的重要任务就是学习运用语言文字,文言文的教学只停留在理解文字方面,应用扔到一边了。台湾的高中生要学写简单的文言文,学写就是应用。虽然我们学习文言文的重点不是学习写作文言文,但是借助仿写训练提高学生语言运用能力这本身没有错。如果我们能够潜下心去研究每一类文言文的教学规律,那么我们的文言文教学就不会在低层次上徘徊。

三、文言文教学的重建

文言文教学重建,不是要推倒重来,而是要在现有基础上改造、完善。语文教育界有一个坏毛病,那就是否定前者,以示其正确。长此以往,传统没了,重建也没有重建起来。我们这里所说的重建是一种改良,好的东西坚持,不好的东西使之完善。如此,重建就可以从以下几个方面入手。

(一) 正确把握文言文教学规律

文言文与现代汉语是两语种语言系统,两种语言系统有联系也有明显的区别。学生学习文言文不是为了掌握这种语言系统,而是为了在学习文言文的过程中浸润民族文化传统,提升人文素养。简言之,学习文言文,虽然不是为了掌握文言语言系统,也不是为了应用文言语言系统,但是学习文言文又必须从"言"入手,从文言的字词句入手,实词虚词句法就成了学生学习文言的基础知识。紧紧抓住"言",就容易把文言课上成古汉语课。把文言课上成古汉语课不可取,把文言课上成了文章写作分析课也不可取,把文言课上成文学鉴赏课也不可取,把文言课上成文化分析课同样不可取。许多专家提出来,文言文要关注文言、文章、文学、文化,这种观点是正确的。但是在实践中要学会选择、取舍。一篇文言课文体式不同、学情不同,教师就需要在文言、文章、文学、文化中取舍。而取舍本身就是关注文言规律、把握文言规律。

（二）正确确定教学目标

教学目标是课堂教学的灵魂，它是对教学内容的提炼。课程标准则提出三个维度：知识与能力、过程与方法、情感态度与价值观，我们的教育主管部门就要求教师每一节课都要列出目标，我们教师就只能照章办事。上文所列案例中一位教师的《劝学》目标就罗列了 10 条：知识与能力：1. 了解荀子及其思想核心；2. 掌握文言基础知识，包括掌握劝、见等实词的意义，积累通假字和三个文言虚词；3. 提高诵读和阅读文言文的能力；4. 理解荀子有关学习的意义、作用、方法和应持态度的论述；5. 学习比喻、对比论证方法，提高围绕中心论点合理论证的能力。方法与过程：1. 通过教师讲析与指导归类，学生可以了解有关荀子的基本常识和掌握文言基础知识；2. 通过诵读学生可以纠正不良发音并培养语感，养成诵读文言文的好习惯；3. 通过讨论，引导学生明确并深刻理解学习的意义、作用、方法和应持的态度。情感态度与价值观：1. 认识到学习的重要性及学习必须要做到积累、坚持和专一的道理；2. 引导学生端正对学习意义的认识，即要善于从学习中寻找快乐，要乐学、好学。我们姑且假设这十条目标都正确，那么我们的教师在一节课两节课的时间内真的能实现这些目标吗？显然不能。教师这样写了，对学校有个交代，学校这样要求了，对上级主管部门有个交代。但是唯独没有人敢于对学生有个交代。从学生的发展角度入手，我们的教师在设计目标是可以考虑这样几个问题。

第一，目标设计要小一点。语文教师要实事求是，敢于讲真话，设计教学目标就是要讲真话。"了解荀子及其思想核心"，这就没有表述清楚，了解荀子了解什么？了解荀子与学习这篇课文有什么关系？荀子是性恶论者，他认为人性是恶的，要通过学习来改造人的恶性，而《劝学》又是荀子著作的第一篇。由此我们就可以表述为"了解荀子性恶论与学习之间的关系"。这个目标很小，落实起来也很简单。

第二，目标设计要实一点。所谓实就要具体，要便于操作。教师设计的目标大了就容易虚，上边案例中教师设计的基础知识目标："掌握文言基础知识，包括掌握劝、见等实词的意义，积累通假字和三个文言虚词"，仔细分析，这个目标看似具体实则空泛。"劝、见"是要掌握的实词，"以、而、之"是要掌握的虚词，但这些不足以囊括"文言基础知识"。因此,我们可以将其表述为"掌握'劝、见'实词和'以、而、之'虚词的用法",这个目标就可以达成了。

第三,目标设计要体现这篇课文的特点。教师设计目标是围绕这一课设计的,但是这一课的特征不明显。"通过诵读学生可以纠正不良发音并培养语感,并养成诵读文言文的好习惯",这个目标就是语文课的常规做法,哪节课都要读书,读书不一定就列为目标。培养语感是一个漫长的过程,它不是一节课两节课可以完成的,我们就不一定将其列为目标。《阿房宫赋》是一篇骈文,"四六句"形式分明,我们就可以确定"学习骈文四六句的诵读方法",这个目标就是针对这篇课文的,就具有了个性。

(三) 科学地选择教学内容

教学目标确定的是教学的方向,教学内容则是教学目标的具体化。如果说教学目标是点,那么教学内容就是面。文言教学目标确定之后,确定文言教学内容又是一个十分复杂的问题。许多老师日复一日地教学,天天按照自己的经验选择内容,也没有意识到自己的不足。只是许多老师抱怨文言文教学效果不好,原因是什么,老师们会列出许多开脱理由,很少想到选择教学内容出了问题。那么如何选择文言文的教学内容呢?

1. 依据体式选择教学内容

王荣生提出:"对一个具体作品、具体文章的理解,要依据它的文章体式……要符合两个要求:第一,对这种特定体式的文本,阅读取向要'常态'。也就是说,像正常人、像能读这样作品的人那样去阅读。第二,在特定文本体式中,要运用符合这种体式的阅读方法。"

这里涉及一个关键词:体式。读者会问何为体式? 我们翻检《四库全书》检索系统,发现有个词条。这些词条所涉及的"体式",可以有两种解释:体裁格式、体制制度。南朝梁陶弘景《与武帝启》之三:"惟《叔夜》、《威辇》二篇,是经书体式。"宋吴曾《能改斋漫录·事始一》:"礼部奏拟立到岁试辞学兼茂科试格:'制依见行体式,章表依见行体式。'"鲁迅《汉文学史纲要》第六篇:"虽临危抒愤,词意浅露,而其体式,亦皆楚歌也。"这几处所用体式均可以解释为体制格式。《北齐书·许惇传》:"齐朝体式,本州大中正以京官为之。"《陈书·孔奂传》："奂博物彊识，甄明故实，问无不知，仪注体式，牋表书翰，皆出于奂。"明李东阳《蒙泉公补传》："为政自有体式，盗贼责兵部，奸宄责法司。"这里所用体式均可以解释为"体制制度"。

王荣生所说"体式"与通常所说的体式内涵有所区别。在古汉语语境中体裁是指诗文的文风辞藻，在现代语境中体裁是指一切艺术作品的种类和样式。依据体式确定教学内容就是要既考虑特定文体的共性特点，又要考虑这篇文章的个性特点。《鸿门宴》、《师说》都属于散文，它们具有散文的共性特点，但是它们又是属于不同类别的散文，《鸿门宴》属于历史散文，《师说》属于诸子散文。教师在选择教学内容时就要充分考虑二者的相同点和不同点，历史散文关键在于史实、史观、史笔，诸子散文关键在于思想与论辩。

我们不妨来看看黄厚江的《阿房宫赋》课例：黄厚江选取了学生学习有困难的地方组织了研讨："一日之内，一宫之间，而气候不齐"，"一旦不能有，输来其间，鼎铛玉石，金块珠砾"，"一人之心，千万人之心也"，"戍卒叫，函谷举，楚人一炬，可怜焦土"。在讨论完这几个问题之后，黄老师出示了一个练习："阿房之宫，其形可谓（　）矣，其制可谓（　）矣，宫中之女可谓（　）矣，宫中之宝可谓（　）矣，其费可谓（　）矣，其奢可谓（　）矣。其亡亦可谓（　）矣！嗟乎！后人哀之而不鉴之，亦可（　）矣！"在这个基础上，学生回过头来围绕"雄、大、众、多、靡、极、速、悲"几个词阅读研究全文，学生最后归结为三个字：奢、亡、鉴。黄厚江在理解《阿房宫赋》的当代价值方面做足了文章，究其原因是黄老师知道《阿房宫赋》的个性特征。大家知道"赋是以'铺采摛文，体物写志'为手段，以'颂美'和'讽喻'为目的的一种有韵文体"。杜牧这篇骈文不是为了歌颂，而是为了讽喻，因此他要传达出自己的思想。这个思想就是他的"志"。黄老师围绕"志"选择教学内容，就是充分考虑了"体式"的特点。

2. 依据学情选择教学内容

依据学情来选择教学内容，这是教学的高境界，也是大家一直追求的境界，但是这也是一般教师难以企及的。孔子强调"因材施教"，新课程强调"以学生发展为本"、"学生为主体"，其核心都是学生。学生不会的我们把他教会，这就是教师的责任。学生学习一篇课文,并不是零起点。我们曾经做过试验,一篇新课文,学生自学可以读懂60％—70％。教学的起点应该从60％或70％开始,而不是从零开始。当下,研究学情、根据学情实施教学已经成为时尚。如何根据学情选择内容,也成了大家关注的焦点。我们可以介绍几种方法:第一,预习提问法。要求学生在课前预习时把自己的问题写下来,教师根据学生的问题选择教学内容。第二,利用学案了解学生学习情况。学案中有预习案,教师可以根据学生的预习案了解学情。第三,课堂提问。上课过程中要求学生提出自己不懂的地方,教师根据情况选择教学内容。第四,教师依据自己经验选取教学内容。这些内容往往是学生容易出错的地方,黄厚江老师执教《阿房宫赋》时就把"鼎铛玉石,金块珠砾"当作教学内容,是因为学生很容易出错。上述几种方法是一线教师在实践中创造的,不一定成熟,但有用。

3. 依据师情选择教学内容

专家们强调依据体式、依据学情选择学习内容,这些主张非常好,但是我以为仅仅强调前两者还不够,还需要考虑"师情"。所谓"师情",是指教师个体的具体情况。每一个语文教师的情况都不一样,每一位语文教师都要选择自己能够把握的教学内容。大家都知道,在实际教学中,教师是非常关键的因素。李海林曾经发出"海林之问":"课标"要求我们教什么? 教材编者想让我们教什么? 我们能教什么? 我们可以教什么? 我们实际教了什么? 学生实际学了什么? 学生学会了什么? 在这七个问题中有五个是指向教师的。虽然教师的禀赋不同、知识基础不同、教学能力不同、教学追求不同,但在选择教学内容时都会仔细斟酌教学要选择的内容。依据师情选择内容要求教师本着几个基本原则:第一,量力而行。自己能够做到的就选,做不到的要慎重。第二,创新求实。选择自己有新见解的地方,选择自己解读有新方法的地方。第三,脚踏实地。根据自己的教学追求,选择内容,引领学生学习课文,逐渐形成自己的教学风格。

（四）优化教学流程

教学流程就是指教师的教学过程。教学流程可以简单,可以复杂。考察当下的语文教学,我们发现许多教师把简单问题复杂化了。在考察过程中,许多教师也希望优化教学流程,但是如何优化则心中无数,我们以为可以从以下几个方面下功夫。

1. 明主线

写文章要有主线,上课也要有主问题。主问题就如一条线可以贯穿课堂教学始终,使课堂教学成为一个整体。时下的语文课堂教学,很难弄明白课堂的主线是什么。李来义老师给《鸿门宴》设计了 6 个目标,韦青山老师给《鸿门宴》设计了 6 个目标,韦晓静老师给《师说》设计了 11 个目标,陈永红给《劝学》设计了 8 个目标。如此多的目标有没有核心目标呢? 教师不清楚,读者也很难弄清楚。黄厚江老师在执教《阿房宫赋》时就围绕一条主线:理解赋"铺采摘文,体物写志"的特征。在这条主线引领下,黄老师引导学生研究两个方面的东西,铺叙的写法,杜牧表达的"志"。其他的一系列问题都是围绕这条主线服务的,课堂教学浑然成为一个整体。明主线就是要求教师设计一个能够贯穿整体的主问题。

2. 减头绪

一篇课文可以学习的东西有很多,教师什么都抓最后也就什么也抓不住。一篇文言文,作者要介绍,背景要介绍,体裁要讲,文言实词要学,文言虚词要学,文言句式要学,文学知识要交代,文章知识要讲解,文化知识要介绍,文章的写法要研究,文章的主旨要研究,文章的价值要研究。面对如此多的内容,教师必须学会取舍。我们在这里所说的"减头绪"就是要精简课堂教学环节。知识性的东西,学生可以查到,教师就不要讲。现在已经是信息时代了,学生借助互联网很容易就可以解决了,教师再讲一遍学生也不感兴趣。现在许多特级教师倡导"简约"教学,倡导简简单单学习语文,这是一种明智之举。

3. 重活动

当下的语文教学,教师累、学生苦,一节课教师和学生从头忙到尾。我们在一些名师的语文课堂上看到,教师不忙学生不忙,大家都在认真地做事。这里所说的"做事"就是学习活动。学习本身就是一种适应性活动。在这种活动中,个体一方面认识和改造了环境,另一方面,个体也在不断地认知和改造自己,特别是在改造自己的心理结构,使其发生适应性的改变。余映潮老师的课堂上总会设计一系列学习活动,学生参

与活动,在活动中学习进步。我们不妨看一个美国教师设计的《木兰诗》教学案例:

阅读课文,思考下列问题:

1. 为什么木兰一得知战争的消息就立刻告诉母亲?

2. 如果木兰以女性士兵身份申请出征,可能会发生什么?

3. 为什么与木兰并肩战斗的男性士兵如此惊讶木兰其实是女性,请列出不少于一个理由。

4. 木兰的行为让你对"勇气"有什么样的理解?

5. 花木兰的故事千百年来被人们传诵,人们为什么如此喜爱这个故事?

6. 木兰和 Axel(《攀援者》)各自都有艰难的任务,他们面对的困难有什么相同点和不同点呢?

表达:写一封信。

多少个日日夜夜,木兰远离父母、家乡,出征在外,请代木兰写一封信给父母亲。告诉他们自己离家后这段时间都做了什么,现在的状况怎么样。

提示:请使用生动的词汇描述任务、地点和事件,可仿照诗歌"五部分"的格式。

社会学习:制作一个"领导者奖状"。

我们知道木兰诗一位优秀战士。从某种意义上来说,木兰也是这个群体里的领导。讨论并选出你们群体里的领导者,为他制作一个奖状,并写上他的名字。

课后思考:文本与电影的比较。

你已经读完《民谣花木兰》,现在请你比较书中的观点与电影《花木兰》的不同。

使用 venn 图标,列出相同点和不同点。

然后,请你选择一个在文本和电影中都很精彩的场景,和小组成员进行讨论。

上网,发表评论:(1)向小组内其他同学讲一讲你读完《民谣花木兰》之后的想法。(2)请你针对花木兰的故事写一个评论,并把你的作业发到网站上。

在这个案例中我们可以看到,教师是学习活动设计者,教师根据学生情况设计了学习活动;教师又是学习活动的组织者。学生是活动的主题,是学习的参与者;学生获得的知识不是从教师讲授得来的,而是自己主动学习获得的。与美国教师相比,我们缺少的就是这种有价值的学习活动。

4. 求实效

文言文教学要求实效,这是大家的共识。但是追求实效的路径大相径庭,有的教师强调死记硬背、高强度训练以便获得实效;有的教师则立足课堂,让学生学会、会学以便追求实效。当下,前者更有市场。为了获得中考、高考的几分,教师就不厌其烦地让学生做练习,一位特级教师做过统计,一位初三、高三的学生一年要做 80—120 套试卷。如此高强度的考试训练,其结果是学生会做考试题却不会思考。这里所说的求实效就是要教给学生类知识、学习方法,如此他们才能举一反三。

- -

课例举隅　黄厚江《阿房宫赋》教学片段

师:同学们,我读《阿房宫赋》,反复读反复读,越读越短,读到最后呢,这篇文章只剩下几个句子,我大胆地把它缩成这样一段话:

阿房之宫,其形可谓（　）矣,其制可谓（　）矣,宫中之女可谓（　）矣,宫中之宝可谓（　）矣,其费可谓（　）矣,其奢可谓（　）矣。其亡亦可谓（　）矣！嗟乎！后人哀之而不鉴之,亦可（　）矣！

这就是黄老师读《阿房宫赋》读到最后剩下的几个句子——后来只剩下几个字——我们后面再说。现在请同学们根据你对课文的了解,想一想在这些括号里填上什么样的词比较合适,看看你们想法和我是不是一致。

师：根据你对课文的熟悉，你能填出哪一个就填哪一个。最好填的，我觉得是宫中之女可谓……

生全体：美矣。

师：大家想到的是"美"，（生笑）可是否写宫女的美呢？——宫中之宝可谓……

生全体：多矣。

师：多矣。其费可谓……

生全体：巨矣，奢矣。

师：巨矣，巨大的巨。这个"费"就是耗费。其奢可谓……

生全体：侈矣。（笑）

师：大家填的这个词应该修饰"奢"，"奢侈"二字意思相近，我们常常说"这个人简直奢侈到了……"

生全体：极点。

师：对，其奢可谓极矣。其亡亦可谓……

生全体：哀矣，必矣。

师：哀矣，必矣，都有道理，但是我填的不是这两个词，我填的是《六国论》里刚学的一个字，有哪位同学想出来了？（有生答"速"）对了，速。你想，秦始皇自己筑阿房宫，还没筑好，秦已经亡了。其亡亦可谓速矣。后人哀之而不鉴之，可谓……

生全体：哀矣。

师：哀矣。但是呢，哀之而不鉴之，可谓哀，从行文来讲……

生全体：悲矣。

师：现在同学们根据要求，再读课文，划出相关的句子。第一组同学看看课文中哪些句子是写阿房宫其形的雄伟壮丽，规模的庞大；第二组看看哪些句子具体地写出宫中之女的众，宫中之宝的多；第三组找一找"其费可谓靡矣"；最后一个组找"其奢可谓极矣"体现在哪里。如果自己的任务完成得很快，可以把所有这些和课文中相对应的句子想一想。有些同学比较慢，也可以集中找一两处。

生（第一组）："覆压三百余里，隔离天日"，是写规模庞大；"二川溶溶，流入宫墙，五步一楼，十步一阁"，是写阿房宫很雄伟；然后"盘盘焉，囷囷焉，蜂房水涡，矗不知乎几千万落"，写规模很大；"一日之内，一宫之间，而气候不齐"，也是写规模很大。

生8（第二组）：第二节，"妃嫔媵嫱"一直到"焚椒兰也"，都是写宫女的"众"。

……

生13：我认为应该是"鼎铛玉石，金块珠砾，弃掷逦迤，秦人亦不甚惜"。

师：对，这是非常典型的句子。把宝鼎当作破锅，把金玉当作沙砾，可见其奢靡的程度。其实《阿房宫赋》通篇都在表现秦始皇、秦王朝的……

生全体：奢侈。

师：对，奢侈。我们前面学过一篇《赤壁赋》，《赤壁赋》说不上一篇典型的赋。我和你们说过，苏轼对散文的重大贡献，是对赋的拓展，是"以文写赋"。《阿房宫赋》可以说是典型的赋文，有人称之为"千古第一赋"，它典型地表现了赋的内容和特征。"赋"的形式特征是什么呢？有同学知道吗？"赋"特别重视……

生全体：铺陈。

师：对，铺陈排比。它能从多角度反复描写同一个对象。我一个字，他写一大排句子，对吧？我几个句子，他用通篇来表现。这就是铺陈。铺陈的作用大家体会出来了吗？

……

师：我在读这篇文章的时候，想法也很多，读到最后一段的时候，我忽然有感而发,把杜牧的最后一段改写了一下。也许是狗尾续貂——可我改写以后蛮得意的,现在呢,"敝帚不自珍",让大家比较一下,作者写的和我写的哪一个好,好在哪里。

观古今之成败,成,人也,非天也;败,亦人也,非天也。成败得失,皆由人也,非关天也。得失之故,归之于天,亦惑矣!

灭六国者,六国也,非秦也。族秦者,秦也,非天下也。嗟乎!——

生全体朗读。

师:大家读得很好,说明大家对这段话理解得很到位。下面同学们自由发挥,谈自己的评价,不要碍我面子。哪位同学先说说?(指名)你喜欢哪一个?

生18:我觉得都有长处。(生笑)

师:"都有长处",还有半句话,言外之意,你们能补充出来?

生全体:都有短处。

师:你说说看我们的长短看。

生18:原文前面一半写到"谁得而族灭也",是单指秦国破灭这件事情,而您写的范围更大一点,所以前面一半您写得好。到后面,他的思维又上升到了更高的一个层次,而您最后"得失之故,归之于天",只是对前面再来一个总说,而他写的思想更上了一个层次。

师:这位同学从语言、思想内容等角度进行了评说。我听得出来,她更喜欢杜牧的。(生笑)尽管她在比较的时候,说我也有好的,从时空来讲,更有时空感;另外从语言形式说,杜牧的文章思想上在不断加深,而我写的最后一句只是前面观点的重复而已。其他同学有没有不同意见了?

生19：我觉得杜牧写得好。(生笑)

师：不要紧，你说杜牧好在什么地方？

生19：因为这篇文章前面写的都是阿房宫和秦始皇的奢侈，目的是要使后人以史为鉴；而你写的是关于成功和失败的。

师：就是和前面的描写关系不是太紧密？哦，她是从文章的章法进行比较的。你能不能发现一点我好的地方？(生笑)

生19：你这段话的观点是正确的。(生笑)

师：我这段话的观点是正确的，就是放在这篇文章里不好？(生笑)好，请坐。有没有不同意见的了？大家肯定还有很多想法，现在不能一一讨论了。刚才两位同学比较得还是不错的，但是我觉得你们对我不是很公平。(生笑)为什么道理呢？我就觉得杜牧从秦的灭亡、秦的奢，来告诫历代君主、以后的君主要引以为戒，但是我觉得这局限了历史思考的意义。我做君主吗？我不做。我们在座的同学将来会做君主吗？可能性也不大，是吧？所以我们这些普通的人读《阿房宫赋》，就不能从中汲取一点什么吗？刚才一位同学说我写的内容和前文不太一致，我觉得还可以啊。(生笑)他说，"灭六国者，六国也，非秦也"，六国的灭亡是自己导致的，"族秦者，秦也，非天下也"，也是秦自己导致的，对不对？所以我说，嗟乎！普通的人虽不能占有一国，成功是我们都要追求的。所以说我的观点更广泛一点。不过有一点倒是真的，就是从全文结构来看，从语言形式来看，杜牧肯定是比我好。一千年以后肯定有人记得杜牧，一千年以后肯定没有人记得我黄某。(生笑)这时候我就想到一开始我说的，这篇文章我读到后来就成了几个字，其实用三个字就能把全文的内容和结构都表现出来了。现在同学们回想全文内容，或看黄老师缩写的这段话，(投影显示)在这段话里挑三个字，概括全文内容。《阿房宫赋》洋洋千言，其实三字足矣。大家想想，哪三字呢？"阿房之宫，其形可谓雄矣，其制可谓大矣，宫中之女可谓众矣，宫中之宝可谓多矣，其费可

谓靡矣,其奢可谓极矣。其亡亦可谓速矣! 嗟乎! 后人哀之而不鉴之,
亦可悲矣!"谁愿意说说?

生20:奢、亡、鉴。

师:对。我读到最后,只剩下这三个字。课后,同学们好好背一背这
篇千古第一赋,同时让我们永远记住这三个字。奢必亡,这是国君要借
鉴的,也是我们这些普普通通的人所要借鉴的。好,今天就到这里,
下课!

思考:

1. 确定文言文教学内容的理据是什么?
2. 如何确立文言文教学的主要问题?
3. 设计文言文学习活动的策略是什么?

第八章

作文教学的现状、反思与重建

作文教学一直是语文教学的难点，一百多年也没有取得多大的进展。我们一直强调改革、强调重建，但是作文教学筚路蓝缕，就是找不着明确的改革方向。反观作文教学的历史，人们不难发现，20 世纪 20—30 年代是作文教学的一个高峰，梁启超、陈望道、叶圣陶、夏丏尊、朱自清用自己的智慧创造了作文教学的辉煌；20 世纪 80—90 年代是作文教学的第二个高峰，于漪、钱梦龙、魏书生、刘朏朏、欧阳代娜等语文教育改革家开辟了作文教学新天地。两个高峰过后，作文教学一直在改，但是作文教学越改越难，越改学生越怕。语文课程改革已经进行了十多年，作文教学的现状究竟如何，我们不妨进行一点调查。

一、作文教学现状

作文教学目标不清晰。作文是干什么的？大家很少思考，因为在大家心中作文就是为了考试，只要考试作文不拉分，作文教学也就大功告成了。我们曾经对国培班的老师进行过调查，80％的老师认为作文就是为了考试。

作文教学无计划。作文教学是语文教学的副业，教师认为难，学生也认为难。因为没有相应的教材，所以教师随意性明显。调查显示一所学校，平行班级作文教学很少是一样的。将一个班级三年的作文整体考察一番，又可以发现作文训练是缺乏连续性的。

作文训练的量达不到基本要求。按照课程标准要求，每一个学期要写 8 篇大作文，8 篇小作文（或称片段作文）。课改前期，我们曾经进行过调查，每一个学期真正完成 8 篇大作文的学校很少。大作文篇数不够就用考试凑（期中、期末考试各一篇），大作文篇数不够就用小作文凑。

为了更清晰地了解作文教学现状，我们不妨来看看几个案例。这些案例都是非常优秀的教学案例，执教者都花费了很多心思进行了大胆的改革，这些案例具有一定的代表性。

案例一　　老师：大家来看这样的一个例子。（展示例子：站在路旁，傍晚的凉风轻悄悄地吹过，我们似乎听见那些站过一个又一个夏天依然挺拔的树木在传唱，传唱着我们城市里一天一点的进步，一天一点的改变……《改变》）这是我校95级的一名学生的作文，大家观察一下，这一篇作文的开头与作文标题之间有什么联系？

　　学生：（议论）作文的标题是"改变"，开头第一段中也提到了"改变"……

　　老师：对了，这就是作文的技巧之一：开篇点题。（板书：作文的开头：1. 注意点题。）那么，是不是开篇点题就是在开头就写作文的标题呢？

　　学生：不是。

　　老师：对了，开篇点题就是开头交待清楚作文的主题，当然，有时候作文的标题就是文章的主题，比如《改变》这篇作文就是这样。

　　老师：除了开篇点题这一方法外，在作文的开头运用修辞方法，也是经常用的方法，先看这两个例子[展示例子：(1)日子一叶一叶地从生命之树飘落，不经意间，才蓦然发现岁月已给它套上了16圈年轮。(2)在花的眼中，蜜蜂是永远的挚友，为花带来生命的延续。在蝴蝶的眼中，花是最好的天使，为蝴蝶带来甜美的甘露。《真实的镜子》]

案例二　　构思要力避第一构思，创新构思可从内容和写法上进行。

（一）从内容上创新的构思方法有

1. 逆向式构思

（1）教师明确

逆向思维，就是从某个论点的对立角度去确立新的观点，阐发新的见解，如上面郑板桥教育儿子的故事。再譬如：《小草》这首歌大家都会唱:"没有花香,没有树高,我是一棵无人知道的小草,从不寂寞,从不烦恼,你看我的伙伴遍及天涯海角,春风啊! 春风,你把我吹拂,阳光啊! 阳光,你把我照耀,山川啊河流,你抚育了我,大地啊,母亲你把我紧紧拥抱。"如果让你根据这首歌写感想,人们多半会歌颂小草的朴实无华,赞美它的平凡伟大。但一个同学却不人云亦云,他认为《小草》是在为碌碌无为唱赞歌,他写道:小草虽然没有花香,也没有树高,但它仍能自我陶醉,因为它觉得如同自己的平庸之辈并不乏其人,"我的伙伴遍及天涯海角"。别看我们碌碌一生,社会并不嫌弃我们——"春风"还要"把我吹绿","阳光"也得"把我照耀"。"河流、山川哺育着我,大地母亲把我紧紧拥抱"。少年是祖国的花朵,祖国建设的栋梁,我们应该志存高远,能做鲜花做鲜花,能成栋梁成栋梁,又为何都要去做小草呢? 瞧,这篇作文就较好地运用了逆向构思,立意不凡,别有天地。

(2) 思维训练

从反面思考下列成语的含义,并指出其合理性。

班门弄斧——弄斧到班门;杞人忧天——忧患意识不可无,防患于未然;对牛弹琴——科学养牛,给牛听音乐助长。(学生思考、讨论、交流,教师总结。)

2. 多角度构思

(1) 教师明确

多角度构思法,是指作者对某一文题,在排除已有的习惯认识的前提下,选取事物多种不同的侧面,寻求前所未有的新角度刻画人物,描写事件阐述观点的创造性构思方法。"第一个把女孩子比作鲜花的人是天才,第二个是庸才,第三个就是蠢才了",这句西文谚语是对陈陈相因的批评。商人、愁人、将军、哲人一同来到一条大瀑布前面,面对这雄壮的自然景观,他们各发感慨。商人说:"瞧,白花花的银子,铺天盖地,滚滚而来";愁人说:"哎,问君能有几多愁,恰是瀑布从天流。此水、此愁何时休";将军说:"呵,战罢玉龙三百万,败鳞残甲满天飞";哲人说:"呀,高低错落尽生美,柔能克刚道理深"。四人的思想不同,身份不同,于是,角度各异,正所谓:"横看成岭侧成峰,远近高低各不同。"

(2)思维训练

文题:因为有了你,所以我快乐

3. 联想式构思

(1)教师讲解

联想构思法,它要求人们在写作时拓开思维领地,沟通事物之间的联系,由眼前的某一种事物想到另一种事物,或由甲想到乙,创造出丰富多彩的内容。例如:《祖国,假如你是一棵青松》这篇作文,作者把祖国比作青松,联想到自己要做松树的根——用尽全身的力气拥抱大地母亲,敞开胸怀吸收大地的营养,让青松根深叶茂;联想到自己要做松树身上的皮——哪怕是八千里风暴,九千个雷霆,我愿做你身上的盾牌,不让你遭受任何侵害;联想到自己要做松树的枝叶——哪怕烈日炎炎,严寒冰雪,我都会奋力拼搏,昂扬地伸枝展叶,让你郁郁葱葱,永葆青春;联想到要做松树的一粒种子——不管你把我飘撒在贫瘠的土地,或是幽深的山谷,我都不会辜负您的养育之恩,我会不择土地地生根发芽,擎托出一片希望的蓝天。瞧,作者就是凭借丰富的联想连缀成文的。

(2)思维训练

我们都熟悉"台阶",请你以"台阶的联想"为题,联系实际,说说你联想到什么事物或事理。

案例三 "感人心者,莫先乎情"——记叙文中如何写"我"?

1. 以"我"观照人事,写出情感波澜——勾勒出"我"的情感线索。

记叙类文章中"我"的呈现方式:

（1）以"我"为辅

"我"是事件发展的见证者、知情者，"我"的情感是相对理性的、客观的，贴切于大众的角度。如：《孔乙己》，小说中"我"作为咸亨酒店的小伙计见证了孔乙己悲剧的一生（旁观者），我站在一个观众的角度记录下了有关孔乙己的见闻（知情者），"我"在小说中的情感与作者本人的情感并不是一回事，而仅仅是"小伙计"的情感。

（2）以"我"为主

"我"是事件发展的主要参与者甚至是推动者，"我"的情感是感性的、流动的，贴切于人物身份与生活真实。如：《社戏》，文章中的"我"是看社戏的主要发起者（参与者），推动了故事情节的发展（推动者），"我"的情感是随着故事的发展而不断变化的，与作者的情感契合，贴切了"我"，一个十三四岁孩子的身份和真实心理。

（3）有主有辅

在事件发展的不同阶段，担任不同角色，起到不同作用。如：《祝福》，小说用第一人称描写"我"在鲁镇的见闻（亲历者），和祥林嫂临死前还有短暂，但很重要的接触，和祥林嫂的死有着一定的关系（推动者）；同时又用第三人称叙述祥林嫂悲惨的一生（旁观者）。两种视角交错使用，见证了人物的命运，推动了情节的发展，使表达更真实、更深刻，内容更丰富。

案例四　感受亲情

一、教学目标

1. 通过情感渲染，让学生感受亲情的伟大，并懂得珍惜身边的亲情。

2. 激发学生尽情倾吐内心情感的表达欲望。

3. 领会到"我手写我心"的习作真谛。

二、教学过程

（一）积蓄情感

1.（出示课前统计结果）考考你：

知道自己的生日吗？知道你父母亲的生日吗？知道母亲节是哪一天吗？知道父亲节是哪一天吗？在这些特殊的日子里，你对他们说了点什么？你帮他们做了点什么？

2. 比较数据，学生谈看法；

3.（投影出示题目）《地震中的父与子》；

（1）猜一猜：看到这样的题目，你会想到些什么？你会提出哪些问题呢？

学生交流。

（2）当你读了这篇文章以后，你不仅会对故事有更深的理解，同时也相信你一定会被故事背后的亲情所感动。（投影出示文章，配上伤感的音乐//班德瑞）生范读。

唐山大地震时，一家三口被埋在了坍塌的屋子里，妈妈当场被砸死，而爸爸和九岁的儿子则被分别困在相距几米远的地方。周围黑漆漆的，儿子十分害怕，在不停地哭，爸爸就与儿子聊天，给他讲笑话，鼓励他，告诉他很快就会有人来救他们了。于是儿子渐渐平静了下来，外面由喧闹归为寂静，但父亲的声音却始终没有停止。就这样，37 个小时后，二人获救了，救援队先救出了儿子，然而当与儿子相隔 5 米远的爸爸被救出来时，所有的人都惊呆了：这位用语言一直鼓励、安慰儿子的爸爸，从右肩开始一直到右腿都被一根重重的水泥柱压着，早已血肉模糊、辨认不清了。挖出来后，他什么也没说，只是看了儿子一眼便死去了。

4. 学生交流读后的感受。

师：是什么力量在支撑父亲？

学生交流。

（二）寻觅亲情

1. 师小结：那是爱！那是亲情！亲情是人类永恒的话题。古往今来，曾经为许多人所讴歌，"慈母手中线，游子身上衣……"这些名句都把亲情表达到了极致。同学们，你们感受到了吗？现在请大家闭上眼睛，回放一下亲人对自己的爱和关怀，简要说说最令你感动的一件事。

学生谈身边的事例。（有新意）

2. 师：同学们，其实真情的流露并不需要太多华丽的语言作修饰，也不是只在重大的事件才能表现真情，或许只是点点滴滴的平凡小事，或许只是一句很普通的话语，或许平实得你丝毫都没有在意，然而就是这样的点滴，却往往更能体现出亲情的伟大！

板书（选身边事，抒心中情）

以感恩的心，用心去体会亲人的一句话，一个动作，一个眼神，平淡的小事一样会打动别人。

3. 例文选读：《买鞋》片段。画出使你感动的语句。

板书（抓住细节，以小见大）

（三）亲情永驻

1. 用一段话写下令你最感动的事。

学生写作。（边写边听歌曲）

2. 习作交流，评议，结合板书指导。

（1）指名读

（2）评议

（3）指导

你希望写出你的感动，你该如何写呢？（强调"我手写我心"自然渗透）

A. 事情要典型、具体，抓住人物的动作、语言、神态……

B. 感受要深刻

C. 适当用上优美词句、名人名言、诗句……

3. 小结：今天我发现同学们长大了。因为你们学会了感动，学会了感恩。相信上完今天这节课后，你再也不会对……无动于衷，对……大发雷霆。有了一颗感恩的心，你才会觉得生活充满阳光，充满快乐。

4. 布置作业：完成作文。并给亲人看，让他们也为你而感动一次。

板书设计：

感受亲情　　选身边事，抒心中情　　抓住细节，以小见大

通过调查以及上边四个案例，我们可以窥见当下作文教学的基本状况。

第一，作文教学目中无人。作文教学的关键是学生，但是当下的作文教学却很少关注学生。教师要教什么，首先考虑教材、考纲，极少考虑作文对学生发展的作用。作文教学基本上是文学创作，似乎教师把学生当作家来培养。殊不知学生基本上不会去做作家，只会去做普通人。学生写了一系列让人似懂非懂的文字，到头来却不会写生活中最常用的应用文。作文教学目中无人已经见怪不怪。

第二，作文教学的唯一目的是考试。案例一，教师之所以如此教作文，目的指向很清楚，那就是希望学生在考试的时候获得高分。基于当下畸形考试作文批改，一大批教师改走旁门左道，不惜一切教授一些开头与结尾的方法，以此取悦于阅卷教师，进而获得高分。

第三，关注所谓作文知识。与其他语文教学一样，作文教学也强调知识教学。知识教学本无可厚非，但是关键是我们讲了什么作文知识。我们教给学生文章的结构知识，"逆向式构思"、"多角度构思"、"联想式构思"，都是纸上谈兵。这些教科书上的术语很好看，学生要变成自己的东西谈何容易。

第四，关注作文之"技"。教师把作文教学当作一种技能进行传授，事实上学生获得这种"技"不难，将其变为"能"就异常困难。游泳教练教孩子游泳，不是在岸上教会的，而是让孩子在水中锻炼、体悟练会的。案例三，老师不厌其烦地讲解"我"的写法，

这些教科书上的技法是很重要,但是只讲究"传技"不讲究"转化为能",这种教学只能是纸上谈兵。

第五,作文教学只有"作文"没有"教学"。作文教学应该是一个综合体,但是我们当下的作文教学只有作文,那就是学生无休止地去写一些应试的文字,唯独缺少有价值的教学指导。教师要求学生写作文,教师却不会写作文,不会写作文的老师却信誓旦旦地教学生写作文。以其昏昏使人昭昭只能是天方夜谭。

二、对当下作文教学的反思

研究当下的作文教学要有一个基本认识,那就是作文教学不是一无是处。我们应该在肯定其成绩的基础上研究其基本问题。百年课程发展,一大批志士仁人以极大的热情研究作文教学,希望取得突破。改革开放三十年,魏书生、余映潮、王栋生、蔡明、黄厚江、曹勇军、于永正、支玉恒一大批名师用自己的智慧,进行了卓有成效的改革。我们的反思是对现实的基本认识,唯有如此,我们才能认识现实,图谋新的发展。

(一)为何作文教学"目中无人"

2001年启动的课程改革核心是"为了每位学生的发展",作文教学义不容辞地要为学生语文素养提升做出贡献。但是在实际教学实践中,"发展"关注了,"人"没了。作文课程改革的"核心"——人如何成为作文关注的中心了?

我们这次课程改革是试图通过课程改革,进而带动学校整体改革。在实际操作过程中,这种改革根本行不通。作文课程是在国家课程标准框架下运作,作文教学又是在国家"考试说明"指导下运作。在市场经济大潮冲击下,作文教学也带有很强的功利性。国家强调为了每位学生的发展,出发点是好的,但是实现不了。怎么办?选其一点寻求突破,这个点就是考试。只要考试分数高了,教师就是好老师;只要考试成绩好了,学校就是好学校,校长就是好校长。家长如此看,教育主管部门如此看。长此以往,作文教学只需关注"考",无需关注"人"。周而复始,"人"也就渐渐地消失了。

（二）为什么作文教学只关注考试

作文教学的成败在于学生，学生主动了、想表达了，作文就会变成一种简单的事情；学生不想表达，或者没有养成表达的习惯，作文就变成一件难事。在当下的作文教学中，教师眼里有考纲，中考研读《中考说明》，高考研读《高考说明》。考试成了衡量一个学校教学水平的"神器"。考试考好了，主管部门会发下一笔奖金，会恩赐一次免费旅游。在利益的驱使下，"考试"成了上帝，学生成了供上帝驱使的"奴隶"。国家的课改强调"为了每位学生的发展"，学校的教学却成了"为了学校的考试"。

我们不妨考察一下当下作文教学过程。命题，这是老师的特权。老师根据前一年的考试题选择作文题目，考试考材料作文，我就训练材料作文；你考话题作文，我就训练话题作文；你考新材料作文，我就训练新材料作文。作文题目跟着中考高考作文动向走。指导，这是作文教学的关键，老师们现在将其简单化，中考评分标准、高考评分标准就是指导的依据，老师信誓旦旦地讲解注意要点，就是说不清如何写作。写作，千篇一律地强调 700 字"新八股"，即如何开头、如何过渡、如何结尾，纯粹是程序化的操作。长此以往，考试绑架了作文教学，作文教学成了考试的训练场。在这种情况下，作文异化为一种工具，成了学生换取大学入学的敲门砖，成了教师换取"奖金卡"与"旅游券"的手段。学生在这种环境下，为了换得"入学券"，也就心安理得地成了"温水锅里的青蛙"。

（三）为什么只关注作文知识

"知识就是生命"，"知识就是效益"，"知识就是金钱"，这些口号曾经激励着语文界的同行。就是普通民众也认为教师就是要教知识。在这种世风的推动下，作文教学强化写作知识教学也就不足为奇了。至于为什么语文教师越来越热衷于作文知识教学，还有其内在的原因。首先，教作文知识可以把教师装点得有知识。作文教学总要教点什么，说真的，绝大多数老师对作文并没有认真研究，面对学生老师总要讲点什么，那么讲什么呢？老师只有借助于大学《写作学》教科书的所谓"知识"，反复告诫学生记叙文要关注时间、地点、人物、事件、开端、结局；议论文要关注提出问题、分析问题、解决问题；说明文要关注说明顺序、说明方法。学生记住了这些名词术语，作文水平愣是没有提高。其次,教作文知识可以掩盖教师自身不会写作的缺陷。教师不会写作是一个普遍的现象,但是教师却还要教授写作,这是语文教学中的怪事。用所谓写作知识搪塞学生就可以掩盖自己的不足。复次,教作文知识可以推脱教学责任。作文教学是一件难事,我教了这些知识,我就心安理得了,你写不好,那是你的天分不足,教师们就没有任何责任了。

(四)为什么大家关注作文之"技"

在考试的逼迫下,一大批语文教师开始寻求对付考试的作文之技。从前文的作文调查案例中可以看出,教师们热衷于"技"的研究。翻检当下的考试秘籍,我们可以发现这种应试之"技"比比皆是。"开头"的技巧、"过渡"的技巧、"结尾"的技巧,有的将其总结为"作文教学 72 技"、"作文教学 108 技"。大家关注作文之"技"的原因在哪儿?首先,教授作文之"技"容易立竿见影。教师制定一个模板,学生模仿,这就形成了一个机械模具,你只需按模具加工,就可以生产出"高仿"产品。其次,照搬作文之技有助于提高考试分数。这些作文之"技"都是一些应试高手总结出来的法宝。这些东西有很强的传播力。一经定型,马上就会形成燎原之势。因为它对提高考试分数有用,许多人就趋之若鹜。再次,教授作文之"技"容易引起学生关注。考材料作文,教师就教给材料作文之"技";考话题作文,我们老师就交给写话题作文的"技";考新材料作文,就教给新材料作文之"技"。学生一开始还有新奇感,时间一长渐渐地就失去了兴趣。

(五)为什么作文只有"写作"没有"教学"

王荣生指出:"在我国中小学的语文课里,几乎没有写作教学。据我们所知,中小学的'作文教学',主要有两个阶段:一是在写之前,主要的工作是指导学生审题,或使学生进入写作的情景,或有构思地激发乃至'训练'。这一阶段主要解决'写什么'的问题,对'怎么写'只作原则性的引导或要求。二是在写之后,教师对学生的作文进行讲评,或展示好的作文,或做提升作文档次的修缮,有时是教师介绍批卷的感观,或解释本次作文打分的标准。这一阶段主要解决'写得怎么样'的问题,对学生是怎么写的,则很少顾及。中小学有'当堂作文'一说,但所谓'当堂作文',只是给学生写作的时间罢了,具体的写作过程,教师通常很少顾及,更缺乏有效的指导。为何我们的语文课几乎没有写作教学呢？这自然可以罗列很多原因，比如教材的原因、教师的原因等等。但按我们的判断准则，在语文教学实践中长时期地、大规模地出现的问题，一定与语文课程研制、与《语文课程标准》研制有直接的关系。"王荣生教授分析得颇为具体。语文界有个基本认识，作文是一个慢工，它需要学生在写作中自悟，多写就是自悟的最佳途径。作文教学缺位也就在情理之中了。

三、作文教学重建

解决作文教学的低效问题是大家的追求，但是多年来这个问题却一直解决不好。重建的呼声很高，但是重建之路在哪里，语文人仍在苦苦追寻。我们提出自己的一些思考设想，以期与语文同仁分享。

（一）明晰作文教学基本目标

学生为什么写作文？这是一个十分幼稚又很不好回答的问题。许多老师会回答，"课标"要求写，学生不写能行吗？是的，"课标"要求学生写，学生就必须写。这个理由似乎有点霸道。为了弄清楚这个问题，我们不妨看看教育部颁布的《义务教育语文课程标准》："能具体明确、文从字顺地表达自己的见闻、体验和想法。能根据需要，运用常见的表达方式写作，发展书面语言运用能力。"在教学建议中"课标"指出："写作是运用语言文字进行表达和交流的重要方式，是认识世界、认识自我、创造性表述的过程。写作能力是语文素养的综合体现。写作教学应贴近学生实际，让学生易于动笔，乐于表达，应引导学生关注现实，热爱生活，积极向上，表达真情实感。"考察上面的文字，我们无法找到答案。"课标"似乎在回避这个简单的问题，但是作为一线的教师无法回避。我们在调查过程中并与学生讨论后认为，学生写作文是生活的需要。

"教育即生活"，这是杜威著名的教育论断。他告诫人们教育的功用就是要为学生今天乃至明天的生活做好准备。作文也是如此。学生可以不写作文，将来也照样生活，但是他学会了写作，他就可以把自己的想法记录下来，与别人交流；他就可以应对生活中的基本要求。一个学生学会写作，不是为了将来当作家，而是从容应对自己的生活。

作文是生活的需要。这里的生活既包括今天的生活，也包括明天的生活。明白这个道理，学生在作文时就不仅仅要想到考试，而且要想到未来的生活。作文不是可有可无的东西，而是生活的一部分。

(二) 建设作文教学资源库

我们老师一再抱怨学生缺少生活体验，不会观察，不会积累。到写作文时就抓耳挠腮，不知所措。许多老师都明白这是问题，却很少提出解决问题的方法。我们认为解决这个问题，需要建立两个作文资源库。

第一，直接生活资源库。所谓直接生活资源库，就是指学生现实生活的方方面面。学生生活在世上，看到的，听到的，亲身体验过的，这些都是最宝贵的写作素材。只是我们一直忽略这些东西。我们曾经在一些学校进行试验，要求教师指导学生建立起自己的生活资料库。这个资料库包括三个方面：

1. 家庭生活资源。爸爸的故事，妈妈的故事，爷爷的故事，奶奶的故事，狗狗的故事，小猫的故事，我家的菜园，我家的植物。学生需要将这些内容具体化，把可读可感的东西记录出来，配以图片、文字。

2. 学校生活资源。老师故事，同学的故事，校长的故事，校工的故事，校园素描，班级趣事，学校景观，学校植物等。苏州孙艳老师带领她的学生观察教室门前的玉兰花，每天拍摄一张照片并加以文字记录，坚持一年，积累了大量的资料，学生谈起玉兰花都如数家珍。

3. 社会生活资源。我身边的人，一个小人物，一个小事件，一个小变化。我们曾经在一个学校进行试验，要求学生用照片记录自家住房的变化；我们也曾经要求学生记录家乡道路的变化，我们也曾经要求学生记录家乡环境的变化。这些东西都是真实发生的，这些资料对学生认识身边的社会有现实意义。

第二，间接生活资源库。所谓间接生活资源库，是指学生无法亲身体验的生活资源库。学生受生活所限，他的生活面很窄，要解决这个问题，就需要拓展学生视野，让学生把间接生活与直接生活对接，形成自己的间接生活资源库。这个资源库也包括三

个方面:

1. 家庭生活资源。教材资源:《我的母亲》、《散步》、《背影》、《风筝》、《荷叶母亲》、《触龙说赵太后》、《我与地坛》,这些课文里面都包含着有价值的家庭生活素材。图书资源:《家》、《红楼梦》、《孩子请把你的手给我》、《西厢记》、《傲慢与偏见》、《简·爱》,这些名著里面包含着典型的家庭生活案例,这些案例对学生理解家庭生活有直接意义。影视资源:《雷雨》、《渴望》、《推拿》、《普通人》、《向日葵》、《猎豹母亲》、《蜗居》、《美国丽人》、《麻辣婆媳》,这些影视作品形象地反映了当代家庭生活的方方面面,虽然有些夸张,但是它们真实地反映了家庭生活的现状。网络资源:反映家庭生活的文字资料、图片都可以搜集整理,形成自己的资源包。

2. 学校生活资源。教材资源:《羚羊木雕》、《子路曾皙冉有公西华侍坐》、《劝学》、《师说》、《我的国文教师》、《梁任公先生二三事》,这些资源从不同角度反映了学校生活的各个方面。图书资源:《爱弥儿》、《稻草人》、《爱的教育》,这些不同时期、不同国度的作品为我们认识学校生活提供了不同的视角。影视资源:《死亡诗社》、《舞出我人生》、《足球尤物》、《花季雨季》、《青春抛物线》、《十七岁不哭》、《十六岁的雨季》、《放牛班的春天》、《一个不能少》,这些资源形象地展示了校园生活的点点滴滴,能够给人以启迪。网络资源:这个方面的资源是海量的,无法预测,学生可以根据自己的爱好加以选择。

3. 社会生活资源。教材资源:《装在套子里的人》、《鸿门宴》、《变色龙》、《林教头风雪山神庙》、《生辰纲》、《哈姆莱特》。图书资源:《史记》、《聊斋志异》、《论语》、《孟子》、《钢铁是怎样炼成的》、《青春之歌》。影视资源:《亮剑》、《芙蓉镇》、《红高粱》、《孔子》。网络资源:感动中国十大人物,道德模范等事迹资料。

(三) 明晰作文指导责任

教师在作文教学中应该担当什么责任?教师不明确,在不明确的情况下,大家只能应付了事。为此,有必要理清教师的职责。

1. 教师要做好写前的指导。回答一个问题:写什么?(内容的选择)倘若我们的教师能够指导到位,学生就会不怕写作文了。

案例一　余映潮——作文中的感悟

师：我们今天上一节中考作文指导课，大家一起来把材料的一、二节念一念。

（大屏幕显示）。

生（齐读）：什么是感悟？感悟，就是对事物有所感触而领悟到的某种道理、某种哲理、某种诗化了的思想。

什么是作文中的感悟？作文中的感悟，就是通过对人、事、景、物与生活现象的抒写来表现来表达自己的感受与领悟。因此，感悟类作文有时会更有深度，表现出动人心弦的感染力。

师：有时候作文中的感悟或者作品中的感悟，用一句话来说，叫做画龙点睛之笔，或者有卒章显志之妙。这次的作文训练，我们就通过几种不同类型的美文的品读，来感受这种感悟的角度。

我们先来品读美文《篱笆上的铁钉》。

这是一篇写家庭生活的文章。我们先读这篇文章，然后给这篇文章加上恰当的表达感悟的话。这样，我们就表达了对生活的感悟。大家先把这篇文章朗读一遍。

从前，有一个脾气很坏的男孩，他的爸爸给了他一袋钉子，告诉他，每次发脾气或者跟别人吵架以后，就在院子的篱笆上钉一颗钉子。

第一天，男孩钉了 37 颗钉子。以后的日子里，他慢慢学着控制自己的脾气，每天钉的钉子逐渐减少了。他发现，控制自己的脾气实际上比钉钉子要容易得多。终于有一天，一颗钉子都没有钉，他高兴地把这件事告诉了爸爸。

爸爸说："从今以后，如果你一整天都没有发脾气，就可以从篱笆上拔掉一颗钉子。"

日子一天天过去,最后篱笆上的钉子被拔光了。

爸爸带他来到篱笆边,对他说:"儿子,你做得很好,可是,看看篱笆上的钉孔吧,它们永远也不可能恢复原来的样子了,就像你和一个人吵架,说了些难听的话,你就会在他心里留下一个伤疤,像这个钉子的洞一样。"

是啊!

师:"是啊"后边是什么话呢? 那就请你们想了——请用点题的方式表达你的感悟。

(生思考)

生1:是啊,心灵上的伤疤总不可能像手中沙粒随风飘散,因为它是人心中永远的痛。

师:嗯,如果你伤着了人家,就给人家心里留下了永远的痛!

生2:是啊,拔掉人心中的钉子很容易,但留下的创伤又怎么能轻易抚平呢?

师:你用一个反问来表达自己的感悟。

生3:是啊,如果你不想别人的心一次又一次地受伤害,一次又一次地千疮百孔的话,就请你管好自己的嘴,做一个平易近人的人,不要让那篱笆上的铁钉成为你永远的悔恨。

师:你从另一个角度,即从为人的角度讲了怎么把自己的嘴封紧一点。

生4:是啊,虽然昨天已随时间消失在记忆中,但是我们永远也无法弥补我们昨天犯下的错误! 正如钉子能拔去却要留下钉孔一样,我们能做的只有再也不要在别人心上留下伤痕或是痛苦的回忆。

生5:是啊,恶语伤人六月寒,这种留在心里的伤痕岁月难遮,这是一种难以愈合的创伤。

师:刚才大家的表述是很准确的。我们来看一看原文,原文的结尾是这样的：

（大屏幕显示）

是啊，你伤害了人家，无论怎么道歉，伤疤总是留在那儿。要知道，心灵上的伤疤和身体上的伤疤一样难以恢复。

师：我觉得我们有的同学比原文上说得更好！应该说心灵上的伤疤更难以恢复。我认为，坏脾气是一柄双刃剑，它在伤害别人的时候，同时也伤害着自己，就像那个篱笆上的钉子一样。

这是余映潮老师"作文中的感悟"一个片段，在这个片段中，我们可以清晰地看到老师要教什么，学生也知道我要学什么。因为由事件引发情感，这符合学生的一般认知规律，所以学生能够学会这种表达方式。

2. 教师做好写前指导。回答第二个问题：怎么写？这是一个棘手的问题，许多学生有了材料也不会写，这就要求教师教给方法。如果教师力图教给知识，那么这样的教学就只能是隔靴搔痒。

案例二　郑桂华——描写的奥秘

师：刚才几个同学谈了对我的印象，观察还是很仔细很准确的。我问大家一个问题，你觉得自己会描写吗？会描写的人请举手。（没有学生举手。）

师：（对刚才描述老师模样的学生说）你怎么没有举手？

生：我不会。

师：你刚才不是描写过老师吗？这说明你会描写，实际上你们都会的。下面我们来尝试一下。（投影：一幅鸭子游水图）

师：看到这幅画面了吗？

我请三位同学到黑板上来写。其他同学在纸上写,我要看你们到底会不会描写,看你们描写得怎么样。写一句话、两句话都可以。好,开始!

(学生写)我们来看黑板,左边第一位同学,请把你的作品读一下给大家听。

生:画面上有一个湖,在水里,有两只小鸭子游来游去地玩耍。

师:第二位同学。

生:在清澈的水中,有两只可爱的小鸭子,它们你追我赶地嬉戏。

师:第三位同学。

生:在清澈的水面上,两只淡黄色的小鸭子在自由自在地游着,他们看上去很悠闲。

师:请坐。大家看三位同学写到的共同的东西是什么?

生:鸭子。

师:共同的是鸭子,这个能不能少?

生:不能。

师:为什么不能少?

生:因为这是描写的对象。

师:好。也有人叫做……主人公。

(板书:对象即主人公)

师:那么除了鸭子之外,描写对象还有什么?

生:湖水。(也有学生叫"水"、"池塘")

师:(板书:水)他们都写到了鸭子和水。但是,这个是在水中,那个是在清澈的水中,那个是在清澈的水面上。你们说这三个句子,哪个描写得更好一些呢?(学生意见不统一)

师:(在黑板上写出这些字)可能各有特点,或者这么说,哪个地方好,或用了什么词语就显得好些呢?

生:形容词。

师:形容词,也就是说在这个对象之前有了什么?

生:修饰。

师:描写对象是鸭子和水,前面加上"清澈的"这样一个修饰,这个形容词形容了水的什么?

生:样子。

师:样子,或特点。水的特征。

(板书:特征)

生:特征。

师:上面几句有哪些词语是表示鸭子、水的特征的?

生:清澈,可爱,淡黄色,悠闲。

师:还有自由自在,嬉戏。也是他们的样子。如果没有这些特征,我们会觉得怎么样?

生:不够具体。

师:对。你们觉得除了用形容词这一点之外,哪一个的表达还更好一些? 为什么? 你们每个人在下面也写了,你看看你写得,比这三个同学还要好一点的话,也给我们欣赏欣赏。(生沉默)

这个问题有挑战性。第一,你要判断上面的三种说法还有哪些地方是你比较喜欢的;第二,你要把自己所描写的与他们相比。谁来完成这个挑战性的任务呢? 一个一个解决也可以。

生:在平静的水面上有两只小鸭子,它们全身有细细的绒毛和灰白相间花纹,它们追来追去,像两个无忧无虑的孩子在戏闹。

师:精彩吧?

生:非常精彩。

师:你来把它写到黑板上。好文章要共享。(生上讲台写)

其他同学思考,他的描写好在哪里呢? 好,请你来说说看。

生：他运用了比喻和拟人的修辞方法。

师：为什么用比喻、拟人就好呢？

生：更生动。

师：好，比喻和拟人使文章生动。请坐！再请另一位同学再来说说。

生：他写得很生动很形象，写得小鸭子很活泼。

师：好的，从效果上讲是生动、形象、活泼可爱。你们的感觉非常好。

同学们，我们刚才发现了描写对象：鸭子和水，又看到了它们的特征：鸭子，是身上有灰白相间的花纹和长着细细的绒毛的鸭子，而且是游来游去，是在嬉戏；水呢，是清澈的水，平静的水。有人还感觉到它像什么，用了比喻。这样一来，你们觉得这段描写怎么样？

生：精彩。

师：这段描写就合格了，甚至说是比较精彩了。

好，现在，我们来总结一下：首先，描写是什么呢？我认为描写就是把只有你看到的东西，一个人，一件物品，或一个场景告诉一些没有看到的人。那么，如果你要告诉我们你看到的一样东西，首先你会告诉我们什么？肯定要告诉我们"那里有什么"。（板书：有什么）

这副画面上有什么？刚才几个同学已经告诉我们了——

生：有鸭子，有水。

师：光告诉我们有什么当然还不够，我们还想知道他们的特征、动作、细节，也就是要告诉我们"它们怎么样"，（板书：怎么样）刚才几位同学也告诉我们了，鸭子怎么样，水怎么样，对吧？但是，有时候，我们感觉还不够，还需要告诉我们"它们像什么"。（板书：像什么）你看，有了这三条，他的描写就不一样了，是不是？"有什么"，使我们明白描写的对象，"怎么样"使描写具体起来，而"像什么"使描写变得形象起来。这三条原则，明白了吗？

生：明白了。

　　师:好,现在,我们就用这三条原则,来检验你刚才对这个画面的描写,看看你的描写还缺了什么,哪个地方还可以更好一点。当然你也可以给别人改,改好了以后,我们再来交流。

　　郑桂华老师没有空讲什么叫描写,而是让学生在描写之中认识描写。一开始,郑老师让学生自发地练习描写,这一阶段是了解学生的知识基础。学生对什么是描写并不清楚,只能根据自己的感性去实践,这种感性的描写是一种盲动。在学生自发实践的基础上,郑老师引导学生总结描写的基本规律:描写要关注对象,要关注对象的特征,要关注对象像什么。在学生对描写有了理性认识之后,老师要求学生进行第二次实践,这次实践就变成了自觉的行动。教师的指导具体而细致,学生的实践由自发转为自觉。

　　3. 写作后的指导。作文写完了,并不是写作教学的结束,而是修改的开始。一般的老师自觉承包这项工作,劳而无功。黄厚江老师遵循作文规律,边改边练,教会了学生如何修改作文。

案例三　黄厚江——作文修改策略

　　师:同学们有空要常看看自己的作文,有机会经常也看看别人的作文。同学们已经把文章发给我看了,那么有没有同学觉得某篇文章比较好的,推荐一下别人的文章。

　　生:《中秋无月》我觉得这篇文章比较好。

　　师:那你能给大家读读吗?

　　生:可以。(学生读文章)

　　师:为什么推荐?

　　生:从团圆中感到淡淡的悲凉……

师:感情质朴,语言细腻,怀旧的情怀。好。有没有同学愿意读一下自己的作品?

生:15号作品《岁月深处的美丽流域》。

(自荐、自诵)

师:温暖得让人安心的感觉。四季轮回人生将不断地拉长。你是怎么想到写这篇文章的?

生:这个话题略带伤感,但我不想写得太过悲伤,想写得积极一点。这篇文章的形成是我以前写了很多随笔,然后拼凑起来的。但是也不能讲完全是"拼凑"。

师:你好像觉得"拼凑"是个贬义的,但是我们的文章需要平时的积累,就是从我们日常的"拼凑"中来的。今天的生活是明天逝去的生活,同样美好!

师:每篇文章都有提升的空间,请大家用3分钟时间回看一下自己的文章,找一个点修改,可以换标题、立意、主题、结构、详略、开头、结尾,改一个词一句话也可以。(3分钟时间,学生修改自己的作文)

师:哪位同学想来说说自己修改的地方。

生:50号作品,表现童年的无知可以略一点,与外婆的相处可以多一点,使文章更严谨一点。

师:文章不太集中,随笔不是随意,主线要集中。

生:47号作品《失落的美》,1、2两段太长,要缩写,描写景色太突兀,过渡时再流畅一点。

师:文章是自己改出来读出来的。很多同学在审题上有问题。《独自面对》立意不太明确。高分作文并不是从零开始的。(注重再次写作)同一素材、题目、话题可以写出不同的主题、立意。同学们请在你们手上自己的文章的基础上用3—5分钟进行再次写作。(学生利用3—5分钟进行再次写作)

生:《在这个冬天》是我的命题作文。初中到高中不适应,冬天特别冷,但基调是积极向上的,主题并不是非常鲜明。

师:好文章都是从心底流淌出来的。我们来看《独自面对》这个题目大家可以从哪些方面来写作。

生:《独自面对》跳出独自面对困境框框,荣誉也需要独自面对。

生:觉得自己的作品太空洞,改的话写自己的经历,独自骑自行车,同样人生之路也需要独自面对。

师:对主题进行了调整,把独自骑自行车和人生旅程联系起来。那么同学们猜猜老师最喜欢哪篇文章呢?

生:1号。

师:为什么?

生:是我们班最好的。

师:我最喜欢6号作品《我为应试狂》。有多少同学喜欢这篇文章?

(生举手,老师请喜欢这篇文章的学生回答)

师:为什么喜欢?

生:话题很特别,结尾很震撼。表现手法很独特,从对奥巴马的提问引出应试教育的弊端。

师:1. 直面现实的责任,关注现实才会使我们的文章更深刻。2. 结尾很震撼,欲扬先抑。3. 假托,以应试教育的成功者的口吻来说。

生:(自己的文章)感觉思路还是有点乱。

师:如果……如果……(议论,用两句话即可)

师:好文章化为己有。"他山之玉可攻石。"

(借玉琢器)奥巴马访华,中国青年提问的材料,可做话题。

生1:批判应试教育。

生2:8个孩子为何不用中文提问。(学英语是好事,但畸形的英语热就不对了)

生3：视野不开阔，狭窄。

师：其中有一个问题说：带来什么？带去什么？太小儿科了。我们缺乏独立之思想，自由之精神。

生4：问题不够犀利，缺少承担。

师：如果写成记叙文怎么写？

生：以奥巴马的口吻来写。

师：还能够有很多种写法，但是时间有限。

作业：在自己、他人作文的基础上，课下再写一篇文章。

　　黄厚江的作文批改，是基于学情的批改。老师要求学生第一次修改，要求很低，每一位学生都能够做到，所以学生做得很认真。这种修改是一种自觉的行动，学生获得了修改的基本思路。在修改的过程中，学生通过读发现了自己文章的不足，老师要求全面修改，这种修改就是一种理性的提升。学生修改作文就由自发变为自觉。

　　作文指导的要素还有很多，这里不能穷尽，但是透过这些案例我们可以发现，教师的指导要贴近学生的写作实际，并且在实践中指导实践，学生不仅乐学，而且可以学会。

（四）压缩作文教学周期

　　当下的作文周期是两周，学生写作完成后，教师要用一周时间批改，到讲评的时候就已经是第二周了。两周一次作文周期，实在是很荒唐的一件事情。但是这种荒唐的事情天天都在上演。我们曾经做过这样的实验，一个班级两周一次作文，一个班级一周一次且当堂批改，一个学期下来，后边这个班的作文成绩明显好于前一个班。基于此，我们提出压缩作文写作周期的基本设想。

　　首先，当堂指导，提出明确的写作要求。这种指导要解决写什么、怎么写的问题。明确学生的写作方向，提高他们的写作兴趣。

　　其次，当堂写作，对书写规范、速度提出要求。"课标"提出"45分钟写700字"，这是对写作文速度的基本要求。"课标"还要求书写规范，一方面要求汉字书写规范，要让读者看得清楚;另一方面要符合作文格式规范。如有可能,也可以进行两节课连续写作两篇作文的训练,实践证明,这种作文训练效果更好。

复次,当堂批改,对自改、互改进行具体指导。"课标"要求作文批改要注重培养学生自改、互改的能力。**自改**。要求学生把文章出声读三遍,把丢字、错字、多字改过来;把不当的标点改过来;把明显的病句改过来;把明显的结构、内容、语言方面的东西改过来。这种批改就是要培养学生严肃认真的作文态度,养成良好的修改习惯。**互改**。互改不是简单地放羊,而是要具体地指导。一般将 4 位学生组成一个批改小组,小组成员要有层次,优秀一点的学生、中等生、作文有些困难的学生;小组要有分工,一位全面负责组织,一位负责检查,一位负责写评语,一位负责计时;批改要有程序:每位学生都要读其他三位学生的作文,读后写下自己的看法,然后小组交流,形成小组的意见,组长责成某位同学记录下大家的意见,誊写在作文本上;批改的要求:对病句、错字、结构、选材、观点都可以提出批评。改后要求:作文原作者对评改意见进行评价,可以认同,也可以提出反批评。

最后,进行发表展示,提升学生的作文信心。写作文是为了给人家看的,不是只给老师看的,老师要创造发表的平台,如作文展示墙,作文展示网络窗口,或者在互联网上展示,或者让学生把作文拿回家向父母展示或宣读。

思考与分享

1. 下面是一组美国高考作文题,读后谈谈你对美国作文命题的看法。

(1) 有理念认为:伟大的领袖、人物都是由他们所处的具体时代创造产生的。照你的看法,伟大人物的产生是由于所处的环境还是由于个人的特质?请详举一个人物来支持你的观点。(美国西北大学)

(2) 想象你是某两个著名人物的后代,你的父母将什么样的素质传给了你?

(3) 请你调查十个著名的美国总统:他们的父母属于什么样的人,他们成为领袖人物的原因主要是什么?对你有什么启发?(芝加哥大学)

（4）假如一个平常的日子被加上了 4 小时 35 分钟，你将会做什么不同的事？

（5）你认为什么思想、发明、发现或创造迄今为止对你人生产生的影响最大？请简要说明。

（6）什么是你曾经不得不做出的最困难的决定？当时你是怎么做的？直到目前，你有什么具体的成功经历给了你最大的满足？（普林斯顿大学）

2. 下面是 2013 年台湾地区的高考作文题，读后谈谈你的看法。

每个人心中都有着对远方的憧憬，陶渊明为此构筑了桃花源，哥伦布为此勇渡大西洋。你的心中是否也有一个远方在召唤？也许是一种向往的生命形态，也或许是一个人生的目标。请以"远方"为题，写一篇文章，论说、记叙、抒情皆可。

后记

编写这本书作经历了一个漫长的过程，其间颇多坎坷，最终还是完成了。个中的感慨还是想说一说。

这个研究开始于2010年，当时江苏师范大学成立了"基础教育研究中心"，为了支持中心，学校专门在学校项目立项中单辟了平台项目，包括教育类一到两本，语文、数学、外语各一本，五本书就可以形成一个系列。在编著的过程中，外语这门课无人可以完成，语文这个项目也不顺利，数学也步履维艰。五本书到最后只能够兑现两本书。这也是研究者不得不面对的现实。

语文教学反思与重建起步较早，2010年开始，我们的硕士研究生就围绕这个选题进行了全方位的研究。张忠泽、崔华、徐莹莹等学生冒着酷暑在办公室里查找资料，10余位研究生搜集的文献资料超过50万字。获得了相关的文献资料，还只是研究的开始。为了深入了解新课程改革过程中的语文课堂教学，我们搜集了相关课例500余个。我们又带领这些研究生不断深入中小学，我们到过苏州中学、扬州中学、南通中学、盐城中学、淮阴中学、新海中学、海州中学、徐州一中、徐州三中、金陵中学、宿迁中学、锡山中学、泰州中学等30余所学校，录制黄厚江、曹勇军、唐江澎、黄玉峰、程翔、余映潮、秦晓华等40余位名师的课例。在整理研究文献、实践课例以及名师课例的过程中，徐莹莹等学生都写出了高质量的教学研究论文。可以说，没有这些可亲可爱的学生，这项研究就可能停滞。现在这本书能够出版，我要说一多半要归功于这群学生。作为他们的老师，我要向他们表示由衷的谢意。

对语文课堂教学进行反思是一件艰难的事。课程改革十多年,大家的想法很多,观点也不一致,有人要将语文教学推倒重来,有人要改良。我们这个团队没有跟风,我们从 2010 年开始与华东师范大学倪文锦教授、上海师范大学王荣生教授一起研究语文教学内容的确定。搭建了长三角语文教育研究论坛,凝聚了一大批语文精英力量。大家共同反思语文教学、重建语文教学,取得了一系列研究成果,在国内产生了较好的影响。这本著作吸纳了相关的研究成果,在此,我们要感谢这个研究团队。

2012 年,我们的研究进入了关键期。步进博士回归,周杰博士加盟,我们的团队兵强马壮。步进承担了散文、议论文教学研究任务,尹逊才承担了古典诗歌、记叙文教学研究任务,周杰承担小说、说明文教学研究任务。研究过程中,我们多次碰头研究交流。2013 年,尹逊才博士到香港大学访学,周杰博士赴美国威斯康辛大学访学,步进博士承担了统整书稿的任务。在研究过程中,研究团队得到了教科院段作章教授的指导与支持,等到了教师教育学院领导的关心与支持,我们一并表示感谢。本书能够出版,得到了华东师范大学朱建宝、吴海红等老师的支持,我们深表谢意。

由于参与研究人员众多,无法一一感谢,敬请谅解。这是一部多方合作的研究成果,我们几位只是做了些整理加工的工作,不当之处,恳请大家批评。

编 者

2013.11